本书获得国家社会科学基金青年项目"西部地区金融发展多维减贫效应的门槛特征、空间溢出与政策选择研究"（批准号：15CJY079）的资助

中国西部地区金融发展的
多维减贫效应研究

师荣蓉 ◎ 著

RESEARCH ON THE MULTI-DIMENSIONAL
POVERTY REDUCTION EFFECT OF
FINANCIAL DEVELOPMENT
IN WESTERN CHINA

中国财经出版传媒集团

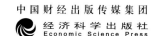

经济科学出版社
Economic Science Press

图书在版编目（CIP）数据

中国西部地区金融发展的多维减贫效应研究／
师荣蓉著 . —北京：经济科学出版社，2022. 3
ISBN 978 - 7 - 5218 - 3523 - 6

Ⅰ. ①中… Ⅱ. ①师… Ⅲ. ①地方金融事业 - 经济
发展 - 作用 - 扶贫 - 研究 - 西北地区 ②地方金融事业 -
经济发展 - 作用 - 扶贫 - 研究 - 西南地区 Ⅳ. ①F832. 7
②F127

中国版本图书馆 CIP 数据核字（2022）第 049477 号

责任编辑：张　燕
责任校对：刘　娅
责任印制：邱　天

中国西部地区金融发展的多维减贫效应研究
师荣蓉　著
经济科学出版社出版、发行　新华书店经销
社址：北京市海淀区阜成路甲 28 号　邮编：100142
编辑部电话：010 - 88191441　发行部电话：010 - 88191522
网址：www. esp. com. cn
电子邮箱：esp_bj@ 163. com
天猫网店：经济科学出版社旗舰店
网址：http：// jjkxcbs. tmall. com
固安华明印业有限公司印装
710×1000　16 开　15. 25 印张　240000 字
2022 年 6 月第 1 版　2022 年 6 月第 1 次印刷
ISBN 978 - 7 - 5218 - 3523 - 6　定价：79. 00 元
（图书出现印装问题，本社负责调换。电话：010 - 88191510）
（版权所有　侵权必究　打击盗版　举报热线：010 - 88191661
QQ：2242791300　营销中心电话：010 - 88191537
电子邮箱：dbts@ esp. com. cn）

前　言

贫困作为一个世界性难题，一直困扰着广大发展中国家。虽然我国在2020年消灭了绝对贫困，但并不意味着贫困问题的彻底解决。"十四五"时期是我国巩固脱贫攻坚成果、实现乡村振兴的关键阶段，西部地区作为我国巩固脱贫攻坚成果的主战场，其巩固脱贫成效关乎区域协调发展和实现共同富裕。随着人均收入水平的逐步提高，新时期西部地区贫困的主要表现形式已由经济贫困转变为多维贫困，西部地区贫困人口分布不均，地区之间金融发展存在较大差异，金融减贫在不同收入水平和不同省份之间存在差别效应和关联机制，重视这种差别效应和关联机制对于在消除多维贫困过程中如何有效地发挥金融作用具有重要的理论与现实意义。

本书研究内容包括：（1）金融发展减缓多维贫困的理论分析。结合金融发展减贫的相关理论，界定金融发展多维减贫的内涵，分析金融发展多维减贫的作用机理和影响机制，构建金融发展多维减贫的理论分析框架。（2）西部地区多维贫困的测度评价。基于西部地区多维贫困的现状分析，通过构建多维贫困综合评价指标体系，对西部地区的多维贫困水平进行测度评价，并分析其时序变化和地区差异。（3）西部地区金融发展多维减贫的门槛效应研究。在金融发展多维减贫门槛效应理论分析的基础上，分别利用面板门槛模型和平滑转换模型来研究金融发展多维减贫的门槛效应。（4）西部地区金融发展多维减贫的空间溢出效应研究。在金融减贫空间溢出效应理论分析的基础上，分别利用空间杜宾模型、动态空间模型和空间分位数模型来研究金融发展多维减贫的空间溢出效应。（5）西部地区金融发展多维减贫的调查研究。在对西部地区广西资源县、四川大凉山、陕西秦巴山区、陕西镇坪县等2603户贫困农户的实地走访以及陕西省30家农村信用联社的支农减贫情况进行调研的基础上，从需求方视角对西部地区贫困农户融资约束及可得性进行研究，从供给方视角对西部地区金融机构支农减贫绩效进行研究。（6）金融发展多维减贫的国际比较、经验借鉴与政策选择研究。通过归纳发达国家和发展中国家金融发展减缓多维贫困的典型模式，比较不同模式的优势、劣势和差异性，总结金融发展多维减贫的经验与启示。结合我国西部地区的现实情况，从"为谁减贫""谁来减贫""如何减贫"和"减贫环境"，即农户层面、金融层面、政府层面和非金融层面四个方面归纳西部地区金融发展多维减贫的政策选择。

本书研究结论主要有：（1）西部地区金融发展对多维贫困减缓表现出显著的门槛效应。当人均收入处于低水平区间时，金融发展会从贫困地区吸收存款而不能帮助贫困群体形成自我造血的能力；当人均收入跳跃"贫困陷阱"时，金融发展对未越过门槛的贫困人口没有带来显著收益；当人均收入处于高水平区间时，贫困人口从金融机构获得的贷款可以用来提高自我发展能力，创造新的经济收入。因此，应根据不同地区的贫困程度，合理选择不同类型的金融机构参与扶贫开发过程，区分政策性金融、开发性金融和商业性金融的作用范围，注意不同类型金融机构在不同地区的差异化发展。在人均收入处于低水平均衡的地区，对低收入者的商业性贷款不仅不符合商业银行的信贷原则，损害股东利益，而且会使低收入者陷于更加贫困的状态，应充分发挥政策性金融的作用；在人均收入处于跳跃"贫困陷阱"门槛的地区，要重视开发性金融功能的发挥；在人均收入处于高水平均衡的地区，要发挥商业性金融的作用。（2）西部地区金融发展多维减贫具有显著的空间溢出效应。多维贫困存在空间相关性，且随着时间的推移，相关性越来越强。分时期来看，短期内金融发展对多维贫困减缓具有显著的负向效应，而长期中则具有显著的正向效应；分行业来看，扩大银行存贷不利于本地区多维减贫，提高保险密度对于深度贫困地区具有反贫困效应，提升证券化率对于贫困程度低的地区具有反贫困效应，邻近地区扩大银行存贷和提升证券化率均有利于本地区多维减贫；从非金融角度来看，经济增长、就业水平、政府支持、公共服务、西部大开发和对外贸易对多维贫困减缓具有显著的正向空间溢出效应，地方政府财政扶贫存在一定的竞争效应。因此，应充分利用地区间多维贫困水平的关联关系和溢出效应，发挥地区间金融减贫的协同效应，用多元化手段治理多维贫困。（3）从农户层面、金融层面、政府层面和非金融层面四个方面提出西部地区金融发展多维减贫的政策选择。从农户层面来看，提高贫困农户纯收入，提升贫困农户的受教育程度，加强贫困农户的信贷意识，逐步引导贫困农户尝试和接受新金融产品，帮助贫困农户树立保险意识。从金融层面来看，结合不同地区人均收入的实际情况合理配置金融资源，考虑银行业、保险业和证券业三大行业对减贫效应的差异性，开发多样化的金融产品，提高金融服务创新能力，普及农户信贷知识，促进农村金融机构从粗放型支农向集约型支农转变，加强信贷过程公开化透明化管理。从政府层面来看，加强地区之间的金融联系和交流合作，转变对农村金融市场的干预方式，全面落实好兜底保障措施和防返贫机制。从非金融层面来看，建立健全农村金融法律法规体系，完善农村的新型合作医疗制度，增加贫困地区的教育投资，加强贫困农户的技能培训和技术援助，充分发挥财政减贫的协同效应。

　　本书的创新之处体现在：（1）研究内容新颖。以往研究大多是探讨金融发展与贫困减缓的单一函数关系，而忽视了不同收入水平下金融发展对贫困减缓的门槛效应；以往研究大多是从时间维度在全国或地区整体层面考察金融发展与贫困减缓之间的关系，而忽视了金融发展的减贫效应在地理空间维度的异质性和空间相关性。西部地区贫困人口分布不均，地区之间金融发展存在较大差异，金融发展与贫困减缓在不同的收入水平下也呈现差别效应，重视这种差别效应和关联机制对于在消除贫困过程中如何有效地发挥金融作用具有理论意义与实践价值。（2）研究方法先进。以往研究大多采用系统GMM 模型或传统计量模型等方法，而传统模型遵循样本相互独立的假设，没有考虑样本间的空间相关性，可能导致计量结果的偏误。本书采用面板门槛模型和平滑转换模型测算金融发展多维减贫的门槛效应，采用空间面板模型、动态空间模型和空间分位数模型测算金融发展多维减贫的空间溢出效应，克服了传统模型未考虑样本空间溢出性和非线性可能导致的估计结果偏误的缺陷，更合理地刻画金融发展的多维减贫效应。在金融需求方面，本书采用Heckman模型、多层感知器、Logistic 模型和结构方程模型研究贫困农户的融资约束及其可得性；在金融供给方面，采用 RS – DEA 模型和超效率网络 DEA 模型研究西部地区金融机构的支农绩效。（3）研究视角独特。首先，以往针对金融减贫的研究大多集中于收入贫困等单一维度，可能会遗漏收入已达标但仍陷入多维贫困的人口。随着人均收入水平的逐步提高，新时期我国贫困的主要表现形式已由绝对贫困逐步转变为相对贫困和社会排斥，收入之外其他维度的贫困和福利的被剥夺成为当前多维贫困的发展态势。其次，以往研究较少有针对我国西部地区的研究，然而我国的贫困县和贫困人口主要分布在西部地区。根据《中国农村贫困监测报告2019》显示，按照当前贫困标准（以农村居民家庭人均纯收入2300元/年为标准），2018年西部地区贫困人口916万人，占全国贫困人口的比重为55.2%。从贫困县的分布来看，截至2019年底的未摘帽贫困县也全部集中在西部地区。事实上，西部地区是多重意义上的贫困，包括经济贫困、教育贫困、能力贫困、交通贫困、住房贫困、信息贫困等，脱贫攻坚除了考虑经济帮扶，同时应当考虑从教育文化、医疗卫生、基础设施、生态环境等多方面扶智扶技。最后，通过对西部地区广西资源县、四川大凉山、陕西秦巴山区以及陕西镇坪县等2603户贫困农户的实地走访以及陕西省30家农村信用联社的支农减贫情况调研，本书从需求方视角探讨西部地区贫困农户融资约束及可得性，从供给方视角探讨西部地区金融机构的支农减贫绩效，同时归纳发达国家和发展中国家金融发展减缓多维贫困的典型模式，总结金融发展多维减贫的经验启示，在此基础上，从"为谁减贫""谁来减贫""如何减贫"和"减贫环境"，即农户层面、金融层面、政府层面和非金融层面四个方面提出西部地区金融发展多维减贫的政策选择，以期为西部地区金融发展助推多维减贫提供有价值的参考。

师荣蓉

2022年3月

目　　录

第1章 绪 论

1.1 研究背景及意义

1.1.1 研究背景

第一，贫困问题一直是影响我国改革、发展和稳定的重要问题。自改革开放以来，我国始终将消除贫困当作党和政府工作的重中之重，我国贫困人口规模从 1978 年的 2.500 亿人下降到 2019 年的 0.055 亿人，扶贫开发取得巨大成就，贫困程度得到明显改善[①]。2020 年，现行标准下农村贫困人口全部脱贫，832 个贫困县全部摘帽[②]，中国贫困现象得到历史性消除，创造了人类减贫史上的奇迹。然而，消除绝对贫困并不意味着贫困治理的终结，贫困人口脱贫之后又面临返贫和相对贫困等一系列新的问题，这些问题对我国今后贫困治理工作提出了新的挑战。长期以来，受数据收集及人类对贫困本身认识的限制，人们习惯将贫困定位于经济贫困。事实上，贫困是一个多维度概念，意味着缺医少药、饥饿难耐、失学、失业、居无定所、环境恶劣等，如果仅从收入维度衡量贫困，可能会导致教育、健康、交通、住房、环境等其他维度处于贫困状态的人口得不到及时救助。随着 2020 年中国现行标准下

---

① 根据《中华人民共和国 2019 年国民经济和社会发展统计公报》和国家统计局专题数据《农村经济主要指标》整理。

② 中华人民共和国国务院新闻办公室. 人类减贫的中国实践［N］. 人民日报，2021 - 04 - 07 (9).

的贫困消除和全面建成小康社会目标的实现，必须要考虑调整现有的贫困标准，建立多维识别方案下的多维贫困体系，除了收入之外，其他的一些和生活水平相关的维度，例如教育、健康、居住条件等维度的贫困都应该加以考虑。

第二，改革开放以来，我国积极推进金融扶贫战略。1984 年中共中央、国务院出台《关于帮助贫困地区尽快改变面貌的通知》，强化了扶贫工作的金融举措并明确金融部门在扶贫工作中的分工。1986 年开始实施信贷扶贫，推行低利率扶持农村乡镇企业和农村经济发展。1994 年出台《国家八七扶贫攻坚计划》，明确提出继续执行信贷扶贫政策，延长信贷资金使用期限，放宽信贷扶贫条件，同时将政策性金融与商业性金融分离。1996 年出台《国务院关于农村金融体制改革的决定》，将农村信用社从中国农业银行中分离出来。2011 年出台《中国农村扶贫开发纲要（2011～2020 年)》，提出推动贫困地区金融产品创新，尽快实现贫困地区金融服务全覆盖等。2016 年中国人民银行、国家发展改革委等七部门出台《关于金融助推脱贫攻坚的实施意见》，提出建成贫困地区的普惠金融体系，对贫困人口的就业就学提供多方位的金融服务等。2018 年中国人民银行、银监会、证监会、保监会四部门联合印发《关于金融支持深度贫困地区脱贫攻坚的意见》，要求坚持新增金融资金优先满足深度贫困地区，引导金融机构更好地支持深度贫困地区农户、小微企业、个体工商户贷款融资。2019 年中国人民银行发布《关于切实做好 2019 年—2020 年金融精准扶贫工作的指导意见》，要求加大金融资源倾斜力度，满足贫困地区合理金融需求。2019 年银保监会发布《关于做好 2019 年银行业保险业服务乡村振兴和助力脱贫攻坚工作的通知》，强调基础金融服务扩面提质、助力打赢脱贫攻坚战。中国人民银行发布的《2020 年金融机构贷款投向统计报告》显示，2020 年末，我国本外币涉农贷款余额 38.95 万亿元，同比增长 10.7%，全年增加 3.94 万亿元，同比多增 1.26 万亿元；我国农村（县及县以下）贷款余额 32.27 万亿元，同比增长 11.9%，增速比 2019 年末高 3.6%，全年增加 3.55 万亿元，同比多增 1.2 万亿元；我国农户贷款余额 11.81 万亿元，同比增长 14.2%，增速比 2019 年末高 2.1%，全年增加 1.51 万亿元，同比多增 3213 亿元；农业贷款余额 4.27

万亿元,同比增长 7.5%,增速比 2019 年末高 6.8%,全年增加 3295 亿元,同比多增 2580 亿元。

第三,我国贫困县和贫困人口主要集中在西部地区,西部地区是多重意义上的贫困。根据国务院扶贫办的统计数据,截至 2019 年底我国还有未摘帽的贫困县 52 个,全部分布在西部地区①。根据《中国农村贫困监测报告2019》显示,按照当前贫困标准(以农村居民家庭人均纯收入 2300 元/年为标准),2018 年西部地区贫困人口 916 万人,占全国贫困人口的比重为55.2%。东部地区尤其是沿海城市,由于处于有利的地理位置以及国家政策的大力支持,再加上东部地区本来就具备良好的经济基础,其经济发展和现代化建设成了我国的领头者,而西部地区受到来自自然条件、地理位置、教育水平、代际相传等多方面因素的影响,与东部相比存在着较大的差距。西部地区不仅经济发展水平落后,农村人口的受教育程度、就业水平不高,而且医疗保障制度及公共建设服务也不够完善。如果仍采用传统的单一收入维度测度贫困,既不能准确地反映西部地区贫困的程度、广度和分布特征,也不能提高扶贫开发政策的效率。事实上,西部地区是多重意义上的贫困,脱贫攻坚除了考虑经济帮扶,同时应当考虑从教育文化、医疗卫生、基础设施、生态环境、产业支持等多方面扶智扶技,形成西部地区的自我造血能力,这对于拉近东部与西部地区发展差距,实现共同繁荣和维持社会稳定具有重要的作用。

第四,金融发展对脱贫攻坚具有"双刃剑"的作用。一方面,金融发展通过促进经济增长以加强农村基础设施建设、提升贫困人群教育水平、改善农村人居环境等缓解多维贫困问题;另一方面,贫困群体由于受教育水平较低、缺乏可抵押资产、可担保贷款及缺乏风险管理手段等弱质性,使其面临金融排斥和金融抑制。然而,随着我国金融改革的不断深化,逐利的金融机构是否会服务于收益率低、风险高的贫困主体以促进多维贫困减缓进而推动乡村振兴?不同省份金融发展多维减贫是否存在门槛特征和地理空间上的溢

① 截至 2019 年底,我国未摘帽的贫困县共 52 个,包括新疆维吾尔自治区 10 个县,贵州省和云南省各 9 个县,广西壮族自治区和甘肃省各 8 个县,四川省 7 个县,宁夏回族自治区 1 个县。

出效应？本书基于对金融减贫的理论分析，测度评价西部地区的多维贫困水平，研究西部地区金融发展多维减贫效应的门槛效应和空间溢出效应，并利用实地调研数据从需求方和供给方视角探讨金融发展减缓多维贫困中存在的问题，结合金融发展多维减贫的国际比较和经验借鉴，提出西部地区金融发展多维减贫的政策选择，以期为我国西部地区扶贫开发方式由单一向多元转变，扶贫资金使用由大水"漫灌"变为精确"滴灌"，由"输血"变为"造血"，由重 GDP 变为重脱贫成效，为实现西部地区的区域性整体多维减贫目标提供理论支持与决策参考。

1.1.2 研究意义

第一，理论意义。本书将金融发展与贫困减缓之间的门槛效应纳入修正后的经典索洛模型框架中进行研究，强调金融发展对贫困减缓的影响会伴随着资本积累的门槛效应而发生变化，这是对金融发展理论的新拓展；运用面板门槛回归模型和平滑转换模型检验金融发展对贫困减缓的影响并不是简单的线性关系，而是伴随着资本积累的门槛效应发生变化的分段函数关系，同时运用空间杜宾模型、动态空间模型和空间分位数模型探讨金融发展的减贫效应在地理空间上的相关性与溢出效果，这是在学术研究领域的新探索；通过对西部地区广西资源县、四川大凉山、陕西秦巴山区以及陕西镇坪县等 2603 户贫困农户的实地走访以及陕西省 30 家农村信用联社的支农减贫情况调研，从需求方农户视角探讨西部地区贫困农户融资约束及可得性，从供给方金融机构视角探讨西部地区金融机构的支农减贫绩效，这是对金融发展多维减贫研究文献的新补充。

第二，现实意义。我国农村金融的发展，最终是为了促进农村经济增长、消除农村贫困。"三农"的金融需求能否得到满足，在多大程度上得到满足，决定着农村经济增长和贫困减缓的实现程度。改革开放以来，我国推进农村金融体制改革，加大对农村贫困地区的金融支持力度，西部地区金融资产在总量和结构方面都取得长足进步，但贫困问题仍未得到根本性消除。西部地区银行贷款余额由 1978 年的 365.47 亿元增加到 2018 年的 272266.32 亿元，而西部地区的恩格尔系数从 1978 年的 68.27% 下降到 2018 年的 29.78%，仅仅降低了 38.49%，如图 1 - 1 所示。

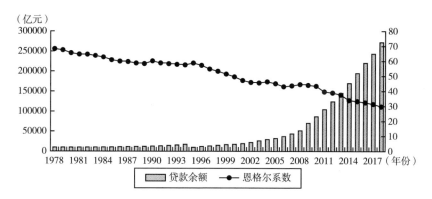

图 1 - 1　1978～2018 年西部地区贷款余额及恩格尔系数的变化趋势
资料来源：根据 1979～2019 年《中国统计年鉴》整理。

根据国务院扶贫办的统计数据，截至 2019 年底我国还有未摘帽的贫困县 52 个，全部集中在西部地区。根据《中国农村贫困监测报告 2019》显示，55.2% 的农村贫困人口仍然集中在西部地区。那么，西部地区在金融快速发展的同时，为何贫困下降的速度却相对较慢？金融发展是否有利于贫困减缓？西部不同省份金融发展的减贫作用在地理空间上是否存在门槛效应与空间溢出特征？本书基于西部地区金融发展多维减贫的理论分析、实证研究与实践探讨，结合西部不同地区的贫困程度以及在人均收入不同水平下金融服务的特征，从农户层面、金融层面、政府层面和非金融层面四个方面归纳西部地区金融发展多维减贫的政策选择，这对于我国制定金融政策、改善社会福利、有效解决新发展阶段下西部地区的多维贫困问题具有重要的社会效益和应用价值。

1.2　文 献 综 述

1.2.1　国内相关研究

本节主要从金融减贫的维度、机制、关系、现状与存在问题、模式与路径这五个方面对金融减贫问题的国内研究动态进行归纳。

（1）金融减贫的维度研究。经济学家阿玛蒂亚·森（2002）提出多维贫困理论，认为贫困包括收入、健康、教育、住房及公共物品的可获得性等多个维度的缺失。近年来针对金融发展减缓多维贫困的研究主要有：一是金融发展减缓收入贫困。王曙光（2020）认为，在金融减贫的过程中，不同层次的金融机构参与扶贫，带动大量金融资源加入乡村，彻底改变了长期以来农村资金净流出的状况。邝希聪（2019）以国家级贫困县调查数据为基础，从农村居民人均收入和贫困率考察减贫效应，通过构建面板数据模型，采用哑变量回归法实证分析货币政策引导下的金融减贫。陈华、孙忠琦（2017）利用系统 GMM 模型研究发现金融发展有利于缓解收入贫困。张西现（2017）研究表明，少数民族农村金融的发展并没有缓解医疗贫困，对收入贫困的缓解具有极大的促进作用。王昊（2015）认为，金融减贫是指金融机构通过增设营业网点、提高存贷便利化程度、增加农民收入水平和促进经济增长等途径，对减缓相对贫困起到一定作用，金融扶贫秉承"开放式扶贫"，关注的是有发展意愿和生产能力的贫困群体。二是金融发展减缓教育贫困、医疗贫困。陈银娥、张德伟（2018）研究发现，县域金融发展对消费贫困的影响大于医疗贫困和教育贫困。罗荷花、骆伽利（2019）研究表明，金融发展对总体贫困、收入贫困、教育贫困和权力贫困的缓解产生显著的正向影响。傅鹏等（2018）研究表明，金融发展对减缓农民收入贫困和教育贫困不仅具有直接减贫作用，还能通过溢出效应对邻近省份发挥减贫作用。刘宏霞等（2018）研究发现，金融发展对生活贫困、医疗贫困及教育贫困存在单一门槛，金融发展对扶持生活贫困和医疗贫困的促进效应逐渐增强，但对扶持教育贫困的促进效应逐渐减弱。三是金融发展减缓信息贫困。徐玮、谢玉梅（2019）研究发现，破解贫困地区的"信息贫困"问题，拓展贫困户对外融资需求，提高贫困户贷款可得性有助于减贫。贺立龙等（2018）研究表明，贫困农户更依赖于非正规信贷，对正规信贷有惧贷心理，破解"信息贫困"有助于缓解农户惧贷心理。

（2）金融减贫的机制研究。相关研究将金融减贫的作用机制分为直接和间接两种机制。欧阳真（2020）认为，金融减贫主要在金融工具、金融政策和金融服务三个层次起作用，特别是金融服务可以直接带动贫困人口就业，拉动产业发展。么晓颖（2019）认为，金融直接作用于贫困人口的微观行为，帮助其更好地投资生产，以增加福利或收入。韩芳（2014）提出，穷人最缺乏的就是资源，而随着金融发展的深化和金融体系的完善，金融体系通过资源配置、公司治理、风险管理等各种功能提供金融服务，改善贫困人群的基本生活。崔艳娟和孙刚（2012）利用面板数据实证检验了金融发展减贫的直接作用以及通过经济增长发挥的间接作用，发现金融减贫的直接作用大于间接作用。

（3）金融发展与贫困减缓的关系研究。关于金融发展与贫困减缓的关系，已有研究形成了促进、抑制及不确定性三种观点。

大多数学者认为，金融发展能够促进贫困减缓。卢盼盼、张长全（2017）研究表明，享受普惠金融服务的贫困家庭可以提高收入实现脱贫。车树林、顾江（2017）构建理论模型计算各省份农村地区包容性金融发展指数，研究表明，包容性金融发展具有显著的减贫效应。韩晓宇（2017）的实证研究表明，我国普惠金融的发展确实能够对贫困减缓产生积极的促进作用。吴君娴、黄永兴（2018）研究发现，相比发达省份，经济金融不发达省份的金融减贫效果更好。黄琦（2018）利用分位数回归分析方法探讨金融发展的反贫困效应，发现涉农贷款服务与农村资本市场发展对于贫困程度高的群体反贫困效应更有效。詹琉璐和杨建州（2019）考察了金融深度和金融可获得性对新兴经济体的减贫效应，通过使用工具变量两阶段最小二乘法和固定效应模型，发现金融深化、金融服务向贫困人群延伸，促进了新兴市场经济体的减贫。陈阳、赵丙奇（2019）研究得出，数字惠普金融能够降低贫困发生率。

也有学者提出了质疑，认为金融发展抑制贫困减缓。杜凤莲和孙婧芳（2009）认为，我国金融减贫效应出现了很大的波动，作用不太稳定，在政策上需要相应调整。张中锦（2011）提出，金融发展尽管显著促进了城镇居民的收入增长，但其对农村居民的收入增长并未产生正向作用。王伟和朱一鸣（2018）研究发现，如果普惠金融仅关注解决贫困地区对金融机构的接触性排斥，会产生显著的致贫效应。

在不确定论方面，也有学者发现金融发展与贫困缓解并非简单的线性关系。杨俊等（2008）指出，金融发展短期对贫困减缓具有促进作用，而长期作用并不显著。苏静等（2014）研究表明，非正规金融发展对农村减贫具有显著的非线性影响。刘芳等（2015）基于对陕西省贫困县数据的实证分析，研究发现金融发展与贫困减缓存在类似库兹涅茨曲线的"U"形关系。傅鹏和张鹏（2016）研究发现，金融发展在越过门槛值后才能够显著减贫。何雄浪（2017）认为，金融发展与贫困减缓的关系并不是简单的线性关系，二者之间可能呈现出倒"U"形关系，且二者具有门槛效应。刘芳（2017）研究发现，长期中金融发展具有显著的减贫作用，而短期的减贫作用不显著。王汉杰等（2018）研究发现，深度贫困地区农村正规金融有效促进了农户收入增长，农村非正规金融对贫困农户的收入增长表现为抑制作用。

（4）金融减贫的现状与存在问题研究。张宇（2018）认为，我国农村金融减贫存在的主要问题包括：农村金融供给主体有限，参与积极性不高；贫困人群贷款有效需求不足；金融风险控制手段落后；金融法律约束力缺乏等。么晓颖（2019）认为，我国金融减贫面临着资源漏损、成本高、风险大的难题，若不能妥善解决，金融减贫或将偏离初衷，或难以实现长期维系。李欣航和崔璨（2020）提出，金融减贫成效显著，开发性和政策性金融机构发挥了积极作用，农村金融机构起到了中坚作用，农村金融机构一直致力于创新授信模式实现信用供给扩大，同时对合作社给予大力支持。张孝君（2021）分析了金融扶贫在乡村振兴和阻断返贫工作中存在的金融机构对帮扶对象存在金融排斥、金融机构对帮扶对象难以做到精准识别、扶贫资金使用缺乏有效监管容易滋生腐败现象等问题，并提出通过引入区块链技术和传统的金融扶贫方式相结合为已脱贫地区金融发展创造新的平台和行之有效的路径。

（5）金融减贫的模式与路径研究。么晓颖（2019）提出，金融减贫可分为普惠金融和特惠金融，普惠金融通过金融广化提升金融的包容性和可获得性，让贫困人口也能享受金融服务；特惠金融致力于金融深化，向贫困人口倾斜金融资源配置。马源（2020）认为，要创新符合现代农业生产发展的差异化金融产品和金融服务，同时注意风险防范。董玉峰等（2020）提出，金融扶贫长效机制的形成必须与贫困地区扶贫产业相联结，运用数字技术将普惠金融资源有效嵌入地方特色产业链条，构建基于市场化机制的数字产业链金融减贫模式，促使参与金融扶贫的主体从分散单体向链式团体转变，提升金融扶贫风险的可控性。王曙光（2020）认为，金融机构要进一步支持农村合作组织和农村集体经济发展，必须与深度贫困地区乡村治理和农村社区发展相结合，提高深度贫困地区农民的生计能力。李昭楠等（2021）认为，数字普惠金融可以通过提高农户电商意愿及行为、增强健康意识、促进消费进而达到缓解相对贫困的目的，因此需要注重农户自我发展能力提升与农村生活标准改善，深化农户数字普惠金融使用深度，充分发挥数字普惠金融的减贫助农作用。

1.2.2　国外相关研究

国外相关研究主要集中于金融减贫的机制及其关系，具体如下所述。

（1）金融减贫的作用机制。部分学者认为，金融发展对于贫困减缓具有直接作用。比滕考特（Bittencourt，2010）通过研究巴西金融发展的影响，发现更加健全的金融服务体系不仅可以扩大金融服务的覆盖范围，还可以提供更多的金融产品，使至少 20% 的穷人有机会获得更好的金融服务，从而增加收入，提高自身的生活水平。斯瓦米（Swamy，2020）提出，穷人获得资金是减贫和可持续经济发展的先决条件，一般决策者特别是政府必须努力诱导银行和金融机构增加规定以外的优先部门贷款。科姆松等（Koomson et al.，2020）考察了金融包容性对加纳家庭贫困和贫困脆弱性的影响，研究发现，通过加强金融包容性，女户主家庭比男户主家庭更有可能大幅度减少贫困和贫困脆弱性。此外，金融包容性在农村地区比在城市地区更能减少贫困和贫困脆弱性。

另一部分学者提出，金融发展对于贫困减缓具有间接作用。格林等（Green et al.，2016）借鉴小企业获得非正式和正式融资的案例，研究了金融部门通过支持微小型企业发展助力减贫。凯萨琳等（Kathleen et al.，2019）以探索解决贫困地区的人口、社会和政治驱动因素的关键政策为切入点，直接关注穷人和弱势群体的生产力和生计，并提出为贫困和发展议程提供资金路线图。穆斯塔克和布吕诺（Mushtaq and Bruneau，2019）利用2001~2012年62个国家的面板数据集，评估了信息和通信技术通过促进金融包容性来减少贫困和不平等的作用。阿卜杜瓦列夫和布斯蒂洛（Abduvaliev and Bustillo，2020）通过评估贷款对后苏联国家经济增长和减贫的影响，并将其与外国援助和外国直接投资等其他外部资本来源进行比较，选定了10个苏联加盟共和国的经济增长和贫困变量的面板数据集，研究发现，贷款量每增加1%，人均GDP就会增加约0.25%，贫困程度就会降低2%。

（2）金融发展与贫困减缓的关系。国外学者对于金融减贫的认识包括金融发展对贫困减缓有积极作用、抑制作用和不确定性作用。

部分学者肯定了金融发展对减贫具有积极作用，认为金融发展有利于减贫。娅利利安和柯克帕特里克（Jalilian H. and Kirkpatrick C.，2001）以经济增长为中介，研究发展中国家的金融减贫效应，认为在减贫过程中金融机构的政策和项目都能够起到重要作用。博滕和阿卜杜拉赫曼（Boateng and Abdulrahman，2013）以加纳和尼日利亚的572名小微企业为样本，研究发现，微型金融在减贫中发挥着重要作用。比亚若等（Beeior et al.，2016）旨在考察非正式金融机构对尼日利亚贝努伊州减贫的影响，研究发现，国际金融机构受益人比非国际金融机构受益人拥有更多的家庭实际消费支出。帕斯哈克（Pasuhuk，2018）利用2007~2015年印度尼西亚33个省的面板数据进行分析，证实了金融发展对印度尼西亚减贫的贡献，建议政府和其他有关组织应通过其所属的国际金融机构向其成员提供软贷款以扩大小型企业规模，降低贫困水平。巴迪班加和尤里文古（Badibanga and Ulimwengu，2019）研究表明，最佳水平的农业贷款投资为更快地实现增长和减贫铺平道路。阿迪尼兰和奥胡米克（Adeniran and Ogwumike，2019）认为，小额信贷是消除贫困的真正工具，通过调查问卷研究小额信贷在尼日利亚尤约州信贷前后对减贫的影响，研究发现，小额信贷具有向贫困家庭贷款的巨大潜力，小额信贷对低收入者的减贫效果显著。库利巴利和约戈（Coulibaly and Yogo，2020）研究认为，通过改善金融服务可以减少贫困工人的数量，尤其是在受到宏观经济不稳定冲击的发展中国家。

也有部分学者认为，金融发展对减贫具有抑制作用。麦金托什和韦迪克（Mcintosh and Wydick，2005）研究发现，商业金融追逐利润会淘汰收益率低的项目，使得穷人被排挤出金融市场。阿瑞斯蒂斯和卡纳（Arestis and Caner，2009）认为，金融机构考虑资源优化配置会使得贫困人口的收入进一步减少。巴巴吉德和巴巴通德（Babajide and Babatunde，2013）研究发现，金融发展并未显示对减贫的显著影响。班纳吉等（Banerjee et al.，2012）利用随机实验的方法进行研究，结果表明小额信贷很难达到较高的还款率，并且对减贫、消费和其他发展指标都没有显著影响，对大多数穷人只是饮鸩止渴，使其进一步滑入贫困的深渊。

还有一些学者提出，金融发展对减贫的影响具有不确定性。格林伍德和约万诺维奇（Greenwood and Jovanovic，1990）基于内生经济增长模型研究发现，金融发展对减贫的作用呈现出先恶化而后改善的非线性关系。哈伯等（Haber et al.，2003）认为，金融市场的门槛效应使得金融资源流向少数富人，进一步扩大了收入差距。阿杰伊等（Adjei et al.，2009）考察了小额信贷在加纳通过金融服务和非金融服务帮助其客户建立资产基础减少贫困，研究发现参与小额信贷项目的客户受到边际收益递减的影响，应该通过某种形式扩大规模来容纳这些客户，或者他们应该能够加入正式部门的其他金融服务提供商，以便充分受益于小额信贷项目。可汗等（Khanam et al.，2018）对三家领先的小额信贷供应商的成本效率进行评价，认为要想改善微型金融项目来减轻贫困，不仅需要在项目和提供者层面做出改变，也需要在政策层面做出改变。

1.2.3 研究述评

现有研究是值得肯定和借鉴的，本书将在此基础上从以下四个方面进行完善。

首先，在研究对象方面，已有文献关注西部地区金融减贫的较少，根据国务院扶贫开发领导小组办公室 2012 年发布的全国 592 个国家扶贫开发工作重点县中，西部地区有 375 个，占比 63.3%。根据国家统计局全国农村贫困监测调查数据显示，截至 2018 年末，全国农村贫困人口 1660 万人，其中西部地区农村贫困人口 916 万人，占比 55.2%。因此，本书对中国西部地区金融发展多维减贫效应进行研究，更具有代表性和典型性。

其次，在研究视角方面，以往针对金融减贫的研究多集中于收入贫困等单一维度，可能会遗漏收入已达标但仍陷入多维贫困的人口。随着人均收入水平的逐步提高，新时期我国贫困的主要表现形式已由绝对贫困逐步转变为相对贫困和社会排斥，收入之外其他维度的贫困和福利的被剥夺成为当前多维贫困的发展态势。事实上，西部地区是多重意义上的贫困，脱贫攻坚除了考虑经济帮扶，同时应当考虑从教育文化、医疗卫生、基础设施、生态环境等多方面扶智扶技。

再次，在研究方法方面，以往研究多采用系统 GMM 模型或传统计量模型等方法，而传统模型遵循样本相互独立的假设，没有考虑样本间的空间相关性，可能导致计量结果的偏误。本书引入面板门槛模型、平滑转换模型和空间杜宾模型、动态空间模型、空间分位数模型来考察区域间金融减贫的门限效应和空间溢出效性，克服了传统模型未考虑样本非线性和空间溢出性可能导致的估计结果偏误的缺陷，更合理地刻画金融发展的多维减贫效应。在金融需求方面，本书采用 Heckman 模型研究贫困农户的融资约束，采用多层感知器研究贫困农户金融需求的满足度，采用定序 Logistic 模型研究贫困地区农户的贷款意愿，采用结构方程模型研究农户的信贷倾向；在金融供给方面，采用 RS-DEA 模型研究农村信用社支农绩效，采用超效率网络 DEA 模型研究西部地区金融支农绩效。

最后，在研究数据方面，本书在对 1978～2017 年西部 12 个省份的统计年鉴数据分析的基础上，结合西部地区广西资源县、四川大凉山、陕西秦巴山区以及陕西镇坪县等 2603 份实地走访调查问卷数据以及 30 份农村信用联社的支农减贫基本情况调研数据进行分析，通过问卷调查、实地访谈和统计年鉴的多渠道多角度的数据获取，综合研究中国西部地区金融发展的多维减贫效应，以期为西部地区金融发展减缓多维贫困提供有价值的参考。

1.3　研究思路及方法

1.3.1　研究思路

本书首先通过对中国西部地区金融发展多维减贫的内涵界定、作用机理和影响机制分析，构建理论分析框架；其次，测度评价西部地区的多维贫困水平，研究西部地区金融发展多维减贫的门槛效应和空间溢出特征；再次，通过对贫困农户和金融机构的调研，从金融需求方视角研究贫困农户的融资约束及可得性，从金融供给方视角研究金融机构的支农绩效；最后，结合金融减贫模式的国际比较与经验借鉴，归纳西部地区金融发展减缓多维贫困的政策选择。本书研究的基本思路如图 1 - 2 所示。

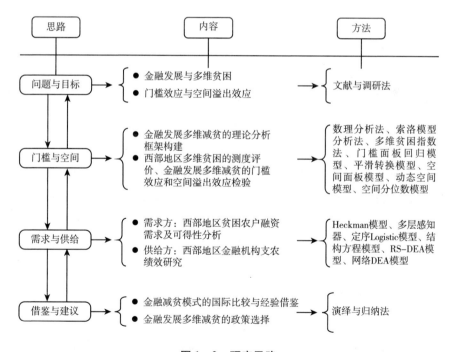

图 1 - 2　研究思路

1.3.2 研究方法

基于问卷调查与实地访谈相结合，实证分析与规范分析相统一，历史分析与逻辑分析有机渗透是本书研究方法的指导思想。具体研究方法如下所述。

（1）问卷调查法和实地访谈法。课题组从金融需求视角走访了西部地区的广西资源县、四川大凉山、陕西秦巴山区以及陕西镇坪县等的贫困农户进行问卷调查，共获得有效问卷 2603 份；从金融供给视角调研了陕西省 30 个县级信用联社的支农减贫基本情况。通过对西部地区金融发展的多维减贫效应进行问卷调查和实地访谈，一方面了解贫困者对金融支持政策的意见和建议，另一方面了解国家对金融减贫政策的落实情况和实施效果。

（2）索洛模型分析。本书在索洛模型框架下表达"贫困陷阱"，在此基础上对函数形式稍做修改，使其有一个规模报酬递增的阶段，将出现多重均衡，但其中只有高水平均衡和低水平均衡是稳定均衡，而跳跃"贫困陷阱"门槛的均衡并不稳定。因此，如果一个国家原本比较穷，倘若要由低水平均衡移动到高水平均衡，靠渐进式的资本积累是不行的，只要跳不过"贫困陷阱"的门槛，就总会落回低水平均衡。

（3）面板门槛回归模型和平滑转换模型。本书分别采用面板门槛回归模型和平滑转换模型描述金融减贫的非线性效应。面板门槛回归模型与主观外生设定结构突变点的 Chow 检验不同，面板门槛回归模型根据数据自身特点内生地划分区间。面板门槛模型通过划分门槛变量，观测值可以得到不同的组别，且不同群组之间的界限是显著且不连贯的，但是这种严苛的约束不一定总是符合现实。对于平滑转换模型，其边界是能在一定领域内波动的门槛变量的函数，是面板门槛模型的一般化，更符合社会的现实情况。平滑转换模型较好地解决了面板门槛回归模型中门限值前后跳跃性变化的问题，在模型中加入一个连续的转换函数，更符合经济现实。除此之外，该模型能有效捕捉不同截面间异质性的优势，适合多截面数据研究。

（4）空间面板模型、动态空间模型和空间分位数模型。本书基于西部地区多维贫困综合指数的空间相关分析，采用空间面板模型、动态空间模型和空间分位数模型研究金融发展多维减贫的空间外溢性。空间计量分析模型是在计量经济学模型中考虑经济变量的空间效应，并进行一系列的模型设定、估计及检验等。与传统计量模型的最大区别在于其在分析现实经济行为中考虑了个体之间或者经济变量的空间效应，而非假定个体在空间上是独立不相关的。空间计量分析模型能够揭示空间单元观测值之间的空间关联性，即任何一个空间单元解释变量观测值的改变，不仅会对自身造成直接影响，还会对其他邻接空间单元造成间接影响。其中，空间面板模型可以分析样本之间的关联性和相互作用，动态空间模型考虑了滞后项的影响，空间分位数模型在空间相关性基础上考虑了非线性影响。

（5）Heckman 模型。本书使用 Heckman 两阶段模型研究农户的信贷倾向和贷款成本对农户融资约束的影响。根据农户信贷行为理论，农户在金融市场中参与融资，不是"随机"选择，而是"自我选择"的结果，直接去除无信贷需求的样本，会导致选择偏误。赫克曼（Heckman，1979）提出，理性的经济人往往从效用最大化出发做出决策，由于研究样本中只包括了已经做出决策的个体，不包括那些没有做出选择的个体，因此样本就不是随机的，基于这样的样本做出的结论只能代表这部分做出相应决策的个体行为，而不是总体行为，即样本选择性偏误。因此直接采用回归方程估计是有偏的，而Heckman 两阶段模型提供了一致和渐进有效的估计，可以解决样本的自选择问题。

（6）多层感知器。本书采用多层感知器模型研究农户贷款需求满足程度及其预测。感知器是一种前馈人工神经网络，具有分层结构，信息从输入层进入网络，逐层向前传递至输出层，包括单层感知器和多层感知器。单层感知器结构简单，而大量的分类问题是线性不可分的，克服这一局限性的有效方法是在输入层和输出层之间引入隐层作为输入模式的内部表示，将单层感知器变为多层感知器。

（7）Logistic 模型。本书采用 Logistic 回归模型研究农户信贷意愿。Logistic 回归模型是研究分类观察结果与影响因素之间关系的一种多变量分析方法。与线性回归模型相比较，Logistic 模型的独特性主要表现在：因变量是一种二分类变量，因变量和自变量之间的关系是非线性的，自变量的分布没有相同分布或方差不变等条件的限制，自变量可以是连续变量，也可以是离散变量或者虚拟变量。

（8）结构方程模型。本书使用结构方程模型研究农户的信贷倾向。结构方程模型融合了传统多变量统计分析的"因素分析"与"回归分析"的统计技术，可对因果模型进行模型辨识、估计与验证。结构方程模型允许多数潜在变量指标存在，并且可评估其信度和效度，可检测测量误差，并且将测量误差从题项的变异量中抽离出来，使得因素负荷量具有较高的精确度。

（9）粗糙集模型。本书在构建指标体系的过程中利用粗糙集的定量方法对金融机构的微观数据进行属性约简，来构建更加简洁的支农绩效评价指标体系。粗糙集理论是波兰数学家帕夫拉克（Pawlak，1982）提出的一种处理不确定、不精确、不完全数据的数学理论，基本思想是通过对所研究对象进行分类，挖掘出数据中所隐藏的概念和规则，其优点在于简单、易理解且所得结果较其他指标构建方法更为简洁，因此尤其适合对指标数较多的指标体系进行约简。

（10）数据包络分析模型。本书选择数据包络分析方法来评价金融机构的支农绩效。数据包络分析是一种用于估算生产前沿的非参数方法，不需要设定具体的函数形式，而是通过数学规划方式寻找边界，应用于衡量决策单元的效率，可以处理金融支农减贫过程中的多投入多产出问题。本书利用网络 DEA 模型衡量金融支农分阶段绩效，利用非期望产出DEA 模型考虑不良贷款的影响，利用超效率 DEA 模型区分有效单元的支农绩效。

1.4　研究内容及框架

1.4.1　研究内容

本书在对金融发展多维减贫研究的学术史回顾与研究动态梳理的基础上，

以西部地区金融发展的多维减贫效应为研究对象，主要包括以下六个方面的内容：（1）金融发展减缓多维贫困的理论分析；（2）西部地区多维贫困的测度评价；（3）西部地区金融发展多维减贫的门槛效应研究；（4）西部地区金融发展多维减贫的空间溢出效应研究；（5）西部地区金融发展多维减贫的调查研究；（6）金融发展多维减贫的国际比较、经验借鉴与政策选择研究。具体包括九章。

第 1 章，绪论。阐明本书的研究背景及意义、国内外文献综述、研究思路和方法、研究内容及框架和本书的创新之处。

第 2 章，金融发展多维减贫的理论分析。结合金融发展减贫的相关理论，界定金融发展多维减贫的内涵，分析金融发展多维减贫的作用机理和影响机制，构建金融发展多维减贫的理论分析框架。

第 3 章，西部地区多维贫困的测度评价。分析西部地区多维贫困的现状，从健康、教育、资产和生活标准 4 个维度构建多维贫困的评价指标体系，运用主成分分析法测算西部地区 12 个省（自治区、直辖市）的多维贫困水平，并分析其时序变化与地区差异。

第 4 章，西部地区金融发展多维减贫的门槛效应研究。对金融减贫的门槛效应进行理论分析，分别利用面板门槛模型和平滑转换模型测算金融发展多维减贫的门槛效应。

第 5 章，西部地区金融发展多维减贫的空间溢出效应研究。对金融减贫的空间溢出效应进行理论分析，分别利用空间面板模型、动态空间模型和空间分位数模型测算金融发展多维减贫的空间溢出效应。

第 6 章，西部地区金融发展多维减贫的调查研究。包括：西部地区金融发展多维减贫的调查数据分析；从需求方农户的视角研究西部地区贫困农户的融资约束及信贷可得性；从供给方金融机构的视角研究西部地区金融机构支农绩效。

第 7 章，金融发展多维减贫的国际比较与经验借鉴。包括国外金融发展多维减贫的模式、国内金融发展多维减贫的模式、探讨金融发展减贫的国际比较和经验借鉴。

第 8 章，西部地区金融发展多维减贫的政策选择研究。在理论与实践研究基础上，归纳西部地区金融发展减缓多维贫困的政策选择。

第9章，研究结论与展望。在以上章节分析论述的基础上，对研究结论进行概括总结，并提出未来展望。

1.4.2 研究框架

金融发展减缓多维贫困是一个理论与实践相结合的政策性问题。总体研究框架是："提出问题（调查研究与文献综述）→分析问题（理论研究与实践研究）→解决问题（经验借鉴与政策建议）"，从理论和实践的结合上，探索实现西部地区金融发展多维减贫的政策选择。

第一，提出问题。（1）根据本书的研究目标建立指标体系，整理西部地区不同省份金融发展与贫困减缓固定观察点的统计资料，分析西部地区金融发展多维减贫的经验事实，设计调查问卷，实地收集数据；（2）梳理国内外相关研究的学术史，充分总结金融发展与贫困减缓的文献资料，并进行述评。

第二，分析问题。（1）界定金融发展多维减贫的内涵，分析金融减贫的机制，构建理论分析框架；（2）测度西部地区多维贫困的现状；（3）在门槛效应理论分析基础上，利用面板门槛回归模型和平滑转换模型检验金融减贫的门槛效应；（4）在空间溢出效应理论分析基础上，利用空间杜宾模型、动态空间模型和空间分位数模型检验金融减贫的空间溢出效应；（5）对西部地区金融发展多维减贫进行调研，从金融需求方视角出发研究西部地区贫困农户融资约束及可得性，从金融供给方视角出发研究西部地区金融机构的支农绩效。

第三，解决问题。归纳国内外金融发展减缓多维贫困的典型模式与经验启示，提出西部地区金融发展减缓多维贫困的政策选择，从而为政府确定金融发展多维减贫的政策方向和监管方式提供科学参考。本书的研究框架如图1-3所示。

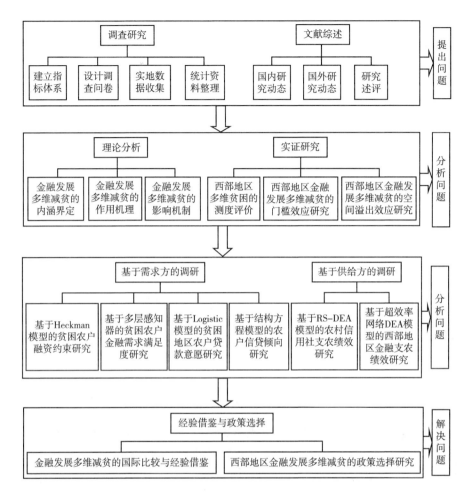

图 1-3 研究框架

1.5 研 究 创 新 之 处

本书创新之处主要体现在以下四个方面。

第一，研究内容新颖。以往研究大多是关注金融发展与贫困减缓的单一函数关系，而忽视了不同收入水平下金融发展对贫困减缓的门槛特征；以往研究大多是从时间维度在全国或地区整体层面考察金融发展与贫困减缓之间的关系，而忽视了金融发展的减贫效应在地理空间维度的异质性和空间相关性。西部地区多维贫困人口分布不均、地区之间金融发展存在较大差异，金融发展与多维贫困减缓在不同的收入水平下也呈现差别效应，重视这种差别效应和关联机制对于在消除贫困过程中如何有效地发挥金融作用具有理论意义与实践价值。

第二，研究方法先进。以往研究多采用系统 GMM 模型或传统计量模型等方法，而传统模型遵循样本相互独立的假设，没有考虑样本间的空间相关性，可能导致计量结果的偏误。本书采用面板门槛模型和平滑转换模型测算金融发展多维减贫的门槛效应，采用空间面板模型、动态空间模型和空间分位数模型测算金融发展多维减贫的空间溢出效应，克服了传统模型未考虑样本空间溢出性和非线性可能导致的估计结果偏误的缺陷，更合理地刻画金融发展的多维减贫效应。在金融需求方面，本书采用 Heckman 模型、多层感知器、Logistic 模型和结构方程模型研究贫困农户的融资约束及其可得性；在金融供给方面，采用 RS-DEA 模型和超效率网络 DEA 模型研究西部地区金融机构的支农绩效。

第三，研究视角独特。首先，以往针对金融减贫的研究大多集中于收入贫困等单一维度，可能会遗漏收入已达标但仍陷入多维贫困的人口。随着人均收入水平的逐步提高，新时期我国贫困的主要表现形式已由绝对贫困逐步转变为相对贫困和社会排斥，收入之外其他维度的贫困和福利的被剥夺成为当前多维贫困的表现形式。其次，以往研究少有针对我国西部地区的研究，然而我国的贫困县和贫困人口主要分布在西部地区。根据《中国农村贫困监测报告 2019》显示，按照当前贫困标准（以农村居民家庭人均纯收入 2300元/年为标准），2018 年西部地区贫困人口 916 万人，占全国贫困人口的比重为 55.2%。从贫困县的分布来看，截至 2019 年底，未摘帽贫困县 52 个，全部集中在西部地区。事实上，西部地区是多重意义上的贫困，包括经济贫困、教育贫困、能力贫困、交通贫困、住房贫困、信息贫困等，脱贫攻坚除了考虑经济帮扶，同时应当考虑从教育文化、医疗卫生、基础设施、生态环境等多方面扶智扶技。

第四，文献资料充分。一是实地调研获取一手资料。通过深入走访、调查问卷等方式，从金融需求视角走访了西部地区的广西资源县、四川大凉山、陕西秦巴山区以及陕西镇坪县等地区的贫困农户并进行问卷调查，共获得有效问卷 2603 份；二是调研了陕西省 30 个县级信用联社的支农减贫基本情况；三是充分利用学术研究数据库，全面利用中国知网、中国统计局、万方、国研网、世界银行等机构的数据库，查阅西部地区 12 个省份的金融发展多维减贫数据资料，为研究提供文献和数据支撑。

第2章 金融发展多维减贫的理论分析

本章界定金融发展多维减贫的内涵，结合金融减贫的相关理论，分析金融发展多维减贫的作用机理和影响机制，构建金融发展多维减贫的理论分析框架。

2.1 金融发展多维减贫的内涵界定

2.1.1 金融发展的内涵

金融发展的研究本身是一种价值判断，属于规范研究。作为一种优劣程度的判断，金融发展的研究意味着其必须内含相应的价值判断体系。金融发展的价值判断体系包括终极价值判断和现实价值判断，前者强调人自身的发展，后者强调效益的最大化。考察金融发展的内涵需要同时关注终极价值判断和现实价值判断。

从终极价值判断的角度，金融发展考察的是金融规模扩大、金融结构优化和金融效率提高，进而促进人民生活的改善。20世纪90年代中期，默顿和博迪（Merton and Bodie，1995）提出金融功能观，认为金融系统的基本功能就是在不确定环境中进行资源的时间和空间配置，为促进经济发展服务。从终极价值判断角度来看，基于金融功能观理论，金融系统作为经济的子系统，其终极目的就是通过规模扩张、结构优化和效率提高，更好地促进人民生活的改善。在金融功能观指导下，考察金融发展有效支持人均收入水平的提高是把握金融发展的逻辑起点。从现实价值判断的角度，由于金融具有指示性、垄断性、高风险性、效益依赖性和高负债经营性的特点，金融发展考察的是银行业、证券业和保险业等金融行业的发展。

2.1.2 多维贫困的内涵

早期的贫困研究主要关注由于收入水平不高而引起的贫困现象。随着对贫困问题的深入探讨，诺贝尔经济学奖得主阿玛蒂亚·森（Amartya Sen，1999）提出了基于多维贫困分析框架的能力贫困理论。森认为，如果个人或家庭缺少足够的营养、基本的医疗条件、基本的住房保障和一定的受教育机会等，就意味着处于贫困状态。世界银行《1990 年世界发展报告》中明确提出从物质匮乏、教育程度和身体健康状况三个方面衡量家庭贫困。联合国开发计划署《2010 年人类发展报告》中，采用健康、教育、生活标准三个维度测算全球 104 个发展中国家多维贫困指数。根据《中国农村扶贫开发纲要（2011～2020 年)》，本书在此基础上增加了资产维度，资产维度反映一个家庭多年的收入积累和消费平滑后的财富状况，通过住房贫困这一指标来衡量。因此，遵循全面性、可比性和数据可得性原则，本书认为，多维贫困不仅涵盖了贫困对象的生活和收入，还包括教育、医疗、基础设施、可获得的社会福利等多个维度的被剥夺，从健康、教育、资产和生活标准维度构建多维贫困综合指数来考察多维贫困水平。其中，健康维度通过医疗贫困衡量，教育维度通过教育贫困衡量，资产维度通过住房贫困衡量，生活维度通过经济贫困、信息贫困、交通贫困和生态贫困来衡量，具体如图 2－1 所示。

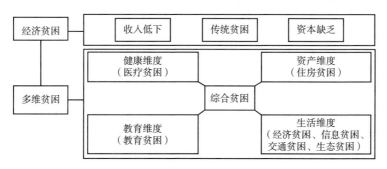

图 2－1 多维贫困的内涵分析

2.1.3 金融发展多维减贫的内涵

金融发展多维减贫是指通过金融服务改善穷人的生产生活。金融发展减缓多维贫困的内涵可以从微观和宏观角度来理解。

从微观角度来讲，金融发展减缓多维贫困实际上就是银行、证券、保险等金融机构通过在贫困地区开展金融服务提升贫困户的资本价值。一般情况下，贫困户所需要提升的资本包括物质资本、人力资本、社会资本等不同形式的资本，而各类金融服务则有利于各种资本的组合和累积。金融服务可以解决贫困户资金周转和风险分散等生计脆弱性问题，扩大贫困户的生产可能性边界，帮助贫困户实现资本积累的增益价值，提升抵抗风险的能力，改善农户的多维贫困。

从宏观角度来讲，金融发展通过实现资金的优化配置，从而促进贫困地区经济增长、收入增加、生活水平提高以及自然资源优化等多个维度的改善。金融发展多维减贫是以市场化运作机制为基础，以金融机构提供金融服务产品为工具，以金融机构及其网点为依托，以资本循环运作为实现手段，实现贫困群体的经济效益、社会效益和环境效益相统一的可持续的良性发展体系。

2.2 金融发展多维减贫的理论基础

2.2.1 现代金融发展理论

2.2.1.1 金融抑制论

罗纳德·麦金农（Ronald I. McKinnon，1973）在《经济发展中的货币与资本》中提出发展中国家存在"金融抑制"现象，指出大多数发展中国家金融系统与经济增长之间有着相互制约的关系，形成金融抑制经济增长的恶性循环。具体表现在以下五个方面：第一，金融市场价格扭曲，抑制了创新活动；第二，信贷管制，造成大量的"寻租"行为和社会财富的极大浪费；第三，被分裂的金融市场，造成低效问题；第四，资本、货币市场不发达，促使非正规金融市场的发展，造成金融二元结构；第五，高准备金率和通货膨胀致使政府投资挤出私人投资。

2.2.1.2 金融深化论

20 世纪 70 年代以来，随着当代发展中国家经济独立性的增强和国际地位的提高，一些经济学家转向了对发展中国家货币金融问题的研究，出现了一些新的理论和政策主张。美国经济学家爱德华·S. 肖（Edward S. Shaw，1973）提出"金融深化"理论，提出用金融自由化政策促进不发达国家经济发展。金融深化理论是政府放弃对金融的过分干预，使利率和汇率充分反映供求状况，并有效控制通货膨胀。由于"金融抑制"是一个不均衡现象，阻碍了市场出清，妨碍了市场按照最优方式分配资金的功能，因此，20 世纪 60 年代发展中国家所普遍存在的"金融抑制"已越发明显地导致发展中国家经济效率的降低，从而成为经济发展的严重障碍。为此，肖提出了"金融深化"理论，主张实行金融"市场化"或"自由化"，通过"市场化"或"自由化"改革充分发挥市场机制的作用，实现"市场出清"并提高经济效率，促进金融发展和经济增长之间的良性循环。

2.2.1.3 金融约束论

20 世纪 90 年代以来，以赫尔曼、穆尔多克和斯蒂格利茨（Hellmann，Murdock and Stiglitz，1997）为代表的新凯恩斯主义经济学家认为，金融抑制和金融深化模型存在着诸多缺陷和局限性。根据内生理论的最新成果，他们将内生增长和内生金融纳入金融发展理论分析框架中，通过分析金融中介、金融市场以及金融发展与经济增长之间的关系，认为发展中国家的经济或转型经济不适合实行金融自由化，金融约束才是适宜的政策选择，由此提出替代金融深化理论的金融约束理论。所谓金融约束，是指政府通过一系列金融政策在民间部门创造租金，以达到既防止金融抑制又能促使银行主动规避风险的目的，其金融政策包括对存贷利率的控制、市场准入的限制，甚至对直接竞争加以管制，并通过租金机会的创造，调动金融部门、生产企业和居民户的生产、投资和储蓄的积极性。

2.2.1.4　金融功能论

莫顿和博迪（Merton and Bodie，1995）及莱文（Levin，1997）提出金融功能观理论，指出发展中国家应当关注金融中介和金融市场能否提供完善的金融服务，该理论的主要观点认为，金融系统的功能在于通过提供金融服务，促进经济增长。金融系统的功能主要包括便利支付和清算、风险分散以及分配资源等。由于金融功能优于机构，且比金融机构更稳定，因此应该首先确定金融的某些职能，然后设立最能履行这些职能的机构或组织。

2.2.2　农村金融发展理论

2.2.2.1　农业信贷补贴论

20世纪80年代以前，农业信贷补贴论占主流地位。该理论认为，由于农业生产周期长且收益低、贫困农民缺乏储蓄能力、农村资金不足等问题导致以利润为目标的商业银行无法关注其融资需求，因此有必要通过非营利性金融机构的途径来分配资金并将大量低息政策性贷款注入农村。该理论的实质是，政府应该在农村金融市场占据绝对主导地位，发挥极为重要的作用。然而，发展中国家依据农业信贷补贴理论扩大向农村部门的融资力度以促进农业生产，由于农民缺乏储蓄激励、贷款低效配置、故意拖欠贷款、过分依赖外部资金等问题而陷入困境，因此农业信贷补贴论存在缺陷，但它仍是构建其他农村金融理论体系的基础。

2.2.2.2　农村金融市场论

20世纪80年代以来，由于农业信贷补贴论存在诸多缺陷，农村金融市场论逐渐取代了农业信贷补贴论。农村金融市场论反对政府干预、强调市场机制的作用。其主要观点包括：低利率政策使金融机构难以吸收存款，并阻碍金融发展；穷人也有储蓄能力；农村信贷的风险较高等。农村金融市场论的政策主张是：农村金融机构是农村地区的金融中介；为了能够动员储蓄和平衡资金供求，必须将利率市场化，实际存款利率不可为负；判断农村金融是否成功，应根据金融机构的自立性和可持续性来判断；没有必要实行专项特定目标贷款制度。

2.2.2.3　不完全竞争市场论

20 世纪 90 年代后期，东南亚等国家和地区爆发了严重的金融危机，使人们认识到市场机制并不是万能的。斯蒂格利茨提出，要培育稳定的、有效率的农村金融市场，减少金融风险，仍需要必要的、合理的政府干预，既肯定市场机制和正确的价格体系的重要性，也要注重适度的政府干预对稳定市场的作用。该理论认为，农村金融市场不是一个完全竞争的市场，借贷双方存在着信息不对称，即金融机构对于借款人的情况难以充分掌握，如果仅仅依靠市场机制可能无法生长出一个农村社会所需要的金融市场，为此有必要采用诸如政府适当介入金融市场以及借款人的组织化等非市场措施来弥补市场机制本身的缺陷。

2.2.2.4　微型金融理论

20 世纪 70 年代以来，微型金融作为为农村低收入阶层提供有效金融服务的创新扶贫模式在一些国家和地区兴起。微型金融理论的核心是团体贷款机制，指提出贷款申请而又不能提供传统抵押物的借款人应按贷款机构的要求自愿选择伙伴组成贷款小组，小组成员相互担保彼此的还款责任；如果联保小组内有任何一个成员不能还款或者蓄意逃债，那么整个小组团队会被视为集体违约，贷款机构会取消所有成员的贷款资格，除非小组内有成员为违约拖欠偿还贷款。微型金融成功的关键因素是通过使用新的合同结构和组织模式降低小额无抵押贷款的风险和成本，可以缓解小额信贷市场上借贷双方之间的信息不对称。

2.2.2.5　普惠金融理论

普惠金融意为"包容性金融体系"，最早在 2005 年由联合国和世界银行扶贫协商小组率先提出，其基本含义是：建立能有效地、全方位地为社会所有阶层和群体，尤其是那些被传统金融忽视的农村地区、城乡贫困群体和小微企业提供服务的金融体系。普惠金融并不是金融扶贫，普惠金融的核心理念强调"金融权也是人权"的思想，所有人都可以以所负担的成本获得金融服务，有效地参加到社会经济活动中，进而实现全社会的均衡发展。普惠金融强调公平合理的金融权、强调"普惠所有人群"、强调基础性金融服务获取机会的均等化、强调金融机构的广泛参与和强调可持续发展。

2.2.3 多维贫困与贫困治理理论

2.2.3.1 多维贫困理论

福利经济学家坎南（Edwin Cannan，1914）和庇古（Arthur Cecil Pigou，1920）较早意识到贫困问题远非以货币表示的经济指标就能轻松描述并解决，但较早明确提出多维贫困理论的是阿马蒂亚·森（Amartya Sen，1970），他在 20 世纪 70 年代提出"权力剥夺"以及"可行能力"思想，其"可行能力"理论被公认为是多维贫困的理论基础。在 1999 年出版的《以自由看待发展》一书中，阿马蒂亚·森进一步提出能力贫困的思想，以人的正常基本可行能力获得保障为基础，即免受不正常死亡、饥饿、营养不良、慢性流行病以及其他方面的条件缺失，提出了以能力方法为标准定义贫困的多维贫困理论。森认为，贫困就是"对一个人所拥有的、享受自己有理由珍视的那种生活的实质自由的剥夺，而不仅仅是收入低下"，并没有把收入低下同贫困直接联系起来，而是将收入低下影响个人的可行能力作为影响机制。能力缺乏是家庭贫困的根源，收入贫困只是能力贫困的外在表现，一方面，由于工作经验、知识获得的机会和健康状况等不同，获取收入的技能和能力必然存在差距；另一方面，收入分配的不平等，导致个体家庭对于生活状况的主观性评价存在差异。与传统上以收入为标准定义的贫困相比，按照能力来界定的贫困，明显更具合理性。首先，阿马蒂亚·森的能力贫困强调的是人的各种能力，这种能力是个体获得收入的手段，是具有持续性的，而收入贫困仅仅是个体追求生存、自由、健康等目的过程中的工具而已。其次，能力贫困的观点不仅包括了以货币衡量的指标，还考虑了福利方面的非货币指标。最后，对于有能力的个体来说，自身的能力是获得收入的资本，从而可以摆脱贫困。但是对于不具有能力的个体，不论是否拥有一定的收入，都很难确保以后不陷入贫困的状态。2007 年，阿尔基尔和福斯特参照千年发展目标"消灭极端贫困和饥饿；普及小学教育；促进男女平等并赋予妇女权利；降低儿童死亡率；改善产妇保健；与艾滋病、疟疾和其他疾病做斗争；确保环境的可持续能力；全球合作促进发展"，提出了多维贫困的测量方法。《2010 年人类发展报告》中正式利用多维贫困来测度各国的贫困状况。

2.2.3.2　大推进平衡增长理论

英国伦敦大学教授罗森斯坦 – 罗丹（Rosenstein-Rodan Paul N.，1943）提出了大推进平衡增长理论。该理论认为，发展中国家要克服"有效需求不足"和"资本供给不足"的双重发展障碍，就必须全面地大规模进行投资，以给经济一次大的推动，从而推动整个国民经济的全面、均衡、快速发展，走出"贫困恶性循环"。该理论的核心是在发展中国家或地区对国民经济的各个部门同时进行大规模投资，以促进这些部门的平均增长，从而推动整个国民经济的高速增长和全面发展。大推进理论的论据和理论基础是建立在生产函数、需求、储蓄供给的三个"不可分性"基础上：一是生产函数的不可分性；二是储蓄的不可分性；三是需求的不可分性。罗森斯坦·罗丹主张在整个工业或整个国民经济各个部门中同时进行大规模投资，使工业或国民经济各部门按同一比率或不同比率全面发展，以此来彻底摆脱贫穷落后，实现工业化或经济发展。

2.2.3.3　贫困恶性循环理论

纳克斯（Nurkse，1953）在《不发达国家的资本形成》中提出贫困恶性循环理论。该理论认为，资本匮乏是阻碍发展中国家发展的关键因素。贫困恶性循环理论包括供给和需求两个方面。在供给方面，由于经济不发达，人均收入较低，低收入意味着人们将大部分收入用于支出，却很少储蓄，当储蓄水平低、无法促进资本形成时，不易扩大生产规模并提高劳动生产率，产出较低，形成了一个"低收入—低资本形成—低收入"的恶性循环；在需求方面，低人均收入代表着消费能力和购买力低，造成投资吸引力不足，无法满足资本形成，低资本形成使规模生产变得困难，进而带来低生产率，这样形成一个"低收入—低资本形成—低收入"的恶性循环。

2.2.3.4　循环积累因果理论

瑞典经济学家缪尔达尔（Myrdal，1957）阐述了循环积累因果理论。与贫困恶性循环理论不同，缪尔达尔认为，在一个动态的社会经济发展过程中，贫困是由技术、经济、社会、政治、文化等多因素决定的综合结果，并呈现"循环积累"发展态势，每个循环结果不管是良性还是恶性均会对下一个循环起到"积累效应"。而这种"积累效应"存在两种相反的效应——回流效应和扩散效应，前者指发达地区不断向落后地区吸取资源；后者指发达地区向落后地区溢出资源。因此，他提倡重新分配不平等的"权利关系"，提高教育水平促进收入平等，提高穷人消费水平增加投资引诱，增加社会储蓄促使资本形成，提高人均收入水平。

2.2.3.5　益贫式增长理论

益贫式增长理论认为，单一地追求经济增长只能在贫困治理之初表现出良好的效果，之后便呈现出边际效益递减趋势。该理论提出人本身能力的重要性以及提升穷人的社会地位，防止经济陷入有增长无发展的"陷阱"，强调公平的经济增长模式。鉴于贫困的群体由于生活条件、所处地理位置等原因在经济增长时被迫"边缘化"，益贫式增长理论强调经济增长给穷人带来的增长比例应当大于平均增长率，要求增长机会平等、对贫困群众给予更多关注、实现充分就业并使劳动收入增长率高于资本报酬增长速度等。

2.2.3.6　包容性增长理论

2007年，亚洲开发银行首次提出"包容性增长"，目的是让普通民众最大限度地享受经济发展成果。该理论主要是通过调节机会不平等让弱势群体得到保护，从而促进贫困减少。所谓包容性增长，寻求的应是社会经济的协调发展和可持续发展，与单纯追求经济增长相对立。贫困群体之所以贫困，是因为他们被排除在一个能公平享受资源的环境之外，无法公平地获取教育机会和就业机会等。因此，包容性增长理论提倡社会排斥，使贫困群体能自由、公平地获得资源和共享机会，从而摆脱贫困，同时也有助于社会的稳定①。

2.3　金融发展多维减贫的作用机理

　　金融发展多维减贫的作用机理主要表现为在金融规模持续扩张、金融结构趋于合理、金融效率逐步提高的过程中，通过储蓄效应、投资效应、资源配置效应、风险分散效应和自有资本效应，促进物质资本、人力资本、社会资本积累，降低交易成本，推动技术进步，进而减缓多维贫困。

2.3.1　金融发展多维减贫的微观作用机理

　　在微观层面，从银行业、保险业和证券业分别考察金融发展的减贫效应。从银行业来看，商业银行通过在贫困地区开展储蓄业务和小额贷款，平滑贫困群体消费，缓解信贷排斥，创新金融扶贫产品和服务模式等带动贫困地区经济发展；从保险业来看，其保障功能可以在农户遭遇自然灾害或重大疾病时得到再生产启动资金或生活自救补偿资金，其杠杆功能可以促进农户扩大生产以增强贫困农户抵御风险的能力，其融资功能可以分散贫困农户的信贷风险以增强"造血"能力；从证券业来看，通过在贫困地区设立证券营业部，可以为当地企业提供发行承销、收购兼并、资产重组及投资咨询服务，同时贫困地区的龙头企业通过进入资本市场可以扩大生产为当地带来经济效益并吸纳就业。

---

①　庄天慧，杨浩，蓝红星. 多维贫困与贫困治理 [M]. 长沙：湖南人民出版社，2018.

2.3.2 金融发展多维减贫的宏观作用机理

在宏观层面，金融发展通过储蓄效应，可以帮助贫困群体增加家庭财富和平滑消费，促进物质资本和人力资本积累，优化贫困地区整体发展状况；通过投资效应，可以为穷人提供改善生活、增加营养、学习知识、提高技能、发展生产等所需的必要资金，使穷人有能力投资新技术、提高劳动生产率和预期收入，帮助他们解决生产生活的资金约束从而创造更多经济机会；通过资源配置效应，可以减少信息不对称，降低交易成本，缓解金融排斥，改善贫困群体在收入、健康、教育、保险、就业等方面的多维贫困，防止贫困的代际传递；通过风险分散效应，可以帮助因非人为因素而导致收入不稳定的从业者规避风险，增强贫困群体抵御收入波动风险的能力，减少因病返贫、因灾致贫的比例，有效遏制风险对贫困群体造成的不利影响；通过自有资本效应，可以增加低收入群体获得资金的机会和途径，扩大自身社会网络关系，改善自身资源质量，帮助其完成初始资本积累，创造更多的就业脱贫机会，实现内部自生的"造血式"脱贫。具体如图 2 - 2 所示。

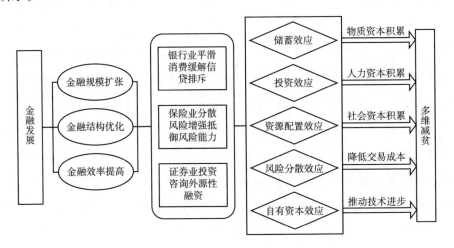

图 2 - 2　金融发展多维减贫的作用机理分析

2.4　金融发展多维减贫的影响机制

金融发展多维减贫的影响机制可以分为直接作用机制和间接作用机制。直接作用机制可以为贫困人口提供适当的金融服务，进而影响整个社会收入分配格局，实现贫困人口相对收入水平的提高；间接作用机制可以促进经济增长，进而增加包括贫困人口在内的社会全体成员的收入，实现贫困人口绝对收入水平的提高①。

2.4.1　金融发展多维减贫的直接影响机制

金融发展多维减贫的直接影响机制是指金融机构对贫困群体提供必要的直接金融活动，通过金融规模扩张、金融结构变化和金融效率提高，通过资源配置功能、风险管理功能、便利交易功能等，为贫困人口提供储蓄服务、信贷服务、保险服务、证券服务、信托与租赁服务等，改善贫困地区的信贷供给，缓解贫困群体的信贷约束，分散贫困农户的生产风险，从而使他们获得足够的生产性资金及消费性资金，对有利于其自身的健康、教育等进行投入以及对新技术、新产业进行投资，降低其经济脆弱性，从而提高收入水平、减缓贫困。农村金融发展主要通过贫困人群参与金融服务减缓多维贫困，本节着重分析金融发展的储蓄服务、信贷服务和保险服务等影响农村多维贫困减缓的直接机制。

第一，储蓄服务。金融机构为贫困人口提供储蓄服务，支持贫困家庭积累自有资本、平滑消费，有利于促进多维贫困减缓。一方面，贫困人口通过享受储蓄服务使其闲散资金得到积累，从金融机构获得一定利息收入的同时，资金闲置的机会成本降低。另一方面，储蓄服务可以帮助贫困人口平滑因收入不确定性带来的风险，提高贫困人群应对风险冲击的能力。

---

① 王曙光. 告别贫困——中国农村金融创新与反贫困［M］. 北京：中国发展出版社，2012.

第二，信贷服务。信贷服务能缓解贫困人口资金的流动性约束，提高其获取其他财富的能力与机会，不仅使贫困人口对设备、原材料、技术和厂房等生产性资产的投资机会增加，同时也使贫困人口有机会接受教育培训和科学文化，在提高贫困人口预期收入和劳动生产率的同时，也使贫困人口的发展能力有所提高，促进其长期收入的增加，提高其抵御风险的能力。

第三，保险服务。保险服务是对人身伤害的赔偿和财产损失的补偿，通过风险分散提升贫困人口对风险冲击的抵御能力，降低贫困人口因突发事件带来的损失，提高其在面临突发事件时寻求外界支持的能力，有效遏制风险对贫困人口生活、收入造成的不利影响，减少贫困人口因灾致贫或返贫的发生。一方面，保险的保障性有利于减少农户损失，帮助其在受灾后尽早恢复生产生活。经济补偿职能实现了社会财富在高收入与低收入人群间、高风险与低风险地区间、发生损失与未发生损失农户之间的再分配，有利于缩小收入差距，实现贫困减缓。另一方面，风险分散职能使得风险高度聚集的农户将其风险在时间和空间上实现转移，风险的分散有利于提高农户的适应性，进而缓解贫困。

2.4.2 金融发展多维减贫的间接影响机制

金融发展多维减贫的间接影响机制是指通过金融规模扩张、金融结构优化和金融效率提高，促进资本积累和技术进步，实现经济增长，经济增长会为贫困人口创造更多的就业机会，同时增加财政收入能够为贫困人口的转移支付提供更多的资金，在"涓滴效应"①作用下提高贫困人口收入水平，进而减缓贫困。本节着重分析金融发展的经济增长机制、收入分配机制和政府转移支付机制等金融发展多维贫困减缓的间接机制。

第一，经济增长机制。金融发展可以促使社会总储蓄增加，储蓄的增加有助于提高社会可投资资金总量，对经济增长起促进作用，经济增长通过增

---

① "涓滴效应"指经济增长的好处会自发地从富人流向穷人，即便穷人只是间接地从经济发展中获得好处，也会由此降低贫困。

加一国或地区的经济总量或者优化一国或地区的经济结构，促使生产能力、就业机会和人民收入提高，促使其摆脱贫困。具体来说，一方面，金融发展可发挥动员储蓄、资本积累、推动创新、优化配置以及风险管理等功能，拉动经济增长。另一方面，经济增长可依托"涓滴效应"和"利贫经济增长效应"以增加整体财富水平、提升社会就业水平、惠及广大贫困群体，进而有效促进减贫。

第二，收入分配机制。金融发展主要是以促进资源利用、提高市场效率等方式提高收入水平，进而影响收入分配。若收入分配状况得以改进，则有利于减贫，但若金融发展在实现经济资源在不同社会群体之间的转移与配置的过程中，恶化了收入分配差距，那么金融发展的收入分配作用将会被削弱甚至抵消金融发展推动经济增长所发挥的减贫效用。

第三，政府转移支付机制。金融发展可以促进经济增长，经济增长将提高政府财政收入，进而增加政府的转移支付。政府转移支付的增加有两方面的作用，一方面，增加贫困地区公共产品供给，促进贫困地区人口社会福利分配的改善；另一方面，使得贫困地区人口的补贴金、救济金、社会保障福利津贴、失业补助等有所提高，改善贫困人口的福利分配水平。

2.5　本章小结

本章主要对金融发展多维减贫进行理论分析，小结如下。

首先，从现代金融发展理论、农村金融发展理论和多维贫困与贫困治理理论入手，提出金融发展多维减贫的内涵，在微观上界定为银行、证券、保险等金融机构通过在贫困地区开展金融服务提升贫困户的资本价值；在宏观上界定为通过实现资金的优化配置，从而促进贫困地区经济增长、收入增加、生活水平提高以及自然资源优化等多个维度的改善。

其次，金融发展多维减贫的微观作用机理从银行业、保险业和证券业分别考察金融发展的减贫效应；宏观作用机理通过储蓄效应、投资效应、资源配置效应、风险分散效应和自有资本效应，促进物质资本、人力资本、社会资本积累，降低交易成本，推动技术进步，进而减缓多维贫困。

最后，金融发展多维减贫的影响机制可以分为直接作用机制和间接作用机制。直接作用机制通过为贫困人口提供储蓄服务、信贷服务和保险服务等，改善贫困地区的信贷供给，缓解贫困群体的信贷约束，分散贫困农户的生产风险，从而使他们获得足够的生产性资金及消费性资金，降低其经济脆弱性。间接作用机制是指金融发展通过经济增长机制、收入分配机制和政府转移支付机制，提高贫困人口收入水平，减缓多维贫困。

第3章 西部地区多维贫困的测度评价

本章从西部地区多维贫困的现状分析入手，通过构建多维贫困评价指标体系，对西部地区多维贫困水平进行测度评价，并从时序变化和空间演进视角归纳西部地区多维贫困水平的时空演进。

3.1 西部地区多维贫困的现状分析

近年来，西部地区全面贯彻中央关于改善民生和打赢脱贫攻坚战的要求，紧紧围绕"两不愁三保障"目标，贫困人口明显减少，贫困发生率持续下降，基础设施和公共服务进一步提升，教育、医疗和住房"三保障"水平较快提高，生产生活条件有效改善。

3.1.1 西部地区农村贫困人口规模与分布

西部地区农村贫困人口明显减少，贫困发生率不断下降。从农村贫困人口规模来看，按照现行农村贫困标准测算，西部地区①贫困人口从 2010 年的 8430 万人减少到 2018 年的 917 万人，贫困发生率从 31.4% 下降到 3.4%（见

---

① 西部地区包括内蒙古、广西、重庆、四川、贵州、云南、西藏、陕西、甘肃、青海、宁夏、新疆 12 个省份；中部地区包括山西、吉林、黑龙江、安徽、江西、河南、湖北、湖南 8 个省份；东部地区包括北京、天津、河北、辽宁、上海、江苏、浙江、福建、山东、广东、海南 11 个省份。

图 3 - 1），脱贫工作成绩斐然①。

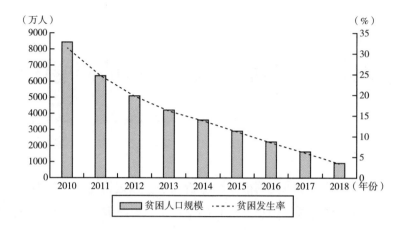

图 3 - 1　2010 ~ 2018 年西部地区农村贫困状况

资料来源：根据《中国农村贫困监测报告 2019》整理。

从农村贫困人口分布来看，2018 年西部地区贫困人口有 916 万人，贫困发生率为 3.2%，贫困人口占全国农村贫困人口的比重为 55.2%。其中，西北地区②贫困人口有 301 万人，占西部地区贫困人口的比重为 33%；西南地区贫困人口有 615 万人，占西部地区贫困人口的比重为 67%。2018 年农村贫困人口的地区分布如图 3 - 2 所示。

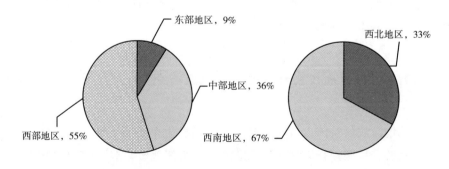

图 3 - 2　2018 年农村贫困人口地区分布

资料来源：根据《中国农村贫困监测报告 2019》整理。

---

①　数据来源于《中国农村贫困监测报告 2019》。

②　西北地区包括内蒙古、陕西、甘肃、青海、宁夏、新疆 6 个省份；西南地区包括广西、重庆、四川、贵州、云南、西藏 6 个省份。

从贫困发生率来看，2018 年末西部贫困地区农村贫困发生率均下降至 6% 及以下。如图 3－3 所示，贫困发生率下降至 3% 以下的省份有 5 个，分别为重庆、内蒙古、四川、宁夏、青海；贫困发生率在 3%～5% 的省份有 4 个，分别为陕西、广西、贵州；贫困发生率在 5%～6% 的省份有 3 个，分别为西藏、新疆、甘肃。

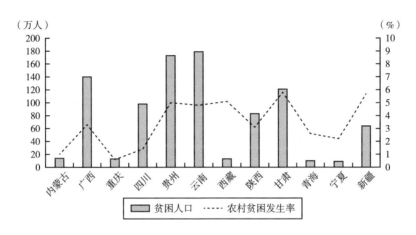

图 3－3　2018 年西部地区贫困人口和贫困发生率
资料来源：根据《中国农村贫困监测报告 2019》整理。

3.1.2　西部贫困地区农民收入情况

西部贫困地区农村居民收入较快增长。根据《中国农村贫困监测报告 2019》调查数据显示，2013～2018 年西部各省份贫困地区农村常住居民人均可支配收入呈现稳步增长态势，如图 3－4 所示。

考察西部贫困地区农村常住居民收入结构发现，经营净收入是重要组成部分，说明西部地区通过金融扶贫、产业扶贫支持各类扶贫项目，促进了贫困地区农民经营性收入的增长。其次是工资性收入和转移净收入，说明随着就业扶贫力度的不断加大，贫困地区农村居民在本地务工机会明显增多，同时农村各项政策性补贴和扶贫保障等惠农政策使贫困地区农民从中得到更多实惠。财产净收入最低，说明西部地区应当加快农村土地流转，切实增加农民收入。具体如图 3－5 所示。

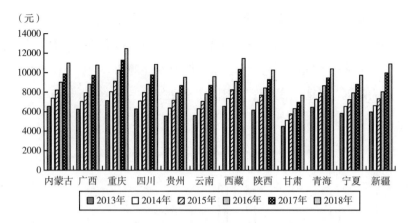

图 3 - 4　2013～2018 年西部贫困地区农村常住居民人均可支配收入

资料来源：根据《中国农村贫困监测报告 2019》整理。

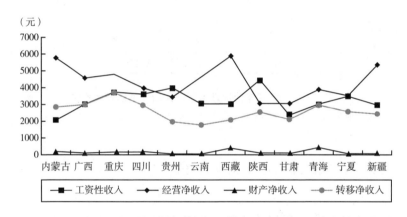

图 3 - 5　2018 年西部贫困地区农村常住居民收入结构

资料来源：根据《中国农村贫困监测报告 2019》整理。

3.1.3　西部贫困地区农民消费情况

西部贫困地区农村居民消费快速提升。根据《中国农村贫困监测报告 2019》调查数据显示，2013～2018 年西部各省份贫困地区农村常住居民人均消费支出呈现快速增长态势，如图 3 - 6 所示。

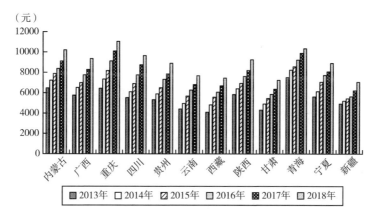

图 3 – 6　2013～2018 年西部贫困地区农村常住居民人均消费支出

资料来源：根据《中国农村贫困监测报告 2019》整理。

　　从消费结构来看，西部贫困地区 2018 年的食品烟酒支出占比为 31%，仍然占比最大；其次为居住消费，占比达到 20%；再次为交通通信、教育文化娱乐和医疗保健，分别占比 14%、11% 和 10%；衣着、生活用品及其他用品服务占比最低，如图 3 –7 所示。

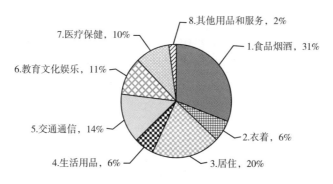

图 3 – 7　2018 年西部贫困地区消费结构

资料来源：根据《中国农村贫困监测报告 2019》整理。

3.1.4　西部贫困地区居住及生活条件

　　西部贫困地区农村居民居住及生活条件得到极大改善。根据《中国农村贫困监测报告 2019》调查数据显示，居住在竹草土坯房的农户比重、使用炊用柴草的农户比重均有下降；使用管道供水的农户比重、使用经过净化处理自来水的农户比重、饮水无困难的农户比重、独用厕所的农户比重均有上升。2018 年西部贫困地区农户住房及家庭设施状况如图 3 - 8 所示。

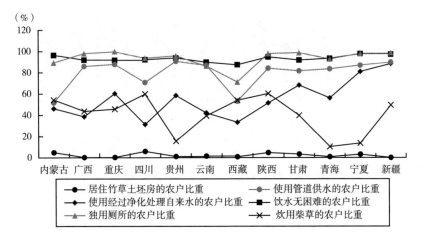

图 3 - 8　2018 年西部贫困地区农户住房及家庭设施状况

资料来源：根据《中国农村贫困监测报告 2019》整理。

　　从每百户耐用消费品拥有量来看，2018 年西部贫困地区传统耐用消费品中百户洗衣机拥有量为 88.6 台，百户电冰箱拥有量为 85.6 台，百户移动电话拥有量为 263 部，现代耐用消费品中百户汽车拥有量为 22.2 辆，百户计算机拥有量为 14.1 台，如图 3 - 9 所示。

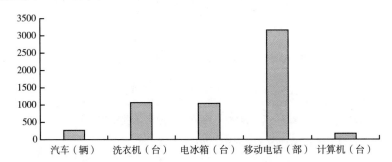

图 3 - 9　2018 年西部贫困地区农村每百户耐用消费品拥有量

资料来源：根据《中国农村贫困监测报告 2019》整理。

3.1.5　西部贫困地区基础设施与公共服务状况

西部贫困地区基础设施与公共服务状况大大改善。各省份所在自然村通公路、通电话、能够接收有线电话信号、进村主干道路硬化的农户比重都接近 100%，能便利乘坐公共汽车的农户比重均高于 50%，所在自然村通宽带，垃圾集中处理，所在村有卫生站、幼儿园和小学的农户占比均高于 60%。根据《中国农村贫困监测报告 2019》调查数据显示，2018 年各省份贫困地区农村基础设施和公共服务状况如图 3 - 10 和图 3 - 11 所示。

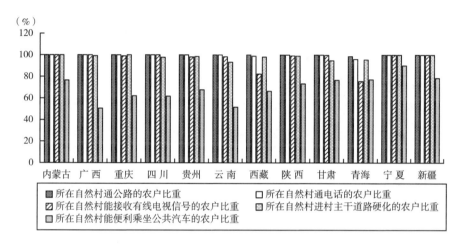

图 3 - 10　2018 年西部各省份贫困地区农村基础设施和公共服务状况（1）

资料来源：根据《中国农村贫困监测报告 2019》整理。

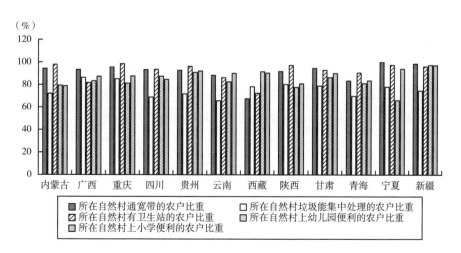

图 3 - 11　2018 年西部各省份贫困地区农村基础设施和公共服务状况（2）

资料来源：根据《中国农村贫困监测报告 2019》整理。

3.2 西部地区多维贫困的评价指标体系构建

3.2.1 评价指标体系构建原则

为了科学客观地描述西部地区的多维贫困，本章遵循以下原则来构建指标体系：第一，全面性原则。多维贫困涵盖健康、教育、资产和生活多个维度，所以指标体系应从多个层次和不同维度反映多维贫困，以满足评价的全面性。第二，科学性原则。评价指标体系必须能够明确地反映多维贫困的评价目标，同时避免指标层次过多，指标过细。第三，可比性原则。所选指标的口径（年份、单位、含义等）在不同评价对象间必须一致。第四，代表性原则。所有评价都不可能反映被评价对象的全部信息，选取的指标应力争反映评价对象的主要特征和主要方面。第五，数据的可得性原则。所选指标要有权威可靠的数据来源，确保数据的质量，便于具体操作。

3.2.2 评价指标体系构建

早期对贫困的研究主要局限于经济贫困，认为是由于收入低下资本缺乏而造成贫困。随着对贫困研究的深入，这种局限被打破，教育贫困和医疗贫困等也相继被提出。诺贝尔经济学奖得主阿玛蒂亚·森认为，个人或者家庭处于贫困状态的特征包括缺乏满足温饱的物质条件、基本的医疗资源、基本的住房条件和一定的受教育机会等。联合国开发计划署《2010 年人类发展报告》采用健康、教育、生活标准三个维度测算全球 104 个发展中国家的多维贫困指数。鉴于西部地区贫困的现实情况和数据的可得性，本章加入资产维度来研究西部地区的多维贫困，资产维度反映一个家庭累积的财富状况，通过住房贫困这一指标来衡量。因此，本章将西部地区多维贫困划分为健康、教育、资产和生活四个维度，其中，健康维度通过医疗贫困衡量；教育维度通过教育贫困衡量；资产维度通过住房贫困衡量；生活维度通过经济贫困、信息贫困、交通贫困和生态贫困来衡量。结合指标的代表性与西部地区数据的可得性，本章共选取 7 个分项指标来构建西部地区多维贫困综合评价指标体系，如表 3 - 1 所示。

表 3 - 1　　　　　　　　西部地区多维贫困综合评价指标体系

维度	分项指标	基础指标	指标属性
健康维度	医疗贫困	每万人口拥有床位数（张）	负
教育维度	教育贫困	普通小学在校学生数（万人）	负
资产维度	住房贫困	农村人均住房面积（平方米）	负
生活维度	经济贫困	农村恩格尔系数（%）	正
	信息贫困	电话普及率（%）	负
	交通贫困	每万人公路里程数（千米）	负
	生态贫困	每万人农作物耕种面积（公顷）	负

第一，健康维度。健康维度是指个人在身体、精神等方面都处于良好的状态。本章选取医疗贫困来衡量健康维度的贫困水平，具体是用每万人口拥有的床位数来衡量。

第二，教育维度。教育维度狭义上指专门组织的学校教育，广义上指影响个人身心发展的社会实践活动。本章选取教育贫困来衡量教育维度的贫困水平，具体是用普通小学在校学生数来衡量。

第三，资产维度。资产维度是指每个家庭累积的财富总额和消费平滑后的财富状况。本章选取住房贫困来衡量资产维度的贫困水平，具体是用农村人均住房面积来衡量。

第四，生活维度。生活维度是指个人的衣食住行等各种活动。本章选用经济贫困、信息贫困、交通贫困和生态贫困来衡量生活维度的贫困水平，具体分别用农村恩格尔系数、电话普及率、每万人公路里程数、每万人农作物耕种面积来衡量。

本章使用 1978～2017 年西部 12 省份的面板数据，数据来源于《中国统计年鉴》《中国金融年鉴》《新中国 60 年统计资料汇编》和《中国农村统计年鉴》等。

3.3　西部地区多维贫困的测度评价

3.3.1　评价方法

鉴于主成分分析法在构造权重和指标综合等方面较权重分配法具有显著稳健性，本章运用主成分分析法对西部地区多维贫困水平进行综合评价。KMO 统计量为 0.732 > 0.7，说明适合做主成分分析，Bartletts 球形检验 $P <$ 0.05，表明变量间具有较强的相关性，可以运用主成分分析法研究多维贫困水平。由于主成分贡献率达到 85% 以上即可视为有效因子，而前 3 个主成分的累计贡献率达到 87.5%，因此可以将 3 个主成分按方差贡献率加权得分得到多维贫困综合指数。

主成分分析法是一种降维方法，通过降维处理把原来多个变量划为少数几个综合指标，并且这些少数变量尽可能多地保留原来较多的变量所反映的信息。主成分分析法能够深刻反映指标信息的主要效用价值，它给出的指标权重值与权重分配法相比具有显著稳健性，适合对多元指标进行综合评价，主要步骤如下。

第一步，数据标准化处理：

$$\tilde{x}_{ij} = \frac{x_{ij} - \bar{x}_j}{s_j} \tag{3.1}$$

第二步，计算相关系数矩阵：

$$R = (r_{ij})_{m \times m}, r_{ij} = \frac{\sum_{k=1}^{n} \tilde{x}_{ki} \cdot \tilde{x}_{kj}}{n - 1} \tag{3.2}$$

第三步，计算特征值和特征向量。解特征方程 $|R - \lambda I_m| = 0$ 得出 m 个特征值及相应的特征向量。

第四步，计算信息贡献率：

$$b_j = \frac{\lambda_j}{\sum\limits_{k=1}^{m} \lambda_k} \tag{3.3}$$

第五步，计算累计贡献率：

$$\alpha_p = \frac{\sum\limits_{k=1}^{p} \lambda_k}{\sum\limits_{k=1}^{m} \lambda_k} \tag{3.4}$$

第六步，选取主成分。当 $\alpha_p > 85\%$ 时，选择前 p 个指标作为 p 个主成分。

第七步，计算综合评价得分：

$$Z = \sum\limits_{j=1}^{p} b_j y_j \tag{3.5}$$

其中，x_{ij} 表示第 i 个年份第 j 项评价指标的数值，$\bar{x}_j$ 和 s_j 分别为第 j 项评价指标的均值和标准差，r_{ij} 是第 i 个指标和第 j 个指标的相关系数。

3.3.2　评价结果分析

依据主成分分析法的计算步骤，对西部地区 12 个省份 1978～2017 年的原始数据进行处理，得到西部地区多维贫困综合指数评价结果，如表 3 - 2 所示。

表 3 - 2　　　　　　西部地区多维贫困水平综合指数评价结果

年份	广西	重庆	四川	贵州	云南	西藏	内蒙古	陕西	甘肃	青海	宁夏	新疆	均值	西南地区	西北地区
1978	0.848	0.856	0.890	0.878	0.883	0.766	0.724	0.777	0.812	0.713	0.689	0.678	0.793	0.853	0.732
1979	0.844	0.843	0.884	0.886	0.865	0.763	0.714	0.775	0.793	0.704	0.730	0.660	0.788	0.847	0.729
1980	0.838	0.822	0.865	0.877	0.849	0.742	0.709	0.765	0.751	0.693	0.717	0.643	0.773	0.832	0.713
1981	0.858	0.795	0.830	0.850	0.829	0.730	0.703	0.770	0.777	0.686	0.720	0.631	0.765	0.816	0.714
1982	0.837	0.796	0.838	0.846	0.831	0.748	0.697	0.771	0.769	0.682	0.702	0.632	0.762	0.816	0.709
1983	0.840	0.794	0.818	0.858	0.808	0.747	0.677	0.746	0.751	0.671	0.703	0.586	0.750	0.811	0.689
1984	0.833	0.792	0.824	0.860	0.780	0.739	0.675	0.743	0.747	0.699	0.688	0.587	0.747	0.805	0.690

年份	广西	重庆	四川	贵州	云南	西藏	内蒙古	陕西	甘肃	青海	宁夏	新疆	均值	西南地区	西北地区
1985	0.818	0.767	0.785	0.864	0.801	0.746	0.665	0.715	0.726	0.669	0.675	0.566	0.733	0.797	0.669
1986	0.813	0.762	0.768	0.863	0.804	0.732	0.648	0.701	0.718	0.647	0.665	0.562	0.724	0.790	0.657
1987	0.810	0.749	0.750	0.855	0.796	0.724	0.646	0.692	0.704	0.643	0.671	0.555	0.716	0.781	0.652
1988	0.792	0.729	0.726	1.000	0.761	0.730	0.631	0.669	0.687	0.627	0.640	0.547	0.712	0.790	0.634
1989	0.782	0.726	0.718	0.844	0.757	0.723	0.627	0.681	0.690	0.645	0.648	0.552	0.699	0.758	0.641
1990	0.810	0.734	0.723	0.845	0.763	0.724	0.645	0.710	0.727	0.649	0.667	0.557	0.713	0.767	0.659
1991	0.796	0.719	0.699	0.829	0.752	0.687	0.640	0.687	0.714	0.646	0.654	0.555	0.698	0.747	0.649
1992	0.791	0.711	0.688	0.829	0.737	0.686	0.623	0.695	0.709	0.635	0.651	0.559	0.693	0.740	0.645
1993	0.791	0.703	0.699	0.837	0.727	0.757	0.618	0.679	0.686	0.640	0.626	0.539	0.692	0.752	0.631
1994	0.774	0.710	0.688	0.837	0.728	0.681	0.620	0.683	0.724	0.623	0.629	0.526	0.685	0.736	0.634
1995	0.775	0.711	0.705	0.841	0.730	0.701	0.627	0.684	0.740	0.630	0.607	0.525	0.690	0.744	0.636
1996	0.738	0.696	0.698	0.844	0.732	0.661	0.626	0.669	0.738	0.641	0.635	0.511	0.682	0.728	0.637
1997	0.736	0.698	0.734	0.828	0.727	0.656	0.590	0.646	0.692	0.638	0.607	0.516	0.672	0.730	0.615
1998	0.724	0.669	0.720	0.819	0.717	0.661	0.569	0.625	0.683	0.618	0.589	0.521	0.660	0.718	0.601
1999	0.716	0.659	0.703	0.800	0.721	0.650	0.535	0.599	0.652	0.614	0.590	0.511	0.646	0.708	0.584
2000	0.688	0.597	0.661	0.757	0.673	0.716	0.505	0.565	0.612	0.593	0.561	0.494	0.619	0.682	0.555
2001	0.659	0.583	0.647	0.744	0.648	0.633	0.495	0.540	0.595	0.556	0.547	0.484	0.594	0.652	0.536
2002	0.646	0.584	0.635	0.722	0.631	0.608	0.488	0.503	0.584	0.530	0.523	0.463	0.576	0.638	0.515
2003	0.625	0.544	0.619	0.708	0.609	0.597	0.482	0.483	0.566	0.514	0.477	0.425	0.554	0.617	0.491
2004	0.618	0.535	0.610	0.705	0.603	0.583	0.418	0.473	0.570	0.497	0.450	0.398	0.538	0.609	0.468
2005	0.564	0.503	0.562	0.658	0.584	0.600	0.380	0.461	0.545	0.481	0.414	0.361	0.509	0.578	0.440
2006	0.549	0.470	0.524	0.631	0.536	0.455	0.339	0.413	0.507	0.488	0.377	0.303	0.466	0.527	0.404
2007	0.534	0.462	0.509	0.608	0.504	0.449	0.314	0.375	0.489	0.468	0.351	0.275	0.445	0.511	0.379
2008	0.524	0.436	0.478	0.569	0.513	0.421	0.284	0.342	0.468	0.392	0.299	0.260	0.416	0.490	0.341
2009	0.486	0.479	0.487	0.586	0.585	0.485	0.249	0.338	0.435	0.368	0.271	0.220	0.416	0.518	0.313
2010	0.470	0.363	0.399	0.508	0.448	0.386	0.206	0.327	0.401	0.332	0.245	0.182	0.356	0.429	0.282
2011	0.421	0.327	0.360	0.480	0.405	0.360	0.190	0.297	0.355	0.266	0.231	0.130	0.318	0.392	0.245
2012	0.393	0.267	0.320	0.416	0.365	0.364	0.141	0.284	0.323	0.208	0.117	0.107	0.275	0.354	0.197
2013	0.345	0.177	0.278	0.356	0.319	0.313	0.087	0.292	0.263	0.156	0.090	0.063	0.228	0.298	0.158
2014	0.291	0.091	0.171	0.603	0.241	0.189	0.082	0.288	0.268	0.166	0.021	0.036	0.204	0.264	0.143
2015	0.237	0.055	0.065	0.550	0.163	0.125	0.076	0.284	0.273	0.176	0.020	0.029	0.171	0.199	0.143
2016	0.183	0.039	0.042	0.497	0.125	0.098	0.070	0.280	0.257	0.156	0.019	0.018	0.149	0.164	0.133
2017	0.129	0.023	0.030	0.444	0.086	0.072	0.064	0.276	0.242	0.136	0.018	0.015	0.128	0.131	0.125
均值	0.648	0.574	0.604	0.733	0.628	0.580	0.477	0.557	0.594	0.522	0.488	0.420	0.569	0.628	0.510

由表3－2可以发现，从1978～2017年西部地区多维贫困综合指数得分

来看，四川的多维贫困水平改善幅度最大，从 1978 年的 0.890 降低到 2017 年的 0.030；重庆次之，从 1978 年的 0.856 降低到 2017 年的 0.023；云南紧随其后，从 1978 年的 0.883 降低到 2017 年的 0.086。1978~2017 年多维贫困水平改善幅度最小的三个省份依次为贵州、陕西和甘肃。考察各区域的平均得分可以发现，西南地区多维贫困得分的平均分高于西北地区的平均分，分别为 0.628 和 0.510。

3.4　西部地区多维贫困的时空演进分析

根据西部地区多维贫困综合指数得分，本章从时序变化和地区差异角度归纳西部地区多维贫困的特征。

3.4.1　西部地区多维贫困的时序变化分析

从时序角度考察 1978~2017 年西部地区多维贫困水平得分的变化趋势，如图 3-12 所示。

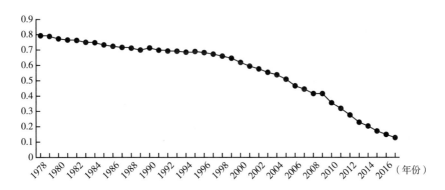

图 3-12　1978~2017 年西部地区多维贫困综合指数变化趋势

从图 3-12 可以看出，西部地区多维贫困水平的综合得分总体呈下降趋势，具体可以分为两个阶段：第一个阶段是从 1978 年的 0.793 下降到 1999 年的 0.646，这一阶段的变化较为缓慢；第二个阶段从 2000 年的 0.619 下降到 2017 年的 0.128，这一阶段的变化较为迅速。探究其变化原因，1999 年我国实施西部大开发战略，2001 年国务院发布《中国农村扶贫开发纲要（2001～2010 年)》，2013 年习近平总书记强调"精准扶贫"并开展新时期扶贫工作机制等，都加快了西部地区多维减贫的速度。

从时序变化角度考察 1978～2017 年西部地区各省份多维贫困综合指数得分的变化趋势，如表 3 – 3 所示。

表 3 – 3 西部地区各省份多维贫困综合指数得分时序变化

年份	项目	高度贫困	中度贫困	低度贫困
1978	省份数	12	0	0
	所占比例（%）	100	0	0
1979～1982	省份数	11	1	0
	所占比例（%）	91.67	8.33	0
1983～1984	省份数	10	2	0
	所占比例（%）	83.33	16.67	0
1985～1987	省份数	8	4	0
	所占比例（%）	66.67	33.33	0
1988	省份数	7	5	0
	所占比例（%）	58.33	41.67	0
1989～1995	省份数	8	4	0
	所占比例（%）	66.67	33.33	0
1996～1997	省份数	6	6	0
	所占比例（%）	50	50	0
1998	省份数	5	7	0
	所占比例（%）	41.67	58.33	0
1999	省份数	4	8	0
	所占比例（%）	33.33	66.67	0
2000	省份数	3	9	0
	所占比例（%）	25.00	75.00	0
2001～2004	省份数	1	11	0
	所占比例（%）	8.33	91.67	0
2005	省份数	0	12	0
	所占比例（%）	0	100	0

续表

年份	项目	高度贫困	中度贫困	低度贫困
2006	省份数	0	11	1
	所占比例（%）	0	91.67	8.33
2007	省份数	0	10	2
	所占比例（%）	0	83.33	16.67
2008~2009	省份数	0	9	3
	所占比例（%）	0	75.00	25.00
2010	省份数	0	7	5
	所占比例（%）	0	58.33	41.67
2011	省份数	0	6	6
	所占比例（%）	0	50	50
2012	省份数	0	4	8
	所占比例（%）	0	33.33	66.67
2013	省份数	0	2	10
	所占比例（%）	0	16.67	83.33
2014~2017	省份数	0	1	11
	所占比例（%）	0	8.33	91.67

注：本表用三分法将西部地区各省份多维贫困水平得分进行分类，低度贫困的得分小于0.33，中度贫困的得分介于0.34~0.67，高度贫困的得分高于0.68。

从表3-3可以看出，西部地区多维贫困综合指数得分分布在高度贫困区间的省份所占比例先下降后不变，在2005年后不再出现高度贫困的省份；得分分布在中度贫困区间的省份所占比例先上升后下降，在2005年达到最高；得分分布在低度贫困区间的省份所占比例从2006年开始不断上升，2014年达到最高91.67%，并且一直到2017年保持不变。可以发现，2017年91.67%的省份都处于低度贫困区间。

3.4.2　西部地区多维贫困的空间演进分析

为了更直观地描述西部地区多维贫困水平的省际差异，本章考察1978年

和 2017 年西部地区多维贫困综合指数得分的空间分布。研究发现，1978 年
西部 12 个省份的多维贫困综合指数全部处于高度贫困区间，而 2017 年西部
12 个省份中只有贵州的多维贫困综合指数处于中度贫困区间，其他 11 个省
份的多维贫困综合指数都处于低度贫困区间。地理位置和历史条件决定了贵
州的起点相对较低、近代工业发展缓慢、交通不便、信息封闭导致区域经济
发展落后。

既然西南地区与西北地区各省份的多维贫困水平略有差异，那么它们之
间的差异是否有缩小的趋势呢？本章通过计算 2010～2017 年西部地区各省份
多维贫困指数的变异系数①来考察西部地区多维贫困水平的差异演化，如
图 3 – 13 所示。

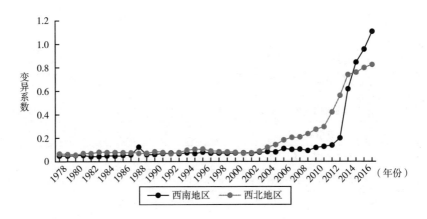

图 3 – 13 西部地区多维贫困水平差异的变化趋势

从图 3 – 13 可以看出，从 1978～2002 年，西南地区和西北地区的多维贫
困综合指数变异系数几乎不变，说明西部各省份的多维贫困水平差距不大；
2003～2014 年各省份多维贫困综合指数的变异系数呈现扩大发散趋势，且西
北地区的发散趋势大于西南地区，说明西北各省份多维贫困水平的差距大于

① 收敛性可以使用变异系数来衡量，变异系数的具体公式如下：$CV = \sqrt{\dfrac{\sum (x_i - \bar{x})^2}{n}} \bigg/ \bar{x}$，其
中 x_i 是第 i 个地区的多维贫困值，$\bar{x}$ 为多维贫困的平均值。若变异系数值上升，则多维贫困的差距扩
大；若变异系数值下降，则表明多维贫困存在收敛性。

西南地区；2015 年后，西南地区多维贫困综合指数的变异系数高于西北地区，说明西南各省份多维贫困水平的差距逐渐扩大，而西北地区的变异系数则上升变缓。

　　为了综合分析西部地区多维贫困的地区差异，本章以收入数量和生活质量分析为视角，引入以收入数量衡量贫困水平的贫困发生率①和以生活质量衡量贫困水平的多维贫困综合指数两个方面，运用多元聚类分析法对各省份贫困发生率和多维贫困综合指数进行聚类分析，着重提炼出以下四种类型，如表 3 - 4 所示。

表 3 - 4　　　　　西部地区贫困发生率和多维贫困综合指数聚类分析

群类	省份	省份数量（个）
低贫困发生率、低多维贫困指数	内蒙古	1
低贫困发生率、高多维贫困指数	重庆、四川	2
高贫困发生率、低多维贫困指数	青海、宁夏、新疆	3
高贫困发生率、高多维贫困指数	广西、贵州、云南、西藏、陕西、甘肃	6

　　总体来看，可以分为低贫困发生率、低多维贫困指数，低贫困发生率、高多维贫困指数，高贫困发生率、低多维贫困指数及高贫困发生率、高多维贫困指数四种类型。（1）低贫困发生率、低多维贫困指数，即在贫困发生率和多维贫困指数两个方面均有比较优异的表现，仅有内蒙古 1 个省份，占全部省份的 8.3%；（2）低贫困发生率、高多维综合指数，即在贫困发生率上有突出表现，但多维贫困指数仍然较高，包括重庆、四川 2 个省份，占全部省份的 16.7%；（3）高贫困发生率、低多维贫困指数，即在多维贫困指数上有较好的表现，但贫困发生率却差强人意，包括青海、宁夏、新疆 3 个省份，占全部省份的 25%；（4）高贫困发生率、高多维贫困指数，即贫困发生率和多维贫困指数均相对较高，包括广西、贵州、云南、西藏、陕西、甘肃共 6 个省份，占全部省份的 50%。

---

　　① 贫困发生率是按照 2010 年价格确定的每人每年 2300 元的贫困标准，这是与小康社会相适应的稳定温饱标准。

3.5　本章小结

　　本章从西部地区多维贫困的现状分析入手，通过构建多维贫困评价指标体系，对西部地区多维贫困水平进行测度评价，并分析其时序变化和地区差异。结果表明：第一，近年来西部地区多维贫困水平呈下降趋势，且这种下降速度较快，1978 年西部 12 个省份的多维贫困综合指数全部处于高度贫困区间，而 2017 年西部 12 个省份中只有贵州的多维贫困综合指数处于中度贫困区间，其他 11 个省份的多维贫困综合指数都处于低度贫困区间；第二，从 1978～2017 年西部各省份中四川的多维贫困水平改善幅度最大，其次是重庆和云南，多维贫困水平改善最小的三个省份依次为贵州、陕西和甘肃；第三，西北地区和西南地区不同省份间多维贫困水平的差异都呈现发散趋势，不同省份间的多维贫困水平差距逐渐扩大；第四，西部地区贫困水平的数量面和质量面呈现出明显的非均衡性。

第4章 西部地区金融发展多维减贫的门槛效应研究

考虑到发展经济学的贫困恶性循环理论和贫困陷阱理论，金融发展对于多维贫困的减缓可能因收入水平的不同而存在差异。因此，本章在金融发展多维减贫门槛效应理论分析的基础上，分别利用面板门槛模型和平滑转换模型①来研究金融发展多维减贫的门槛效应，以验证实证结果的稳健性，在此基础上归纳金融发展多维减贫的门槛特征。

4.1 金融减贫门槛效应的理论分析

20世纪40年代以来，发展经济学理论认为，必须越过人均收入水平的"门槛"才能进入持续的经济增长从而摆脱贫困，其中，罗森斯坦－罗丹（Rosenstein-Rodan Paul，1943）、纳克斯（Nurkse，1953）、缪尔达尔（Myrdal，1957）等都强调了通过加速资本形成减缓贫困，指出由于规模报酬递增的存在，一国的人均收入水平只有越过"门槛"才能逐步发展起来，否则会陷入"贫困陷阱"中形成贫困的恶性循环难以摆脱。"贫困陷阱"的出现是因为经

---

① 相比于线性模型，面板门槛模型具有不需要给定非线性方程的形式，门槛值及其数量完全由样本数据内生决定，依据渐近分布理论建立待估参数的置信区间，可运用 bootstrap 方法估计门槛值的统计显著性等优点；相比面板门槛模型，面板平滑转换回归模型通过引入连续的转换函数替代面板门槛回归模型中离散的转换函数，能使模型系数随转换变量的变化而连续变化，其体制转换是一个连续平滑的过程，可以避免模型发生突变，更贴近于实际情况，同时能够更好地反映数据截面和时间的异质性特征。

济发展中存在多重均衡，贫困地区一般处于低水平均衡，只有越过一个人均收入和资本积累水平的"门槛"，才能进入持续的经济增长，最终达到高水平均衡。"贫困陷阱"可以分为技术陷阱和人口陷阱，前者源于经济活动的规模经济和互补性，后者源于低收入水平下的人口增长模式。

1953 年，纳克斯提出了"贫困恶性循环理论"，认为在"贫困的恶性循环"中，最重要的一种制约力量来自资本积累的障碍。资本积累由供给和需求两方面因素共同决定，这两方面都存在循环关系。在供给方面，由于发展中国家人均收入水平低，有限的收入绝大部分要用于满足基本生存消费需要，储蓄的部分很少。低储蓄状态导致资本形成不足，投资能力降低，生产规模和生产率难以提高，构成一个恶性循环体系。在需求方面，发展中国家由于人均收入水平较低导致"低消费"，促使市场需求和投资引诱不足，导致资本形成不足，限制生产规模和生产率的提高，这构成了另一个恶性循环。供给和需求两方面综合起来形成"贫困的恶性循环"。

针对"贫困陷阱"和"贫困的恶性循环"，罗森斯坦 – 罗丹（Paul N. Rosenstein-Rodan，1943）、纳克斯（Nurkse，1960）、赫希曼（Hirschman，1958）分别提出了"大推进"战略、"平衡增长"战略和"不平衡增长"战略，尽管他们的政策主张区别很大，但倚重计划手段是他们的共同特点。新制度经济学认为，计划并非唯一的解决方案，通过制度建设来摆脱"贫困陷阱"，可能是最好的策略。

4.1.1　贫困的恶性循环理论

根据纳克斯的观点，贫困地区之所以落后的一个重要原因是资本形成不足，而且因资本形成不足而导致的贫困会形成一种自我维持的恶性循环。由于利率管制，实际利率远远低于均衡利率水平，大多数贫困国家和地区都存在资本外流的现象，资本外流使得本已稀缺的资本更加稀缺，居民和企业需要付出高昂的成本才能得到所需资本，而选择性的信贷政策造成金融资源配置的扭曲，阻碍经济发展和收入水平提高，从而导致贫困，贫困又从供给和需求两个方面影响金融资源的配置，形成恶性循环。

从供给视角来看，金融资源的错配会直接导致地区资本形成不足，阻碍其生产力的提高和经济的发展，导致贫困的产生。这意味着金融机构在为贫困地区居民和企业提供金融产品和服务时需要更加广泛地收集借款人信息，更加小心地甄别筛选，支付更高的信息成本。同时，贫困意味着当地自然条件、基础设施较差，金融机构单位业务的交易成本和管理费用较高。这使得金融机构在贫困地区缩减其分支机构，减少投入，弱化当地的金融服务，将资金转向效益更好的经济较发达地区。这将进一步加剧当地的贫困，贫困又将进一步影响当地金融资源的配置。

从需求视角来看，以下三种因素制约了贫困地区居民对金融的有效需求：第一，贫困地区居民家庭财富少，可供抵押担保的物品较少，抵抗疾病或意外伤害的能力较差；第二，贫困地区居民消费仅限于维持基本生活，投资渠道和机会较少，加之人们思想观念陈旧，对新信息新技术接受能力较差，创新创业能力较差；第三，贫困地区居民的收入渠道单一且水平较低，还贷能力较差。上述原因导致贫困地区居民对金融资源的有效需求不足，进一步促使金融机构把信贷资源向其他地区倾斜，加剧了金融资源错配，造成了贫困恶性循环。

4.1.2　贫困陷阱理论

"贫困陷阱"的存在依赖于规模报酬递增假设，这与新古典增长理论的规模报酬不变假设有着重要区别。本书在索洛模型框架下表达"贫困陷阱"，对函数稍做修改，使其有一个规模报酬递增的阶段。索洛模型中所有经济无论处于何种初始状态，最终都将收敛于唯一的均衡点上。本书对索洛模型稍做修改，使其具有一个规模报酬递增的阶段。

设生产函数为 $f(k)$，其中 $f'(k) > 0$，

$$f''(k) \begin{cases} <0, & \text{当 } 0 < k < k_a \\ >0, & \text{当 } k_a < k < k_b \\ <0, & \text{当 } k > k_b \end{cases} \tag{4.1}$$

当人均资本存量在 $k_a < k < k_b$ 时，呈现规模报酬递增，在 $0 < k < k_a$ 和 $k > k_b$ 时，呈现规模报酬递减，如图 4 – 1 所示。

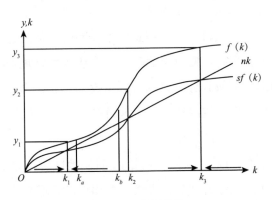

图 4 – 1　贫困陷阱

从图 4 – 1 可以看出，$(k_1，y_1)$、$(k_2，y_2)$、$(k_3，y_3)$ 都是均衡点，但只有低水平均衡 $(k_1，y_1)$ 和高水平均衡 $(k_3，y_3)$ 是稳定均衡，而跳跃贫困陷阱的 $(k_2，y_2)$ 均衡是不稳定的。如果经济的初始状态比较贫穷，就很容易陷入低水平均衡，倘若要移动到高水平均衡，必须依靠资本积累跳过 $(k_2，y_2)$ 的门槛，否则就会陷入 $(k_1，y_1)$ 的"贫困陷阱"中。可见，"贫困陷阱"的制约力量来自资本积累的障碍，资本积累只有在跨越一定门槛后，才能摆脱"贫困的恶性循环"。由于金融在资本积累中发挥着重要的中介功能，可以将社会闲散资金予以整合，实现储蓄向投资的转化，提高资本积累率，从而促使经济跳出"贫困陷阱"进入更高水平的均衡状态。

4.2　实证研究一：基于面板门槛模型 *

4.2.1　模型设定与变量选取

本节借鉴汉森（Hansen，2000）改进的面板门槛回归模型，检验不同收

　＊ 本节主要内容已经发表在：师荣蓉．多维贫困视域下金融减贫的空间效应与门槛特征［J］．管理学刊，2020，33（1）：50 – 59。

入水平下金融发展减缓多维贫困的门槛效应。假设每一个样本的 μ_i 均为独立同分布，具体模型如下：

$$
\begin{aligned}
pov_{it} =&\ \mu_i + \alpha_{11}sca_{it}(inc_{it} \leqslant \gamma_1) + \alpha_{12}sca_{it}(\gamma_1 < inc_{it} \leqslant \gamma_2) + \cdots + \alpha_{1,n-1}sca_{it}(\gamma_{n-1} < inc_{it} \leqslant \gamma_n) \\
&+ \alpha_{1,n}sca_{it}(\gamma_n \leqslant inc_{it}) + \alpha_{21}str_{it}(inc_{it} \leqslant \gamma_1) + \alpha_{22}str_{it}(\gamma_1 < inc_{it} \leqslant \gamma_2) \\
&+ \cdots + \alpha_{2,n-1}str_{it}(\gamma_{n-1} < inc_{it} \leqslant \gamma_n) \\
&+ \alpha_{2,n}str_{it}(\gamma_n \leqslant inc_{it}) + \alpha_{31}eff_{it}(inc_{it} \leqslant \gamma_1) + \alpha_{32}eff_{it}(\gamma_1 < inc_{it} \leqslant \gamma_2) \\
&+ \cdots + \alpha_{3,n-1}eff_{it}(\gamma_{n-1} < inc_{it} \leqslant \gamma_n) \\
&+ \alpha_{3,n}eff_{it}(\gamma_n \leqslant inc_{it}) + \beta_1 gov_{it} + \beta_2 urb_{it} + \beta_3 pub_{it} + \beta_4 tra_{it} + \beta_5 eco_{it} \\
&+ \beta_6 job_{it} + \beta_7 exp_{it} + \upsilon_{it}
\end{aligned}
$$

$$(4.2)$$

其中，γ_1，γ_2，$\cdots$，γ_n 为门槛值，α_{11}，α_{12}，$\cdots$，$\alpha_{1,n}$，α_{21}，$\cdots$，$\alpha_{2,n}$，α_{31}，$\cdots$，$\alpha_{3,n}$ 为不同区间的系数，多维贫困综合指数（pov_{it}）为被解释变量；人均收入水平（inc_{it}）为门槛变量，金融规模（sca_{it}）、金融结构（str_{it}）、金融效率（eff_{it}）为核心解释变量；政府支持程度（gov_{it}）、城市化（urb_{it}）、公共服务（pub_{it}）、进出口总额占比（tra_{it}）、经济增长（eco_{it}）及就业水平（job_{it}）为控制变量；西部大开发政策的实施（exp_{it}）为虚拟变量。具体变量如下所述。

（1）被解释变量：多维贫困综合指数。如第 3 章所述，通过经济贫困、住房贫困、医疗贫困、教育贫困、交通贫困、生态贫困、信息贫困来构建多维贫困综合指数①。

（2）解释变量。本节借鉴王志强和孙刚（2003）② 的研究，将金融发展界定为金融规模扩张、金融结构优化和金融效率提高。首先，金融规模利用

---

① 多维贫困指数中经济贫困用农村恩格尔系数衡量，住房贫困用农村人均住房面积衡量，教育贫困用普通小学在校学生数衡量，医疗贫困用每万人口拥有床位数衡量，交通贫困用每万人公路里程数衡量，信息贫困用电话普及率衡量，生态贫困用每万人农作物耕种面积衡量。恩格尔系数为正向指标，其他指标均为负向指标。多维贫困指数越高越贫困，越低越富裕。

② 王志强，孙刚. 中国金融发展规模、结构、效率与经济增长关系的经验分析［J］. 管理世界，2003（7）：13－20.

戈氏指标，即金融相关比率来衡量。其次，金融结构的衡量。考虑到贫困地区一般以第一产业为主导产业，同时中国资本市场 1978～1990 年尚未建立，故选用农业贷款余额占贷款余额比重来衡量。最后，金融效率的衡量。考虑到我国西部地区主要是以银行为主导的金融体系，故使用贷存比来衡量。另外，鉴于金融减贫受到收入门槛的影响，故选取人均收入作为门限变量。

（3）控制变量。鉴于蔡晓春和郭玉鑫（2018）、单德朋等（2015）、杨颖（2011）、杜威漩（2019）、罗知（2010）研究表明，政府支持、城市化、公共服务、进出口总额占比、经济增长、就业水平、西部大开发都可能影响贫困减缓，故选取上述变量为控制变量，具体如表 4-1 所示。

表 4-1　　　　　　　　　　　　　　　指标体系构建

变量	评价指标	度量方式
因变量	多维贫困综合指数（pov）	使用主成分分析方法，通过经济贫困、住房贫困、医疗贫困、教育贫困、交通贫困、生态贫困、信息贫困来构建多维贫困综合指数
自变量	金融规模（sca）	存贷款总额/GDP 总额
	金融结构（str）	农业贷款余额/贷款余额
	金融效率（eff）	贷款余额/存款余额
门槛变量	人均收入（inc）	人均收入 = 农民人均纯收入×农村人口占比 + 城镇人均可支配收入×城镇人口占比
控制变量	政府支持（gov）	财政支出/GDP 总额
	城市化水平（urb）	城市人口数/总人口数
	公共服务（pub）	科教文卫支出/财政支出
	进出口占比（tra）	进出口总额/GDP 总额
	经济增长（eco）	GDP 总额/人口总数
	就业水平（job）	就业人口数/总人口数
	西部大开发政策（exp）	虚拟变量。1978～1999 年，exp = 0；1999～2016 年，exp = 1

本节使用 1978～2016 年西部 12 个省份的面板数据，数据来源于《中国统计年鉴》《中国金融年鉴》《中国农村统计年鉴》等。

4.2.2　实证结果及分析

金融减贫的门槛效应检验结果表明三重门槛模型在 1% 的统计水平上显著，故选取三重门槛模型为理想模型，如表 4 - 2 所示。

表 4 - 2　　　　　　　　　　门槛值估计结果

门槛	估计值	95% 置信区间
单一门槛	3787. 649	(3456. 641，3920. 053)
双重门槛	8487. 967	(8223. 160，8620. 370)
三重门槛	12923. 478	(12900，13400)

注：利用"bootstrap"方法模拟 1000 次得到的结果。

分别采用线性模型和非线性门槛模型得到估计结果，如表 4 - 3 所示。

表 4 - 3　　　　　　　　　　模型估计结果

变量	线性模型	非线性门槛模型
金融规模（人均收入 <3787. 649）		0. 064 *** （4. 578）
金融规模（3787. 649 <人均收入 <8487. 967）	0. 048 *** （4. 620）	- 0. 195 （ - 1. 068）
金融规模（8487. 967 <人均收入 <12923. 478）		- 0. 051 （ - 1. 185）
金融规模（人均收入 >12923. 478）		- 0. 164 *** （ - 4. 923）
金融结构（人均收入 <3787. 649）		0. 065 *** （3. 691）
金融结构（3787. 649 <人均收入 <8487. 967）	- 0. 201 *** （ - 4. 110）	- 0. 118 ** （ - 2. 493）
金融结构（8487. 967 <人均收入 <12923. 478）		- 0. 688 （ - 1. 281）
金融结构（人均收入 >12923. 478）		- 0. 135 * （ - 1. 683）
金融效率（人均收入 <3787. 649）		0. 056 *** （8. 860）
金融效率（3787. 649 <人均收入 <8487. 967）	- 0. 016 （ - 1. 320）	- 0. 039 *** （ - 4. 371）
金融效率（8487. 967 <人均收入 <12923. 478）		- 0. 073 *** （ - 6. 452）
金融效率（人均收入 >12923. 478）		- 0. 195 （ - 1. 042）
政府支持	- 0. 402 *** （ - 11. 800）	- 0. 070 * （ - 1. 677）
城市化水平	- 0. 007 （ - 0. 190）	- 0. 045 *** （ - 3. 408）
公共服务	- 0. 239 *** （ - 3. 010）	- 0. 663 ** （ - 2. 213）
进出口总额占比	0. 380 （0. 870）	0. 162 * （1. 835）

续表

变量	线性模型	非线性门槛模型
就业水平	−0.008 （−0.150）	−0.032 （−1.429）
经济增长	−0.108*** （−18.040）	0.062 （0.299）
西部大开发政策的实施	−0.040*** （−2.950）	−0.029* （−1.679）
adj. R^2	0.629	0.684

注：***、**、*分别表示1%、5%、10%的显著性水平；括号内的数值为 t 统计量。

可以看出，门槛模型的 R^2 更高，因此本章使用非线性门槛模型来解释金融减贫效应。当人均收入低于3787.649元时，金融规模扩大、金融结构优化和金融效率提高对多维贫困减缓具有显著负向作用；当人均收入处于3787.649~8487.967元时，金融规模扩大对多维贫困减缓作用不显著，金融结构优化和金融效率提高均对多维贫困减缓起显著正向作用；当人均收入处于8487.967~12923.478元时，金融规模扩大和金融结构优化对多维贫困减缓作用不显著，金融效率提高对多维贫困减缓起显著正向作用；当人均收入高于12923.478元时，金融规模扩大、金融结构优化和金融效率提高均对多维贫困减缓起正向作用。由此可见，随着人均收入水平的提高金融发展对多维贫困减缓的效应有所差异。当人均收入处于低水平区间时，贫困人口金融贷款的增加仅仅用来解决温饱问题，而不是用来增收，同时，金融发展只是从贫困地区吸收存款，而不是创造收入来源；当人均收入跳跃"贫困陷阱"时，金融发展对未越过收入门槛的贫困人口没有带来显著收益；当人均收入处于高水平区间时，贫困人群从金融机构获得的贷款主要用于生产性投资而非生活性消费，故有机会投资高收益项目，可以用来创造新的经济收入，有利于减贫。以上检验结果表明，正如发展经济学家们所提出的，贫困地区只有越过人均收入的"门槛"才能从金融发展中获益，不然将陷入贫困的恶性循环中难以摆脱。

4.2.3　研究结论

本节利用改革开放以来西部地区12个省份的面板数据，通过面板门槛模型研究金融发展多维减贫的门槛特征。结果表明，金融发展多维减贫表现出显著的非线性特征。当人均收入处于低水平区间时，金融发展会从贫困地区吸收存款而不能帮助贫困群体形成自我造血的能力；当人均收入跳跃"贫困陷阱"时，金融发展对未越过门槛的贫困人口没有带来显著收益；当人均收入处于高水平区间时，贫困人群从金融机构获得的贷款可以用来提高自我发展能力，创造新的经济收入。

4.3　实证研究二：基于平滑转换模型 *

4.3.1　模型设定与变量选取

本章借鉴冈萨雷斯等（Gonzalez et al. , 2005）提出的面板平滑转换模型，该模型在面板门槛模型基础上放松了限制条件，使用 Logistic 函数形式的平滑转换解决了门限的突变现象。本节构建面板平滑转换模型如下：

$$
\begin{aligned}
pov_{it} = {} & \mu_i + \beta_{01}sca_{it} + \beta_{02}str_{it} + \beta_{03}eff_{it} + \beta_{04}gov_{it} + \beta_{05}urb_{it} + \beta_{06}pub_{it} + \beta_{07}tra_{it} \\
& + \beta_{08}eco_{it} + \beta_{09}job_{it} + \beta_{10}exp_{it} + (\beta_{01}sca_{it} + \beta_{02}str_{it} + \beta_{03}eff_{it} + \beta_{04}gov_{it} \\
& + \beta_{05}urb_{it} + \beta_{06}pub_{it} + \beta_{07}tra_{it} + \beta_{08}eco_{it} + \beta_{09}job_{it} + \beta_{10}exp_{it}) \\
& \times g(inc_{it}; \gamma; c) + \upsilon_{it}
\end{aligned}
\tag{4.3}
$$

其中，多维贫困综合指数（pov_{it}）为被解释变量；金融规模（sca_{it}）、金融结构（str_{it}）、金融效率（eff_{it}）为核心解释变量；政府支持（gov_{it}）、城市化（urb_{it}）、公共服务（pub_{it}）、进出口总额占比（tra_{it}）、经济增长（eco_{it}）、就业水平（job_{it}）和西部大开发政策的实施（exp_{it}）为控制变量；μ_i 为个体效应；υ_{it} 为随机扰动项，服从标准正态分布。g（inc_{it}；γ；c）是以人均收入水平（inc_{it}）为转换变量的（0，1）区间的连续型转换函数，本节设定的

　＊ 本节主要内容已经发表在：师荣蓉. 空间溢出性、收入门槛与金融发展多维减贫——基于动态空间模型和平滑转换模型的实证检验［J］. 统计与信息论坛，2020，35（6）：54–61。

Logistic转换函数形式如下：

$$g(inc_{it};\gamma;c) = \{1 + \exp[-\gamma\prod_{z=1}^{m}(inc_{it} - c_j)]\}^{-1} \quad c_1 \leqslant c_2 \leqslant \cdots \leqslant c_m, \gamma > 0$$

$$(4.4)$$

其中，γ 为转换参数，决定转换的速度；m 表示位置参数的个数；c_i 为位置参数，决定转换发生的位置。需要注意的是，模型估计之前需要通过非线性检验和 AIC、BIC 准则来判断转换函数的个数和转换机制。本章使用 1978 ~ 2017 年西部 12 个省份的面板数据，选取指标如表 4 - 1 所示，数据来源于《中国统计年鉴》《中国金融年鉴》《新中国 60 年统计资料汇编》和《中国农村统计年鉴》等。

4.3.2 实证结果及分析

首先，在对模型进行估计之前，需要对模型进行检验。Hausman 检验统计量显著，单位根检验结果表明被解释变量和解释变量之间存在长期均衡关系。利用"无剩余异质性检验"考察多维贫困与金融发展之间是否存在线性关系，检验结果显示各检验统计量均在 1% 显著性水平下拒绝原假设，说明面板数据具有异质性，应该采用非线性面板平滑转换模型进行研究。

其次，根据 AIC 和 BIC 准则选择转换机制和最优位置参数的个数，如表 4 - 4 所示。

表 4 - 4 　　　　　　　　　　转换机制和位置参数个数的确定

γ	m	AIC	BIC	γ	m	AIC	BIC	结论
$\gamma=1$	$m=1$	-6.359	-6.160	$\gamma=2$	$m=1$	-6.702	-6.394	$\gamma=2$
	$m=2$	-6.275	-6.067		$m=2$	-6.518	-6.193	$m=1$

最后，利用 Matlab 软件得到以人均收入作为门限变量的平滑转换模型估计结果，如表 4 - 5 所示。

表 4 - 5　　　　　　　　　　　平滑转换模型估计结果

变量	参数	人均收入 <6618.5 元	6618.5 元≤人均收入 <9740.5 元	人均收入 ≥9740.5 元
金融规模	β_{01}: 0.008 (0.538) β_{11}: -0.028 (-1.419) β_{21}: -0.013 ** (-2.016)	0.008	-0.020	-0.032
金融结构	β_{02}: -1.700 *** (-5.437) β_{12}: 1.101 *** (3.381) β_{22}: -0.031 (-1.342)	-1.700	-0.599	-0.630
金融效率	β_{03}: 0.565 *** (6.428) β_{13}: -0.575 *** (-6.468) β_{23}: 0.006 (0.915)	0.565	-0.010	-0.004
政府支持	β_{04}: -0.241 *** (-3.949) β_{14}: 0.186 ** (2.579) β_{24}: -0.028 (-0.825)	-0.241	-0.055	-0.083
城市化 水平	β_{05}: -2.075 *** (-7.906) β_{15}: 2.689 *** (7.915) β_{25}: -0.003 (-0.181)	-2.075	0.614	0.612
公共服务	β_{06}: -0.314 * (-1.943) β_{16}: 0.765 *** (2.950) β_{26}: -0.221 *** (-4.516)	-0.314	0.451	0.230
进出口占比	β_{07}: 0.499 (0.843) β_{17}: -0.167 (-0.154) β_{27}: -1.288 *** (-4.498)	0.499	0.332	-0.956
就业水平	β_{08}: -0.382 *** (-3.395) β_{18}: 0.788 *** (7.114) β_{28}: -0.297 *** (-5.508)	-0.382	0.405	0.108
经济增长	β_{09}: 0.013 *** (9.874) β_{19}: -0.008 *** (-5.995) β_{29}: -0.011 *** (-13.318)	0.013	0.005	-0.006
西部 大开发	β_{010}: 0.588 *** (4.751) β_{110}: -1.268 *** (-6.686) β_{210}: -0.055 *** (-7.804)	0.588	-0.680	-0.736
平滑参数	$Y_1 = 0.009$		$Y_2 = 1.984$	
位置参数	$C_1 = 6618.5$		$C_2 = 9740.5$	

注: 括号中为 *t* 统计量, ***、**、* 分别表示 1%、5%、10% 的显著性水平。

第一，从面板平滑转换模型的平滑转换参数可以看出，低收入水平转换为中等收入水平的转换速度较慢，中等收入水平转换为高收入水平的转换速度较快。实证结果符合"贫困陷阱"的理论假设，贫困地区一旦跳出"贫困陷阱"，就会较快地向高收入水平转换。

第二，分区间来看，在不同人均收入水平下金融发展对多维贫困减缓的影响方向和程度不同。当人均收入低于6618.5元时，金融规模扩大对多维贫困减缓的影响不显著，金融效率提高具有显著负向作用，金融结构优化即农业贷款占比提高具有显著正向作用；当人均收入处于6618.5~9740.5元时，金融规模扩大、金融结构优化和金融效率提高对多维贫困减缓具有正向作用，其中金融结构优化和金融效率提高的正向减贫作用显著；当人均收入高于9740.5元时，金融规模扩大、金融结构优化和金融效率提高均对多维贫困减缓起显著正向作用。

由此发现，金融发展对多维减贫表现出显著的非线性特征。当人均收入处于低水平时，贫困人群将增加的金融贷款用来解决温饱问题，而不是用来增收，金融发展只是从贫困地区吸收存款，使得大量资金通过金融体系外流，不利于当地经济发展和贫困人群收入水平的提高；当人均收入跳跃"贫困陷阱"时，金融发展对未越过收入门槛的贫困人口没有带来显著收益；当人均收入处于高水平时，贫困人群从金融机构获得的贷款主要用于生产性投资而非生活性消费，故有机会投资高收益项目，金融发展通过资本积累与技术进步加速经济增长，使得金融减贫的作用有所加强。以上研究结果表明，正如发展经济学家所提出的，贫困地区只有越过人均收入水平的"门槛"才能从金融发展中获益，不然将陷入贫困的恶性循环难以摆脱，即金融发展在人均收入水平的不同区间对贫困减缓的边际作用有所不同。

4.3.3 研究结论

本节基于平滑转换模型，利用1978~2017年西部12个省份的面板数据，构建金融发展多维减贫的评价指标体系，对改革开放以来西部地区金融发展多维减贫的门槛效应进行研究。结果表明，金融发展对多维贫困减缓表现出显著的非线性门槛特征，贫困地区只有越过人均收入的"门槛"才能从金融发展中获益，因此贫困地区需要依靠金融发展整合社会闲散资金，以便跳出"贫困陷阱"进入更高水平的均衡状态。

4.4　本章小结

本章在金融发展多维减贫门槛效应理论分析的基础上，通过构建金融发展多维减贫的评价指标体系，分别利用面板门槛模型和平滑转换模型来研究金融发展多维减贫的门槛效应。结果表明：当人均收入处于低水平区间时，金融发展会从贫困地区吸收存款而不能帮助贫困群体形成自我造血的能力；当人均收入跳跃"贫困陷阱"时，金融发展对未越过门槛的贫困人口没有带来显著收益；当人均收入处于高水平区间时，从金融机构获得贷款可以用来提高自我发展能力，创造新的经济收入。因此，应根据不同地区的贫困程度，合理选择不同类型的金融机构参与扶贫开发过程，区分政策性金融、开发性金融和商业性金融的作用范围，注意不同类型金融机构在不同地区的差异化发展。在人均收入处于低水平均衡的地区，对低收入者的商业性贷款不仅不符合商业银行的信贷原则，损害股东利益，而且会使低收入者陷于更加贫困的状态，应充分发挥政策性金融的作用；在人均收入处于跳跃"贫困陷阱"门槛的地区，要重视开发性金融功能的发挥；在人均收入处于高水平均衡的地区，要发挥商业性金融的作用。

第5章 西部地区金融发展多维减贫的空间溢出效应研究

考虑到各地区经济和金融发展水平各异，传统的空间同质性假设无法充分揭示金融发展与多维贫困减缓之间的联系，资本、资源和技术等生产要素的跨区域流动使得金融发展及多维贫困水平在地区间存在空间相关性。因此，本章在对金融减贫空间溢出效应理论分析的基础上，通过构建金融发展多维减贫的评价指标体系，分别利用空间杜宾模型、动态空间模型和空间分位数模型①来研究金融发展多维减贫的空间溢出效应，以验证实证结果的稳健性，在此基础上归纳西部地区金融发展多维减贫的空间溢出特征。

5.1 金融减贫空间溢出效应的理论分析

金融减贫的空间溢出效应是指金融发展对邻近地区的多维贫困具有一定的作用，具体包括以下五个方面的特征。

---

① 与普通面板模型相比，空间杜宾模型既能控制个体的异质性特征，又考虑了个体间的空间相关性，能够同时考虑自变量与因变量的空间滞后项对因变量的影响；与空间杜宾模型相比，动态空间模型考虑了邻接地区滞后因变量对本地区因变量的影响，当期的多维贫困水平同时受周边地区相关因素和上一期本地区多维贫困的影响；空间分位数模型不易受到极端值的影响，在处理非正态分布和厚重长尾分布数据时更加稳健，可以捕获到金融发展多维减贫在整个分布上所产生的异质性影响，因此，本节在空间杜宾模型的基础上分别采用动态空间模型和空间分位数模型考察金融发展减缓多维贫困的空间效应。

　　第一，空间近邻性。由于资本、资源、技术等生产要素跨区域流动的速率与区域间距离成反比，同时地理因素与社会因素的作用结果不会因地区的行政划分而骤然割裂，而是在地区间相互影响逐渐过渡，使得贫困呈现出空间近邻性集聚分布。

　　第二，金融外部性。从金融需求来看，通过邻近地区金融知识、认知与经验的互动交流，实现金融知识与经验的溢出，间接提高邻近贫困地区居民的金融素养，使其通过参与金融服务减缓贫困。从金融供给来看，一方面，金融发展从贫困地区吸收存款，导致区域间贫困差距的进一步扩大，造成"贫困的恶性循环"；另一方面，金融发展促进本地区经济增长的同时惠及邻近贫困地区，帮助贫困群体提高自我发展和获取经济成果的能力，形成区域间良性的"循环累积因果效应"。

　　第三，示范效应。邻近地区金融减贫模式、政策支持与配套体系将会通过地理临近的信息外溢对周边地区产生示范作用，助推邻近地区金融减贫，同时金融机构的整体布局、金融配套基础设施建设也会对邻近地区的金融减贫产生正向外部性和示范效应。金融的中介功能可以有效促进近距离区域内的产业部门经济增长和产业结构调整，以此带动周边地区经济结构调整与经济增长，提高区域资源配置效率，对邻近地区经济发展与收入增长产生示范效应。

　　第四，涓滴效应。金融发展尽管并未给予贫困阶层、弱势群体或贫困地区特别的优待，但是通过惠及富裕群体和发达地区使得其先进技术和管理方式等经济进步因素向贫困地区涓滴，同时通过消费、投资、就业等方面惠及贫困阶层或地区，带动贫困地区经济增长和贫困减缓。

　　第五，增长极效应。在相邻区域，金融发展能从简单循环流动与结算中成为区域经济发展的润滑剂，从而促进周围地区经济增长。金融发展通过优先支持"增长极"地区减贫，辐射周边地区共同发展，同时被辐射地区具有后发优势，可以直接借鉴"增长极"地区金融减贫的经验，形成区域间金融减贫的空间溢出效应。

5.2 实证研究一：基于空间杜宾模型 *

5.2.1 模型设定与变量选取

空间计量经济学模型是在计量经济学模型中考虑经济变量的空间效应，并进行一系列的模型设定、估计及检验等。空间计量经济学模型与传统计量经济学模型的最大区别在于，前者在分析现实经济行为中考虑了个体之间或者经济变量的空间效应，而非假定个体在空间上是独立不相关的。空间计量模型能够揭示空间单元观测值之间的空间关联性，即任何一个空间单元解释变量观测值的改变，不仅会对自身造成直接影响，还会对其他邻接空间单元造成间接影响。本章设定一种无约束的空间面板杜宾模型，模型包括因变量和所有解释变量的空间滞后项。具体模型如下：

$$\ln pov_{it} = \rho W_i \ln pov_{it} + \sum_{k=1}^{n} \beta_k \ln X_{k,it} + \theta W_i \ln X_{k,it} + \alpha + \mu_i + \vartheta_t + \varepsilon_{it},$$
$$i = 1, \cdots, N, t = 1, \cdots, T \tag{5.1}$$

其中，多维贫困综合指数 pov_{it} 是 $it \times 1$ 维被解释变量，$X_{k,it}$ 是 $it \times k$ 维解释变量，μ_i 为 $i \times 1$ 维省份固定效应列向量，ϑ_t 为 $t \times 1$ 维时间固定效应列向量，ε_{it} 为误差项，满足 $\varepsilon_{it} \sim (0, \sigma^2)$，$\alpha$、$\beta$ 和 θ 代表待估参数，W_i 是空间权重矩阵。ρ 代表空间滞后参数，反映不同省份间多维贫困的空间关联性，若 ρ 为正，表明多维贫困存在正向空间效应；反之，则表明存在负向空间效应。具体变量如下所述。

首先，被解释变量——多维贫困综合指数。如本书第 3 章所述，本节通过经济贫困、住房贫困、医疗贫困、教育贫困、交通贫困、生态贫困、信息贫困来构建多维贫困综合指数。关于多维贫困测量中的指标权重选择，通常

---

* 本节主要内容已经发表在：师荣蓉. 多维贫困视域下金融减贫的空间效应与门槛特征 [J]. 管理学刊，2020, 33（1）：50 – 59。

采取两种方法：一是等权重分配法；二是统计分析方法，如主成分分析法等。鉴于主成分分析法在构造权重和指标综合方面具有显著的稳健性，故本节使用主成分分析法。

其次，解释变量。本节将金融发展界定为金融规模扩张、金融结构优化和金融效率提高。第一，金融规模通常使用 M2/GDP 或金融相关比率来衡量，本节选用金融相关比率。第二，金融结构一般使用金融中介结构或金融市场结构来衡量，鉴于贫困地区一般以第一产业为主导产业，同时考虑到中国资本市场 1978～1990 年尚未建立，故选用农业贷款余额占贷款余额比重来衡量。第三，金融效率一般使用非国有经济获得银行贷款的比率衡量，但考虑到我国经济结构中国有经济占主导地位的客观现实，同时鉴于西部地区主要是以银行为主导的金融体系，故使用贷存比来反映金融效率。另外，根据"贫困陷阱"理论，贫困地区只有越过人均收入水平的"门槛"才能摆脱贫困，故选取人均收入作为门槛变量。

最后，控制变量。由于政府支持、城市化水平、公共服务、进出口总额占比、就业水平、经济增长、西部大开发政策的实施等都可能影响贫困减缓，本节将上述因素设置为控制变量，具体如表 5 - 1 所示。

表 5 - 1　　　　　　　　　　　指标体系构建

变量	评价指标	度量方式
因变量	多维贫困综合指数（pov）	使用主成分分析方法，通过经济贫困、住房贫困、医疗贫困、教育贫困、交通贫困、生态贫困、信息贫困来构建多维贫困综合指数
自变量	金融规模（sca）	存贷款总额/GDP 总额
	金融结构（str）	农业贷款余额/贷款余额
	金融效率（eff）	贷款余额/存款余额
控制变量	政府支持（gov）	财政支出/GDP 总额
	城市化水平（urb）	城市人口数/总人口数
	公共服务（pub）	科教文卫支出/财政支出
	进出口总额占比（tra）	进出口总额/GDP 总额
	经济增长（eco）	GDP 总额/人口总数
	就业水平（job）	就业人口数/总人口数
	西部大开发政策（exp）	虚拟变量。1978～1999 年，exp = 0；1999～2016 年，exp = 1

本节使用 1978~2016 年西部 12 个省份的面板数据，数据来源于《中国统计年鉴》《中国金融年鉴》《中国农村统计年鉴》等。

5.2.2 实证结果及分析

对 1978~2016 年西部地区多维贫困综合指数进行全局 Moran's I 指数检验，结果如表 5-2 所示。

表 5-2   1978~2016 年西部地区多维贫困综合指数的全局 Moran's I 指数

年份	Moran's I	年份	Moran's I	年份	Moran's I
1978	0. 171 *	1991	0. 261 **	2004	0. 331 ***
1979	0. 199 **	1992	0. 271 **	2005	0. 385 ***
1980	0. 171 *	1993	0. 266 **	2006	0. 356 ***
1981	0. 111 *	1994	0. 263 **	2007	0. 379 ***
1982	0. 199 **	1995	0. 277 ***	2008	0. 339 ***
1983	0. 176 *	1996	0. 286 ***	2009	0. 396 ***
1984	0. 199 **	1997	0. 281 **	2010	0. 403 ***
1985	0. 194 **	1998	0. 281 **	2011	0. 453 ***
1986	0. 187 **	1999	0. 313 ***	2012	0. 427 ***
1987	0. 203 **	2000	0. 312 ***	2013	0. 443 ***
1988	0. 241 **	2001	0. 310 ***	2014	0. 407 ***
1989	0. 253 **	2002	0. 317 ***	2015	0. 428 ***
1990	0. 246 **	2003	0. 323 ***	2016	0. 403 ***

注：***、**、* 分别表示 1%、5%、10% 的显著性水平。

表 5-2 结果显示，1978~2016 年西部地区多维贫困综合指数的全局 Moran's I 指数均表现为显著正相关，即 LL 聚集和 HH 聚集，表明多维贫困存在显著的空间相关性，且随着时间的推移，相关性越来越强。本节使用 K(K=4) 最近点权重矩阵 W1 与空间邻接矩阵 W2 来说明估计结果的稳健性，如表 5-3 所示。

表 5 – 3　　　　　　　　　空间计量模型回归结果

变量	W1 最近点权重矩阵			W2 空间邻接矩阵		
	SAR 模型	SEM 模型	SDM 模型	SAR 模型	SEM 模型	SDM 模型
lnsca	0. 351 *** (3. 910)	0. 382 *** (3. 661)	0. 274 ** (2. 501)	0. 336 *** (3. 932)	0. 345 *** (3. 542)	0. 305 *** (2. 914)
lnstr	− 0. 114 *** (− 3. 561)	− 0. 094 *** (− 2. 762)	− 0. 081 ** (− 2. 504)	− 0. 105 *** (− 3. 413)	− 0. 113 *** (− 3. 636)	− 0. 082 ** (− 2. 543)
lneff	− 0. 136 *** (− 2. 681)	− 0. 104 * (− 1. 881)	− 0. 170 *** (− 3. 060)	− 0. 142 *** (− 2. 940)	− 0. 179 *** (− 3. 306)	− 0. 118 ** (− 2. 130)
lngov	− 0. 259 *** (− 3. 901)	− 0. 290 *** (− 3. 340)	− 0. 114 (− 1. 390)	− 0. 279 *** (− 4. 610)	− 0. 397 *** (− 4. 850)	− 0. 101 (− 1. 094)
lnurb	0. 046 (0. 832)	0. 060 (1. 042)	0. 048 (0. 861)	0. 067 (1. 251)	0. 091 (1. 490)	0. 084 (1. 368)
lnpub	− 0. 336 *** (− 4. 110)	− 0. 355 *** (− 3. 730)	− 0. 278 *** (− 2. 932)	− 0. 322 *** (− 4. 112)	− 0. 432 *** (− 5. 071)	− 0. 293 *** (− 3. 513)
lntra	0. 090 *** (2. 720)	0. 102 *** (2. 853)	0. 103 *** (2. 950)	0. 086 *** (2. 721)	0. 092 *** (2. 754)	0. 079 ** (2. 312)
lnjob	− 0. 663 *** (6. 980)	− 0. 553 *** (5. 832)	− 0. 700 *** (7. 551)	− 0. 671 *** (7. 414)	− 0. 635 *** (6. 970)	− 0. 680 *** (7. 340)
lneco	− 0. 395 *** (− 8. 761)	− 0. 502 *** (− 9. 310)	− 0. 385 *** (− 4. 292)	− 0. 399 *** (− 9. 251)	− 0. 548 *** (− 11. 206)	− 0. 251 *** (− 2. 690)
exp	0. 090 (1. 440)	0. 074 (0. 781)	0. 021 (1. 121)	0. 119 ** (2. 024)	0. 089 (0. 881)	0. 187 ** (2. 531)
$W \times$ lnsca	/	/	0. 150 (0. 817)	/	/	0. 276 * (1. 763)
$W \times$ lnstr	/	/	− 0. 157 ** (− 2. 293)	/	/	0. 070 (1. 140)
$W \times$ lneff	/	/	− 0. 223 ** (− 2. 151)	/	/	0. 017 (0. 184)
$W \times$ lngov	/	/	− 0. 351 *** (− 3. 290)	/	/	− 0. 250 * (− 2. 107)
$W \times$ lnurb	/	/	0. 206 (1. 512)	/	/	− 0. 054 (− 0. 531)
$W \times$ lnpub	/	/	− 0. 220 (− 1. 591)	/	/	0. 033 (0. 262)
$W \times$ lntra	/	/	− 0. 081 (− 1. 262)	/	/	− 0. 011 (− 0. 214)

续表

变量	W1 最近点权重矩阵			W2 空间邻接矩阵		
	SAR 模型	SEM 模型	SDM 模型	SAR 模型	SEM 模型	SDM 模型
$W \times \ln job$	/	/	-0.493^{***} (3.451)	/	/	-0.172 (0.731)
$W \times \ln eco$	/	/	-0.238^{**} (-2.020)	/	/	-0.233^{**} (-2.050)
$W \times exp$	/	/	0.165^{**} (2.010)	/	/	-0.014 (0.917)
ρ	0.559^{***} (8.711)	/	0.528^{**} (2.120)	0.468^{***} (10.561)	/	0.410^{***} (7.640)
λ	/	0.494^{***} (6.520)	/	/	0.472^{***} (8.480)	/
δ^2	0.079^{***} (15.042)	0.085^{***} (14.940)	0.073^{***} (15.091)	0.072^{***} (14.740)	0.077^{***} (14.531)	0.071^{***} (14.740)
调整后 R^2	0.779	0.728	0.795	0.774	0.737	0.783
LR	-72.600	-90.793	-50.358	-62.468	-77.340	-55.186
Wald_spatial_lag	/	/	35.392^{***}	/	/	20.040^{**}
Wald_spatial_err	/	/	41.040^{***}	/	/	19.751^{**}
R_LM_lag	6.177^{**}					
R_LM_err	4.957^{**}					

注：$***$、$**$、$*$分别表示1%、5%、10%的显著性水平；括号内的数值为 t 统计量。

从表5-3可以看出，首先，稳健LM-lag统计值和稳健LM-error统计值均在5%的水平下显著，故使用更具一般意义的空间杜宾模型（SDM）；其次，根据LR检验和Hausman检验结果选择固定效应的空间杜宾模型为理想模型；再次，空间杜宾模型的Wald检验均显著，说明空间杜宾模型（SDM）不能简化为空间自回归模型（SAR）和空间误差模型（SEM）；最后，基于最近点权重矩阵W1的空间杜宾模型拟合优度高于空间邻接矩阵W2，因此本节选择基于最近点权重矩阵的空间杜宾模型进行空间溢出效应分析。同时考察估计结果的稳健性：最近点权重矩阵W1和空间邻接矩阵W2的溢出效应系数 ρ 都为正并通过显著性检验，使用滞后一期的各解释变量、被解释变量替代原来的变量进行空间效应分析，估计结果没有显著变化，故使用最近点权重矩阵下的空间杜宾模型进行研究。

从金融发展来看，金融效率、金融结构对多维贫困减缓具有显著正向作用，金融规模对于多维贫困减缓具有显著负向作用①。从控制变量来看，按照影响程度从高到低，就业水平、经济增长、公共服务对多维贫困减缓具有显著正向作用，政府支持、城市化水平、西部大开发对多维贫困减缓的作用不显著，进出口总额占比对多维贫困减缓具有显著负向作用。就业水平的提高有利于从根本上缓解多维贫困，公共服务的改善提高了贫困群体的文化医疗卫生水平，缓解了生活贫困。经济增长水平的提高对于贫困减缓具有涓滴效应。进出口总额提高由于设备进口代替非熟练劳动力的使用，行业准入限制了资本和非熟练劳动力的准入，使得贫困人口很难从对外贸易中获益。从空间交互项来看，邻近地区的金融效率、金融结构对本地区多维贫困减缓具有显著正向作用，邻近地区的金融规模对本地区多维贫困减缓的作用不显著，邻近地区的就业水平、政府支持、经济增长和西部大开发政策的实施对本地区多维贫困减缓具有显著正向作用。

本节在最近点权重矩阵 W1 下分解金融减贫的空间效应，如表 5 - 4 所示。

表 5 - 4　　　　　　　　　　空间效应分解结果

项目	lnsca	lnstr	lneff	lngov	lnurb	lnpub	lntra	lnjob	lneco	exp
直接效应	0.278 **	- 0.087 ***	- 0.172 ***	- 0.116	0.042	- 0.279 ***	0.100 ***	- 0.700 ***	- 0.389 ***	- 0.024 ***
	(2.561)	(- 3.160)	(- 2.901)	(- 1.307)	(0.631)	(- 3.150)	(2.998)	(8.674)	(- 4.790)	(8.629)
间接效应	0.216	- 0.191 **	- 0.285 ***	- 0.401 ***	0.236	- 0.279 *	- 0.068	- 0.654 ***	- 0.328 ***	- 0.190 *
	(0.943)	(- 2.170)	(- 2.649)	(- 3.814)	(1.443)	(- 1.880)	(- 0.960)	(4.907)	(- 2.784)	(1.950)
总效应	0.494 **	- 0.279 ***	- 0.457 ***	- 0.517 ***	0.278	- 0.558 ***	0.032	- 1.353 ***	- 0.717 ***	- 0.214 **
	(2.191)	(- 2.937)	(- 3.972)	(- 4.283)	(1.452)	(- 4.239)	(0.421)	(8.113)	(- 7.678)	(2.151)

注：***、**、* 分别表示 1%、5%、10% 的显著性水平；括号内的数值为 t 统计量。

---

① 系数为负说明金融效率提高、金融结构优化，多维贫困综合指数下降，贫困程度降低，对多维贫困减缓起正向作用；系数为正说明金融规模扩大，多维贫困综合指数上升，对多维贫困减缓起负向作用。

表5-4中，总效应包括直接效应和间接效应。直接效应是指本地区自变量变化对本地区因变量变化的影响，其中包括反馈效应，即本地区自变量变动通过影响其他地区的自变量或因变量，又反过来影响本地区因变量的变化；间接效应是指本地区自变量变化对其他地区因变量变化的影响。具体分析上述实证结果可以发现，扩大金融规模对减缓多维贫困的直接效应显著为0.287，间接效应不显著，说明扩大金融规模只是从贫困地区"抽血"，而不是"输血"，更不是"造血"，不利于本地区多维贫困减缓，对周边地区多维贫困减缓没有显著影响。改善金融结构对减缓多维贫困的直接效应显著为-0.087，反馈效应为-0.006，间接效应显著为-0.191，间接效应占总效应的68.5%。提高金融效率对减缓多维贫困的直接效应显著为-0.172，反馈效应为-0.002，间接效应显著为-0.285，间接效应占总效应的62.3%，说明改善金融结构和提高金融效率有利于帮助贫困群体进行生产性投资，对本地区和周边地区的多维贫困减缓具有显著正向影响。控制变量中，按照影响程度从高到低，就业水平、政府支持、经济增长、公共服务和西部大开发均对减缓多维贫困具有显著的间接效应。其中，人力资本的流动性较大，故就业水平的外溢效应最为明显，其次为国家财政减贫的空间外溢性，再次是以经济增长为代表的物质资本集聚的外溢性，公共基础设施的改善和西部大开发政策的实施可以在一定程度上推动周边地区的多维减贫。

5.2.3 研究结论

本节基于空间杜宾模型，利用改革开放以来西部地区12个省份的空间面板数据，研究金融发展多维减贫的空间溢出效应。结果表明，多维贫困存在显著的空间相关性，且随着时间的推移，相关性越来越强；金融结构改善、金融效率提高对多维贫困减缓的空间溢出效应不容忽视；按照影响程度从高到低，就业水平、政府支持、经济增长、公共服务和西部大开发对多维贫困减缓具有显著的间接正向溢出效应。

5.3　实证研究二：基于动态空间模型 *

5.3.1　模型设定与变量选取

多维贫困具有空间联系和时间惯性，当期的多维贫困水平同时受周边地区相关因素和上一期本地区多维贫困的影响，因此本节设定一种无约束的动态空间杜宾模型，如下式所示：

$$
\ln pov_{it} = \beta_0 \ln pov_{it-1} + \rho W \ln pov_{it} + \sum_{k=1}^{n} \beta_k \ln X_{k,it} + W \ln X_{it} \theta + \alpha + \mu_i \tag{5.2}
$$
$$
+ \vartheta_t + \varepsilon_{it}, i = 1, \cdots, N, t = 1, \cdots, T
$$

其中，多维贫困综合指数 pov_{it} 是 $it \times 1$ 维被解释变量，$X_{k,it}$ 是 $it \times k$ 维解释变量，包括核心解释变量金融规模、金融结构、金融效率和控制变量，μ_i 为 $i \times 1$ 维省份固定效应列向量，ϑ_t 为 $t \times 1$ 维时间固定效应列向量，ε_{it} 为误差项，满足 $\varepsilon_{it} \sim (0, \sigma^2)$，$\alpha$、$\beta$ 和 θ 代表待估参数，W_i 是空间权重矩阵。ρ 代表空间滞后参数，反映不同省份间多维贫困的空间关联性，若 ρ 为正，表明多维贫困存在正向空间效应，反之则表明存在负向空间效应。具体变量如表 5 - 1 所示。本节使用 1978 ~ 2017 年西部 12 个省份的面板数据，数据来源于《中国统计年鉴》《中国金融年鉴》《新中国 60 年统计资料汇编》和《中国农村统计年鉴》等。

5.3.2　实证结果及分析

利用 Moran 散点图对多维贫困进行空间自相关性检验，如图 5 - 1 所示。

＊ 本节主要内容已经发表在：师荣蓉. 空间溢出性、收入门槛与金融发展多维减贫——基于动态空间模型和平滑转换模型的实证检验 [J]. 统计与信息论坛，2020，35（6）：54 - 61。

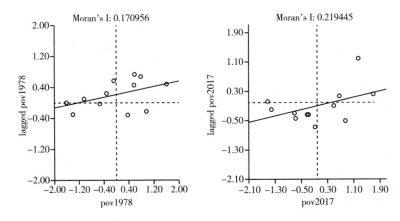

图 5 - 1　1978 年和 2017 年西部地区多维贫困综合指数的 Moran 散点图

图 5 - 1 结果显示，1978 年和 2017 年西部地区大部分省份的多维贫困综合指数位于第一象限和第三象限内，表现为正相关，即 LL 聚集和 HH 聚集，表明多维贫困存在显著的空间相关性，且逐渐加强。

由于稳健 LM-lag 统计值和稳健 LM-error 统计值均在 5% 的水平下显著，空间杜宾模型的 Wald 检验显著，故使用更具一般意义的动态空间杜宾模型，根据 Hausman 检验结果选择固定效应。本节使用基于空间邻接矩阵 W1 与 K（K = 4）最近点权重矩阵 W2 下的动态空间杜宾模型来说明估计结果的稳健性，如表 5 - 5 所示。

表 5 - 5　　　　　　　　　　　动态空间计量模型回归结果

变量	W1 空间邻接矩阵	W2 最近点权重矩阵
$lnpov_{-1}$	1.518 *** （32.55）	2.335 *** （48.92）
lnsca	2.625 *** （34.73）	0.898 *** （12.76）
lnstr	-0.629 *** （31.43）	-0.083 *** （4.48）
lneff	-1.965 *** （49.59）	-1.160 *** （30.83）
lngov	-0.045 （-0.8）	-2.774 *** （40.32）
lnurb	0.054 （-1.52）	1.511 *** （43.76）
lnpub	-1.197 *** （-18.82）	-3.536 *** （59.01）
lntra	0.0501 ** （2.28）	0.365 *** （17.9）
lnjob	-1.344 *** （23.04）	-1.572 *** （26.6）

续表

变量	W1 空间邻接矩阵	W2 最近点权重矩阵
lneco	− 3. 164 *** （45. 64）	− 2. 713 *** （49. 03）
exp	0. 168 （0. 234）	0. 047 （1. 104）
W × lnsca	8. 291 *** （58. 02）	8. 411 *** （41. 99）
W × lnstr	− 1. 720 *** （39. 58）	− 0. 159 *** （ − 3. 44）
W × lneff	− 7. 005 *** （80. 12）	− 5. 625 *** （53. 92）
W × lngov	− 1. 631 *** （13. 97）	− 6. 416 *** （36. 74）
W × lnurb	0. 903 （0. 723）	0. 186 （0. 446）
W × lnpub	− 1. 234 *** （11. 46）	− 10. 97 *** （64. 6）
W × lntra	− 0. 733 *** （ − 14. 73）	− 0. 853 *** （15. 55）
W × lnjob	− 5. 854 *** （36. 01）	5. 067 *** （37. 77）
W × lneco	− 21. 090 *** （89. 56）	15. 110 *** （85. 26）
W × exp	0. 014 （0. 917）	0. 143 ** （2. 030）
ρ	0. 125 ** （2. 310）	0. 944 *** （13. 47）
δ^2	0. 022 *** （15. 980）	0. 021 *** （18. 73）
调整后的 R^2	0. 898	0. 885
对数似然函数	− 556. 665	214. 73

注：***、**、* 分别表示 1%、5%、10% 的显著性水平；括号内为 *z* 统计量。

从表 5 - 5 可以看出，在空间邻接矩阵 W1 和最近点权重矩阵 W2 下，动态空间杜宾模型的空间滞后项和时间滞后项都通过了显著性检验，说明各省份多维贫困水平存在空间溢出性和时间惯性。考虑到基于空间邻接矩阵 W1 模型的拟合优度高于最近点权重矩阵 W2，本节选择 W1 矩阵下的动态空间杜宾模型进行空间溢出效应分析。

首先，从金融发展来看，金融效率提高、金融结构改善对多维减贫具有显著正向作用[①]，金融规模扩大具有显著负向作用，表明金融效率提高和金融结构改善能够提高贫困人口金融服务的可及性，而金融规模扩大更多的是从贫困地区"抽血"，使得金融资源从农村流向城市，不利于多维贫困减缓。其次，从控制变量来看，按照影响程度从高到低，经济增长、就业水平、公

---

　　① 系数为负说明金融效率提高、金融结构改善有利于多维贫困水平的降低，对多维减贫起正向作用。

共服务对多维减贫具有显著正向作用，政府支持、城市化水平、西部大开发作用不显著，进出口总额占比具有显著负向作用。实证结果说明，经济增长水平的提高具有涓滴效应；就业水平的提高有利于增加收入；公共服务水平的提高可以更好地惠及贫困人群；进出口总额提高使得设备进口代替非熟练劳动力的使用，贫困人口很难从对外贸易中获益。最后，从空间交互项来看，邻近地区金融效率提高、金融结构改善表现出显著的正向空间溢出效应，邻近地区金融规模扩大表现出显著的负向空间溢出效应，邻近地区经济增长、就业水平、政府支持、公共服务和对外贸易表现出显著的正向空间溢出效应。

本节在空间邻接矩阵 W1 下对金融发展多维减贫的空间效应进行分解，如表 5 - 6 所示。动态空间杜宾模型的空间效应分解包括直接效应和间接效应的长期影响与短期影响。直接效应是指本地区自变量变化对本地区多维贫困的影响，间接效应是指本地区自变量变化对其他地区多维贫困水平的影响。

表 5 - 6　　　　　　　　金融发展多维减贫空间效应分解结果

变量	短期影响			长期影响		
	直接效应	间接效应	总效应	直接效应	间接效应	总效应
ln*sca*	2.377 ***	7.356 ***	9.733 ***	- 6.335 ***	- 21.919 ***	- 28.254 ***
	(22.050)	(21.020)	(22.440)	(- 9.440)	(- 6.780)	(- 7.260)
ln*str*	0.581 ***	1.513 ***	2.094 ***	- 1.486 ***	- 4.588 ***	- 6.074 ***
	(21.770)	(17.330)	(19.830)	(- 10.810)	(- 6.760)	(- 7.490)
ln*eff*	1.758 ***	6.242 ***	8.000 ***	- 4.858 ***	- 18.353 ***	- 23.212 ***
	(20.320)	(21.490)	(21.770)	(- 9.140)	(- 7.060)	(- 7.420)

注：*** 、** 、* 分别表示1%、5%、10%的显著性水平；括号内为 z 统计量。

可以看出，短期内金融发展对多维贫困减缓具有显著的负向影响，而长期中具有显著的正向影响，并且长期影响大于短期影响，间接效应大于直接效应，说明金融减贫所表现出的长期影响和空间溢出特征不容忽视。短期直接影响为负表明，金融发展只是从贫困地区"抽血"，而不是"造血"，金融资源配置不均衡制约着贫困群体收入水平的提高；短期间接影响为负表明，相邻地区和本地区在争取农村金融资源方面可能存在着竞争关系。而长期中金融发展可以通过提升经济增长从而为弱势群体提供更多的就业机会、改善

基础设施、帮扶教育医疗、促进技术进步以有利于本地区和邻近地区减缓多
维贫困，当然这是一个漫长的过程。

5.3.3　研究结论

本节基于动态空间杜宾模型，利用 1978 ~ 2017 年西部 12 个省份的空间
面板数据，对改革开放以来西部地区金融发展多维减贫的空间溢出效应进行
研究。结果表明：（1）多维贫困存在显著的空间相关性和时间惯性，且随着
时间的推移，相关性越来越强，金融结构改善、金融效率提高具有显著的减
贫溢出效应。（2）短期内金融发展对多维贫困减缓具有显著的负向效应，而
长期中具有显著的正向效应。（3）经济增长、就业水平、政府支持、公共服
务和对外贸易对多维贫困减缓具有从高到低的显著的正向空间溢出效应。

5.4　实证研究三：基于空间分位数模型 *

本节利用 1952 ~ 2017 年西部 12 个省份的面板数据，通过建立空间面板
分位数回归模型，对西部地区金融减贫的空间分位数效应进行研究，以期为
西部地区金融支持扶贫开发以及实现 2020 年区域性整体脱贫目标提供理论支
持与决策参考。

5.4.1　模型设定与变量选取

由于多维贫困存在着区域间的空间联系，因此本节建立了无约束的
空间面板杜宾模型，包括因变量和所有解释变量的空间滞后项，具体如
下所示：

＊ 本节主要内容已经发表在：师荣蓉. 西部地区金融发展的多维减贫效应——基于空间面板分位
数模型的实证分析 [J]. 福建论坛（人文社会科学版），2020（2）：91 ~ 99。

$$\text{lnpov}_{it} = \rho W \text{lnpov}_{it} + \sum_{k=1}^{n} \beta_k \ln X_{k,it} + W \ln X_{it} \theta + \alpha + \mu_i + \vartheta_t + \varepsilon_{it},$$
$$i = 1, \cdots, N, t = 1, \cdots, T \qquad (5.3)$$

其中，多维贫困综合指数 pov_{it} 是 $it \times 1$ 维被解释变量，$X_{k,it}$ 是 $it \times k$ 维解释变量，μ_i 为 $i \times 1$ 维省份固定效应列向量，ϑ_t 为 $t \times 1$ 维时间固定效应列向量，ε_{it} 为误差项，满足 $\varepsilon_{it} \sim (0, \sigma^2)$，$\alpha$、$\beta$ 和 θ 代表待估参数，W 是空间权重矩阵。ρ 代表空间滞后参数，反映不同省份间多维贫困的空间关联性。

由于分位数回归不易受到极端值的影响，在处理非正态分布和厚重长尾分布数据时更加稳健，可以捕获到金融减贫在整个分布上所产生的异质性影响，因此，本节在空间杜宾模型的基础上采用分位数模型来考察不同分位数水平下金融减贫的空间效应，具体模型为：

$$Q_{yi}(q \mid \alpha_i, \varepsilon_t, W pov_{it}, x_{it}, W x_{it}) = \mu_i + \lambda_t + \rho_q W pov_{it} + \sum_{k=1}^{n} \beta_q x_{k,it} + \sum_{k=1}^{n} \eta_q W x_{k,it},$$
$$i = 1, \cdots, N, t = 1, \cdots, T \qquad (5.4)$$

分位数回归一般通过估计因变量在 $0 \sim 1$ 的不同分位数值对特定分布的数据进行估计，ρ_q 和 η_q 分别指 q 分位点处的 ρ 和 η 系数值：

$$\beta_q = \text{argmin} \left[\sum_{y_i \geqslant \beta x_i} q \mid y_i - \beta X_i \mid + \sum_{y_i < \beta x_i} (1 - q) \mid y_i - \beta X_i \mid \right] \qquad (5.5)$$

具体变量如下所述。

（1）被解释变量：多维贫困综合指数。本节使用第 3 章计算的多维贫困综合指数。多维贫困分析框架源自诺贝尔经济学奖得主阿玛蒂亚·森提出的营养、医疗、住房和教育等基本权力缺少的能力贫困理论。在此基础上，鉴于主成分分析法在构造权重和指标综合等方面较权重分配法具有显著的稳健性，故本节遵循全面性、可比性和数据可得性原则，使用主成分分析法从经济贫困、交通贫困、教育贫困、健康贫困和生态贫困等方面构建多维贫困综合指数来考察西部各省份的多维贫困水平。

（2）解释变量。本节从银行、保险、证券三个方面来研究金融发展。从银行业角度选取各省份金融机构的存贷款余额占比来反映银行业务的发展；

从保险业角度选取保险密度来反映保险服务的渗透性；从证券业角度选取证券化率，即股市总市值/GDP，反映股票市场的流动性。

（3）控制变量。由于政府支持、城市化水平、公共服务、经济增长、西部大开发政策的实施等都可能影响贫困减缓，本节将上述因素设置为控制变量，具体如表5-7所示。

表5-7　　　　　　　　　　　　　　指标体系构建

变量	评价指标	度量方式
因变量	多维贫困综合指数（pov）	通过经济贫困、教育贫困、健康贫困、交通贫困和生态贫困①来构建多维贫困综合指数
自变量	银行存贷（ban）	存贷款总额/GDP
	保险密度（ins）	保险收入/常住人口数
	证券化率（sto）	股市市值/GDP
控制变量	政府支持（gov）	财政支出/GDP总额
	城市化水平（urb）	城市人口数/总人口数
	公共服务（pub）	科教文卫支出/财政支出
	经济增长（eco）	GDP总额/人口总数
	西部大开发政策（exp）	虚拟变量。1978~1999年，exp=0；1999~2016年，exp=1

本节研究涵盖1952~2017年中国西部12个省份的面板数据，数据来源于《新中国60年统计资料汇编》《中国金融年鉴》《中国统计年鉴》及各省份统计年鉴②。

5.4.2　实证结果及分析

本节分别采用空间杜宾模型和空间杜宾分位数模型进行估计，结果如表5-8所示。

———————————

① 多维贫困指数中经济贫困用农村恩格尔系数衡量，教育贫困用普通小学在校学生数衡量，健康贫困用每万人口拥有床位数衡量，交通贫困用每万人公路里程数衡量，生态贫困用每人农作物耕种面积衡量。恩格尔系数为正向指标，其他指标均为负向指标。多维贫困指数越高越贫困，越低越富裕。

② 由于1985年前国内停办保险业务，1992年前证券市场尚未系统建立而导致数据缺失，为便于研究本节采用极小正值代替的处理方式，其余部分缺失数据则用插值法补齐。

表 5 - 8　　　　　　　　　　　金融减贫的分位数估计结果

变量	空间杜宾模型	空间杜宾分位数模型		
		0.25	0.5	0.75
ρ	0.446 *** （5.44）	2.594 *** （4.21）	1.423 *** （3.47）	1.129 *** （4.36）
lnban	-0.055 （-0.56）	0.081 （1.56）	0.101 * （1.95）	0.143 *** （3.03）
lnins	0.003 （0.45）	0.003 （0.47）	-0.004 （-0.86）	-0.003 （-0.77）
lnsto	0.003 （0.50）	-0.005 （-1.37）	0.001 （0.29）	0.002 （0.72）
lngov	-0.013 （-0.72）	0.037 （-0.70）	-0.057 （-1.22）	-0.071 （-1.51）
lnurb	0.055 （1.57）	0.020 （0.73）	0.015 （0.56）	-0.015 （0.51）
lnpub	-0.003 （-0.20）	0.007 （-0.19）	-0.003 （-0.09）	-0.063 （-1.36）
lneco	-0.110 （-1.12）	0.046 （0.68）	0.110 （1.48）	0.083 （1.56）
exp	-0.041 （0.61）	0.043 （-0.73）	-0.094 ** （-2.30）	-0.113 *** （-3.26）
常数项	-0.500 （-1.61）	-0.318 （-1.13）	-0.355 （-1.18）	-0.499 （-1.51）
Wlnban	0.256 （1.26）	-0.248 （-1.50）	-0.190 ** （-1.97）	-0.204 ** （-2.19）
Wlnins	-0.017 ** （-2.08）	-0.002 （-0.11）	0.005 （0.41）	-0.001 （-0.04）
Wlnsto	-0.019 * （-1.93）	0.014 （1.35）	-0.008 （-0.90）	-0.014 * （-1.72）
Wlngov	-0.143 * （-1.78）	0.080 （0.73）	0.168 * （1.84）	0.149 * （1.66）
Wlnurb	-0.064 *** （-2.56）	-0.056 （-0.66）	-0.134 （-1.57）	-0.095 （-1.46）
Wlnpub	-0.038 （-1.16）	0.049 （0.66）	-0.023 （-0.30）	-0.001 （-0.02）
Wlneco	-0.034 （-0.02）	-0.169 （-1.56）	0.005 （-0.05）	0.152 （1.52）
Wexp	-0.025 * （-1.68）	0.018 （1.32）	0.013 （1.57）	0.009 （1.20）
R^2	0.418	0.504	0.476	0.535

注：*** 、** 、* 分别表示1%、5%、10%的显著性水平；括号内的数值为 z 值。

估计结果显示，空间杜宾模型和空间杜宾分位数模型的空间自回归系数 ρ 均显著为正，表明多维贫困具有显著的正向空间溢出效应。空间杜宾分位数模型的拟合优度高于空间杜宾模型，故本节选取空间杜宾分位数模型进行分析。

空间杜宾分位数模型的回归结果显示，空间自回归系数 ρ 随着分位数的增大而减小，说明越贫困的地区空间溢出效应越小。从核心解释变量来看，随着分位数的增加，银行存贷在 0.75 分位数和 0.5 分位数处的系数显著为正，分别为 0.143 和 0.101，表明扩大银行存贷对贫困程度较高的地区减缓多维贫困表现为更显著的负向作用①，扩大银行存贷只是从贫困地区"抽血"，而不是"输血"，不利于本地区多维贫困减缓。保险密度和证券化率对于多维贫困减缓作用不显著，且随着分位数水平的提高，保险密度对多维贫困减缓的作用从负向影响转为正向影响，证券化率对多维贫困减缓的作用从正向影响转为负向影响，说明提高保险密度对于深度贫困地区具有反贫困效应，而资本市场发展对于贫困程度较低的地区具有反贫困效应。从控制变量来看，西部大开发政策的实施对于深度贫困地区具有更显著的反贫困效应。从空间交互项来看，银行存贷在 0.75 分位数和 0.5 分位数处的系数显著为负，表明邻近地区扩大银行存贷有利于本地区多维贫困减缓，证券化率在 0.75 分位数处的系数显著为负，表明邻近地区提升证券化率有利于扩大生产、促进就业、减缓贫困；政府支持在 0.75 分位数和 0.5 分位数处的系数显著为正，表明地方政府财政扶贫存在一定的竞争效应。

　　以 0.5 分位数估计结果为基准，分别画出不同分位点处的减贫效应，如图 5-2 所示。

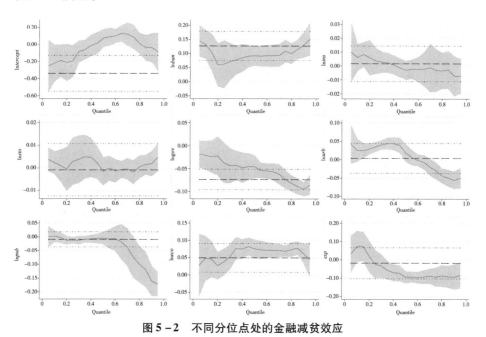

图 5-2　不同分位点处的金融减贫效应

---

　　① 系数为正说明银行存贷提高，多维贫困水平提高，对减缓多维贫困起负向作用。

由图 5 - 2 可知，从银行业来看，扩大存贷在不同分位数水平存在正"U"形关系，"U"形区间的最低点在 20% 分位数，其中低于 20% 分位数时下降较为陡峭，高于 20% 分位数时上升较为平滑，表明扩大银行存贷对低收入水平的负向影响高于中、高收入水平。从保险业来看，随着分位数水平的增大，提升保险密度对减贫的影响系数由正转负，表明在高分位数水平即贫困严峻的地区保险业对贫困减缓呈现正向影响①。从证券业来看，证券化率在 50% ~80% 分位数处对收入水平的影响系数为负，即在贫困程度较低的地区提高证券化率具有正向的反贫困效应。从控制变量来看，政府支持、城市化水平、公共服务和西部大开发的系数均表现为在较低分位数处系数为正，而在较高分位数处的系数转为负，表明在越贫困的地区政府支持、城市化水平、公共服务和西部大开发的减贫效果越好，其中公共服务在深度贫困地区的减贫效应最强，说明改善公共服务水平可以更好地惠及贫困群体。

5.4.3 研究结论

本节从多维贫困视角出发，利用 1952 ~2017 年西部 12 个省份的面板数据，通过建立空间面板分位数回归模型，考察不同分位数水平下银行业、保险业和证券业下的多维减贫效应。结果显示：（1）多维贫困具有显著的正向空间溢出效应；（2）扩大银行存贷不利于本地区多维减贫，提升保险密度对于深度贫困地区具有反贫困效应，提高证券化率对于贫困程度低的地区具有反贫困效应，邻近地区扩大银行存贷和提升证券化率均有利于本地区多维减贫；（3）政府支持、城市化水平、公共服务和西部大开发在越贫困的地区减贫效果越好，其中公共服务在深度贫困地区减贫效应最强，地方政府财政扶贫资金存在着一定的竞争效应。

---

① 系数为负说明提升保险密度，多维贫困水平下降，对减缓多维贫困起正向作用。

5.5　本章小结

　　本章在金融减贫空间溢出效应理论分析的基础上，通过构建金融发展多维减贫的评价指标体系，分别利用空间杜宾模型、动态空间模型和空间分位数模型来研究金融发展多维减贫的空间溢出效应。研究发现，多维贫困存在显著的空间相关性，且随着时间的推移，相关性越来越强；分时期来看，短期内金融发展对多维贫困减缓具有显著的负向效应，而长期中具有显著的正向效应；分行业来看，扩大银行存贷不利于本地区多维减贫，提升保险密度对于深度贫困地区具有反贫困效应，提高证券化率对于贫困程度低的地区具有反贫困效应，邻近地区扩大银行存贷和提升证券化率均有利于本地区多维减贫；从非金融角度来看，经济增长、就业水平、政府支持、公共服务、西部大开发和对外贸易对多维贫困减缓具有显著的正向空间溢出效应，地方政府财政扶贫资金存在着一定的竞争效应。因此，应充分利用地区间多维贫困水平的关联关系和溢出效应，发挥地区间金融减贫的协同效应，用多元化手段治理多维贫困。

第6章 西部地区金融发展多维减贫的调查研究

本章在对西部地区金融发展多维减贫调查数据分析的基础上，从需求方视角对西部地区贫困农户融资约束及可得性进行研究，从供给方视角对西部地区金融机构支农减贫绩效进行研究。

6.1 西部地区金融发展多维减贫的调查数据分析

随着精准扶贫政策的推进，扶贫开发工作取得了一定的成效。但从多维减贫的视角来看，某些贫困地区的贫困状况并未得到明显改善。本章选取中国西部典型的贫困地区，包括西南地区的广西资源县、四川大凉山和西北地区的陕西秦巴山区、陕西镇坪县的金融发展多维减贫情况进行实地调研和相关数据分析。

6.1.1 广西资源县调查数据分析

广西资源县位于广西壮族自治区东北部越城岭山脉腹地，属桂林市管辖，是一个少数民族聚居县，2011~2020 年是国家重点扶持的滇桂黔石漠化区区域发展与扶贫攻坚规划的 29 个县之一，是自治区级贫困县。2019 年 4 月 24 日，广西壮族自治区人民政府批复同意资源县脱贫摘帽。课题组实地考察了广西资源县，根据调查问卷和实地调研，深入了解农户的贫困状况，精准识别分析其对金融服务的实际需求，探索精准扶贫的科学路径，力图找到其多维贫困的原因和可行的解决措施，为农村金融改革提供依据，提高金融扶贫精准度。

6.1.1.1　数据来源与样本描述

调研数据来源于课题组 2018 年 8 月在桂林市扶贫开发领导小组办公室的协助下对资源县当地贫困县农户的入户实地调查，共调查农户 1123 户，经过后期对调查问卷的整理分析、集中检验，共得到有效问卷 1101 份，问卷有效率为 98.04%。样本分布情况如表 6-1 所示。

表 6-1　　　　　　　　　　　样本分布情况

村落	样本数（户）	比例（%）	村落	样本数（户）	比例（%）
白洞村	99	8.99	金山村	24	2.18
车田村	103	9.34	龙塘村	111	10.08
粗石村	77	6.99	木厂村	100	9.08
海棠村	86	7.81	坪寨村	73	6.63
黄宝村	31	2.82	石寨村	85	7.72
黄龙村	110	9.99	田头水村	56	5.09
脚古冲村	83	7.54	资源县县城	63	5.72

本次调查对象涉及三个民族，包括汉族、苗族、瑶族，其中少数民族占比 53.87%。对调查数据进行整理我们发现，桂林市资源县农户户均人口 3.73 人，户均劳动力 2.09 人，户均非健康人数 0.35 人，户均上学子女人数 0.72 人，人均收入低于国家贫困线 2300 元的占比 14.01%。

6.1.1.2　农户生活设施状况

（1）家庭住房结构。砖木、木瓦房较多，砖木混合房较少。调查结果显示，在桂林市资源县农户家庭住房中，砖木结构房占大多数，达到了 73.89%，而抗震性和稳定性较好的钢筋混凝土（以下简称钢混）房、砖木混合（以下简称砖混）房使用率较低，占比分别为 7.66%、0.76%，如表 6-2 所示。

表 6 – 2 农户住房结构

项目	砖木	竹草	土坯	钢混	木瓦	砖混
农户数（户）	814	24	48	84	123	8
百分比（%）	73.89	2.18	4.35	7.66	11.16	0.76

（2）照明方式。采用灯泡照明的占比已经达到了 92.46%，使用节能灯照明的农户只有 6.99%，还有 0.36% 的农户使用自然光和蜡烛，如表 6 – 3 所示。

表 6 – 3 照明方式

项目	自然光	蜡烛	灯泡	节能灯	其他
农户数（户）	2	2	1018	77	2
百分比（%）	0.18	0.18	92.46	6.99	0.18

（3）取暖设施。火炕取暖比例达到 59.43%，还有 38.20% 的农户家并没有取暖设施，这与当地的气候条件、地理位置有一定的关系，多数农户在取暖设施上没有过高的需求，如表 6 – 4 所示。

表 6 – 4 取暖设施

项目	空调	暖气	火炕	无
农户数（户）	20	6	654	421
百分比（%）	1.82	00.55	59.43	38.20

（4）家庭用水来源。农户家庭用水主要来自山泉水的占比 78.66%，使用井水的农户占比 13.81%，还有一部分农户是山泉水与井水混合使用，而相对方便的自来水却仅有 6.09% 的农户使用，如表 6 – 5 所示。

表 6 – 5 家庭用水来源

项目	自来水	井水	河水	山泉水	窖水	其他
农户数（户）	67	152	14	866	0	2
百分比（%）	6.09	13.81	1.27	78.66	0	0.18

（5）家庭生活燃料。农户目前主要的家庭生活燃料是柴草秸秆，比例高达 95.28%，煤炭、天然气为 4%，电和沼气分布均为 0.36%，如表 6 – 6 所示。

表6-6   家庭生活燃料

项目	煤炭、天然气	沼气	柴草秸秆	电
农户数（户）	44	4	1049	4
百分比（%）	4	0.36	95.28	0.36

（6）家庭收入与支出。农户收入主要是依靠种植业（34%）和外出务工（29%）来增加自己的收入，并且政府也对这些贫困户进行了相关资助（19%），经商（11%）和养殖业（7%）占比相对较小，如图6-1所示。家庭支出排名前五的项目是食品（30%）、农作物购买（17%）、家庭设施（16%）、农具购买（12%）、医疗（11%）。由此可见，在支出方面，首先考虑的是温饱问题，其次才是生产，如图6-2所示。

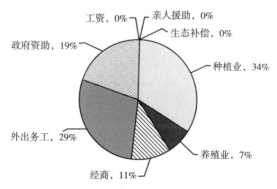

图6-1　农户收入来源

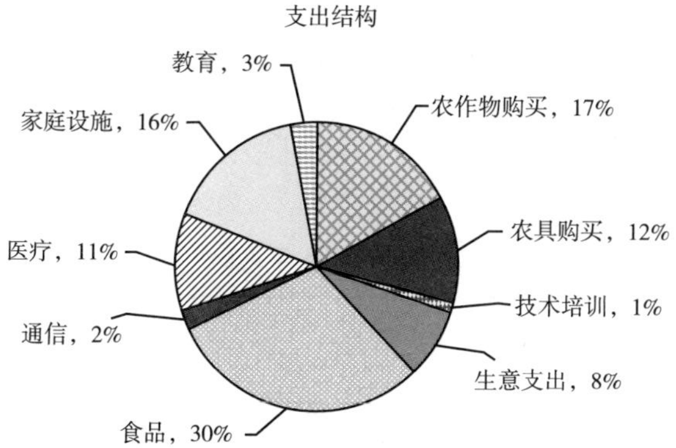

图6-2　农户支出结构

6.1.1.3 农户自身状况

（1）医疗需求。关于生病能否得到及时救助，65.85%的农户表示不能得到及时有效救助，再加上特殊的地理环境和气候，当地居民健康状况不容乐观，如表6-7所示。

表6-7　　　　　　　　　　　　农户医疗需求

项目	生病能否及时救治	
	及时	不及时
农户数（户）	376	725
百分比（%）	34.15	65.85

在调查不及时就医原因时，我们发现医院太远和医药费太贵占比达到95%，如图6-3所示。

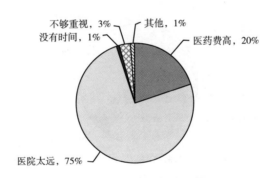

图6-3　农户不及时就医原因

（2）受教育水平。义务教育的普及率高，但劳动者文化程度低。成年劳动者受教育水平普遍较低，文盲率达到11.49%，调查发现，上过高中、职校和大学的大部分为农户子女，而农户自身普遍为中小学水平、文化素质水平偏低，如表6-8所示。

表6-8　　　　　　　　　　　　农户受教育水平占比

项目	文化水平					
	文盲	小学	初中	高中	职校	大学
农户人数（人）	237	822	683	201	63	56
百分比（%）	11.49	39.86	33.12	9.75	3.06	2.72

（3）社保状况。农户在医疗保障方面的参与率最高，达到了 64.49%，其次为养老保险，也达到了 28.97%，自然灾害救济、粮食救济等方面的参与率均未超过 12%，如图 6-4 所示。

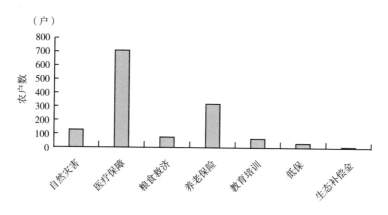

图 6-4　农户社会保障

（4）影响生产生活的因素。在资源县贫困农村进行生产活动的主要方式有种植业、养殖业等，这些方式都需要大量劳动力，但是目前面临的最大问题为劳动力不足，由于文化素质较低、劳动技能掌握不足，再加上年轻人的外出务工，这些生产活动均由中老年人承担，但中老年人身体状况低下，对生产生活产生了一定影响，如图 6-5 所示。

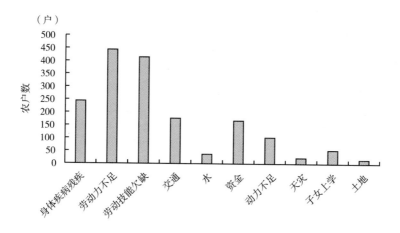

图 6-5　影响生产生活的因素

（5）对农户扶贫需求进行调查，研究发现，农户对医疗方面的扶贫呼声最高（高达44.60%），其次是教育（41.42%），再次是科技扶贫（29.52%），如图6-6所示。

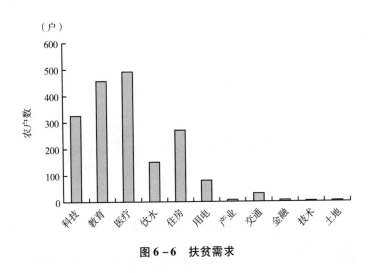

图6-6　扶贫需求

6.1.1.4　农户贷款需求状况

在家庭收入不能够满足基本生活需求的家庭中，有90.24%的家庭有贷款需求，但仅有69.62%的家庭贷款需求能够得到满足，30.38%的家庭贷款需求不能够满足。调查发现，除个人问题外，无人担保（22.08%）、无有效抵押物（21.65%）、利率高（19.91%）分别是造成贷款难问题的三大原因，如表6-9所示。

表6-9　　　　　　　　　　　　　　　**贷款不能满足原因**

项目	无人担保	无有效抵押物	手续复杂	利率高	个人问题
农户数（户）	51	50	14	46	70
百分比（%）	22.08	21.65	6.06	19.91	30.30

小额贷款是常见的一种贷款方式，调查发现48.98%的农户了解这种贷款形式，36.86%的农户听说过这种形式，如表6-10所示。

表 6 − 10　　　　　　　　　　农户对小额贷款的了解程度

项目	了解	听说过	不了解
农户数（户）	539	406	156
百分比（%）	48. 98	36. 86	14. 16

　　贷款额度、贷款期限也是贷款中的主要问题，调查发现，大多数农户的贷款额度需求在 2 万 ~ 10 万元，而贷款期限需求在 1 ~ 5 年，如图 6 − 7 和图 6 − 8 所示。

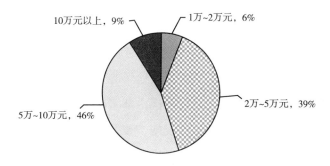

图 6 − 7　贷款额度

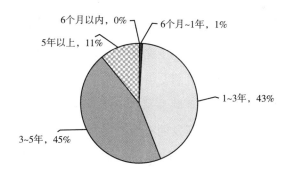

图 6 − 8　贷款期限

　　对于目前的银行和信用社的利息率，有 54.84% 的农户表示利息率过高，不能接受。担保方式多种多样，但是最常用的是信用担保和他人担保，这两者占比达到 73.14% ，而房屋和土地经营权担保不超过 10% ，如图 6 − 9 所示。

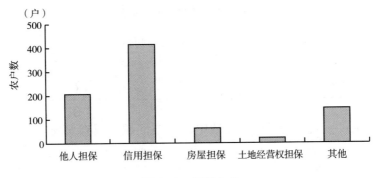

图6-9　担保方式

6.1.1.5　结论与启示

通过对广西资源县的调研，得到的结论与启示如下所述。

第一，从农户生活设施状况来看，该地区的生活设施还有很大的改进和提升空间。新阶段需要继续加大对村社区内部基础设施的投入，进一步改善农户生活的住房、饮水、电网等生活设施，普及抗震性和稳固性较好的钢筋混凝土结构房，加强农村水利设施及防灾抗灾设施的修建，改善贫困农户的生活条件，提高贫困地区农户的生活质量。

第二，从农户自身状况来看，首先，44.64%的医疗扶贫需求是桂林市资源县贫困农户的首要需求。良好的健康状况是保证人口发展能力提升的基础，然而当地医疗需求缺口大，应进一步完善新型农村合作医疗制度，建立社会统筹和个人账户相结合的运行机制。借鉴最低生活保障制度与扶贫开发相结合的有效经验，通过整合资源理顺关系，积极开展医疗保险、养老保险、民政救济等社会保障制度与扶贫开发的有效衔接，完善贫困地区的社会保障制度，解决贫困人口看病贵、看病难的问题，防止农民因病致贫、因病返贫。其次，41.42%的教育扶贫需求值得高度重视。受教育水平作为衡量个人发展能力的关键因素，直接影响农民收入水平的提高，然而当地受教育水平现状不乐观，有11.49%的文盲率，应通过多种方式让贫困农户的子女得到相对公平的受教育机会，如在义务教育的基础上为贫困农户的子女提供免费教育，为贫困人口免费提供职业技能培训等，从而避免"贫二代"问题的产生。再次，29.52%的农户把科技扶贫作为首要扶贫需求。科学技术一直是促进农户增收的主要途径之一，但是当地的科技普及率较低，应加强技能培训和技术援助，提高科技成果推广普及率。结合农户自身需求和当地产业发展规划，制定不同的培训计划，改进培训方式，开展形式多样的培训，包括技能培训、生计培训等，提高培训的针对性，着力提高农民的科技文化素质。同时，要建立健全贫困地区农业技术推广体系，尤其是建立村一级的农技推广体系，农技服务人员要渗透到村、组两级，鼓励农户使用先进的生产技术，并及时给予技术援助。最后，24.52% 的住房扶贫需求也是不容忽视的，随着生活水平的提高，农民对住房需求由数量需求转向质量需求，尤其对稳定性较高的房屋需求较高，17.69% 的农户住房还是稳定性很差的竹草屋、土坯房等，严重影响了农民生活质量的提升。

第三，从贷款需求来看，90.24% 的家庭有贷款需求，但是 69.62% 的贷款需求却得不到满足，贷款需求不能满足的原因主要集中在无人担保、无有效抵押物、利率高等。农户对小额贷款的了解程度比较好，但是农民贷款额度的需求较大，还款时间较长。目前满足贷款的担保条件主要还是信用担保，应该注重推行其他贷款抵押方式，以使贷款能够及时满足贫困农户的需求。

6.1.2　四川大凉山调查数据分析

四川省凉山彝族自治州（以下简称凉山州）位于四川省西南部，是全国最大的彝族聚居区，也是全国连片深度贫困地区之一，交通闭塞、贫困面广、贫困程度深，总共有 2072 个贫困村，94.2 万贫困人口，贫困发生率为 21.1%。为了改善凉山州人民的生活，各级政府出台了精准脱贫的相关政策：针对产业发展问题，实施 "1 + X" 政策帮扶；针对交通问题，实施易地扶贫搬迁、移家兴寨、藏区新居、地质灾害搬迁等政策；针对教育问题，实施 "一村一幼"，保障每一个村都有幼儿园，让少数民族群众学习普通话等。2018 年 2 月 11 日，习近平总书记来到大凉山深处，走进彝族贫困群众家中，了解当地贫困户的基本情况、致贫原因、发展需求和帮扶措施，提出加大易地扶贫搬迁力度，发展适合当地生态条件的种植养殖业和乡村旅游，加强对村民的实用技术和职业技能培训等。显然，发展种植业、乡村旅游与技能培训等都需要有一定的资金基础，那么金融减贫的问题就不容忽视。

6.1.2.1 问卷设计与数据来源

首先，在问卷设计方面，结合研究需求，在内容上，加入所需要了解的生活收支以及相关金融政策的问题；在数量上，考虑到调研时间的限制，减少了问题的数量，提高了问题的质量；在数据的可获取性上，对一些定性问题，通过加备注的形式，做了定量处理。通过改进调查问卷的设计，提高了问卷数据的可获取性和数据质量。

其次，在问题选择方面，重点研究有关金融扶贫的问题，突出了调查问卷的核心内容，例如贫困农户的收入和保障情况、是否获得支农贷款以及支农贷款的主要用途等，同时兼顾贫困农户生产生活的软、硬件设施等相关问题。

最后，在数据获取方面，调研数据来源于课题组对四川省西昌市凉山州唐家山村、大水井村、大杉坪村的调研，调研时间为 2018 年 7～8 月。为了确保数据收集的准确性，通过实地走访当地农村居民，采用“你问我答”的形式，将问题转换为通俗易懂的语言，以完成对调查问卷的填写，保证了数据的准确性和真实性，共得到有效问卷 439 份。

6.1.2.2 农户基本特征分析

考察凉山州家庭人口数目分布可以看出，家庭人数普遍在 5～7 人，其次是 8 人及以上，明显高于城市家庭人口数，如图 6–10 所示。

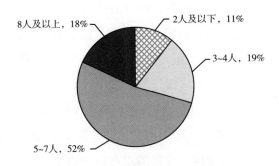

图 6–10 家庭人口数目分布

考察凉山州劳动力人口数目可以看出，一个家庭中劳动力数目为 2～4 人的占比79%，其次是1～2人的，占比18%，如图6－11所示。

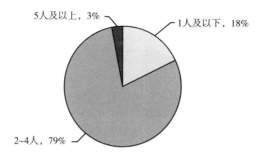

图6－11　家庭劳动力数目分布

考察凉山州家庭子女数目分布可以看出，一个家庭中普遍有2～3个孩子，占比53%，4个孩子及以上的也不占少数，二者加起来占比高达78%，如图6－12所示。

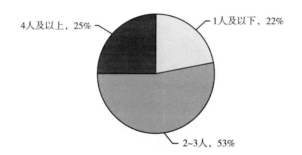

图6－12　家庭子女数目分布

从家庭收入分布来看，仍有8%的人均年收入低于国家规定的2300元的贫困线，贫富差距仍然很大，如图6－13所示。

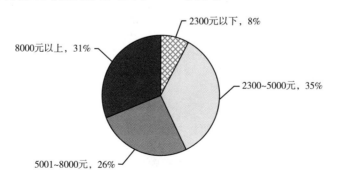

图6－13　家庭人均年收入分布

从农户收入来源看，主要收入来源依次为外出务工、种植业、养殖业和政府补贴，如图 6 – 14 所示。

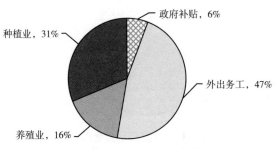

图 6 – 14　收入主要来源

从农户贷款比例分布来看，37% 的农户没有贷过款，经过访谈很多农户不知道如何申请贷款，因此政府和金融机构亟须加大对金融信贷的宣传，如图 6 – 15 所示。

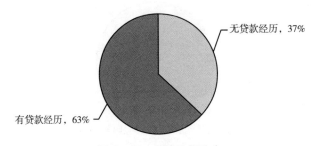

图 6 – 15　贷款比例分布

从贷款用途分布来看，63% 和 17% 的农户将贷款用于第一产业养殖业和种植业，仅有 15% 的农户将贷款用于教育，还有 5% 的农户将贷款用于医疗，被调查农户没有将贷款用于购买农机产品和开办乡镇企业，如图 6 – 16 所示。

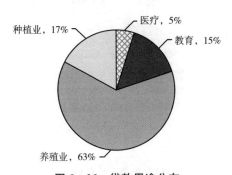

图 6 – 16　贷款用途分布

6.1.2.3 金融减贫的统计分析

本书利用逐步回归法，对家庭基本情况中影响人均年收入的变量进行剔除筛选，最终确定的控制变量包括家庭人口数、家庭劳动力人数、家庭子女数以及家庭上学子女数。所选变量的描述性统计如表 6 – 11 所示。

表 6 – 11 　　　　　　　　　变量定义及描述性统计

变量名称	描述与衡量	均值	标准差	最大值	最小值
人均年收入	家庭人均收入（元）	5081.9	2426.4	15651	1338
种植业收入	家庭全年农作物收入之和（元）	3893.3	5455.7	37100	800
养殖业收入	家庭全年家畜收入之和（元）	14607.4	11611.7	46000	2400
外出务工收入	家庭全年工资收入（元）	14611.4	18327.8	72000	0
政府转移性收入	政府全年转移性补贴（元）	1685.2	2202.3	11696	80
食品支出	家庭全年购买食品支出（元）	813.5	1086.4	7400	150
教育支出	家庭全年教育支出（元）	1886.1	3477.4	24000	0
农作物支出	家庭全年购买生产资料支出（元）	306.8	117.5	650	50
医疗支出	家庭全年医疗费用支出（元）	2457.8	4086.1	15900	0
劳动力	家庭劳动力人数（人）	2.1	1.02	5	0
上学子女	家庭上学人数（人）	1.9	1.33	5	0
支农贷款	1 代表获得，0 代表未获得	0.37	0.49	1	0

其中，按人均年收入将所得调查问卷的结果进行划分，分为 5 类：最低收入组（低于 3400 元）、中等收入组（3400 ~ 4400 元）、中高收入组（4401 ~ 5000 元）、较高收入组（5001 ~ 6300 元）、最高收入组（高于 6300 元）。为了考察支农贷款对各组收入的影响，本书采用 Spearman 相关系数法[①]，得到支农贷款对家庭人均收入的影响，如表 6 – 12 所示。

---

① 　如果使用 Pearson 积差相关系数法，则数据需要满足正态分布。通过绘制 Q – Q 图发现，人均年收入、种植业收入、养殖业收入、外出务工收入、政府转移性收入、食品支出、教育支出、农作物支出、医疗支出、劳动力、上学子女、支农贷款等因素的结果都不在对角线上，即它们都不是正态分布，所以我们采用 Spearman 相关系数法。

表 6 – 12   支农贷款对各收入组农户人均收入的影响

项目	最低收入组	中等收入组	中高收入组	较高收入组	最高收入组
是否获得支农贷款	– 0.15*	– 0.304**	0.144**	0.355***	0.148**

注: ***、**、*分别表示在1%、5%和10%的水平上显著。

由表 6 – 12 可以看出，对于最低收入组和中等收入组的农户，支农贷款与人均年收入呈负相关，说明对于人均年收入较低的农户来说，生产力水平不足以偿还支农贷款及其利息，所以支农贷款并不能很好地改善其贫困状况；而对于中高收入组、较高收入组和最高收入组的农户来说，其生产力水平可以偿还支农贷款及其利息，并且可以有效使用支农贷款，所以支农贷款可以有效提高农户人均年收入。

为考虑支农贷款对农户不同收入渠道的影响，将农户总收入分为种植业收入、养殖业收入、外出务工收入以及政府补贴收入，然后运用 Spearman 相关系数法，分别估计支农贷款对农户各项收入水平的影响，结果如表 6 – 13 所示。

表 6 – 13   支农贷款对各组农户不同收入来源的影响

项目	最低收入组	中等收入组	中高收入组	较高收入组	最高收入组
种植业	– 0.120**	– 0.0219***	– 0.077***	– 0.491**	– 0.048***
养殖业	– 0.171**	0.012**	0.143**	0.197**	0.192**
外出务工	0.025*	0.064**	0.089**	0.450**	0.650*
政府补贴	0.181*	0.118**	0.188**	0.135*	0.193**

注: ***、**、*分别表示在1%、5%和10%的水平上显著。

可以发现，获得支农贷款后，最低收入组农户的外出务工收入小幅增加，但是种植业收入和养殖业收入均显著下降，最后表现为人均年收入的小幅度下降，这是因为其支付了借贷利息或将收入用于生活必需品的支出；中等收入组、中高收入组以及较高收入组农户的种植业收入虽然下降，但是养殖业收入和外出务工收入均较大幅度增加，最终表现为人均年收入的增加；最高收入组农户养殖业收入以及外出务工收入得到了显著增加，且最终表现为人均年收入的显著增加。

为进一步验证以上分析结论，运用 Spearman 相关系数法，分别估计支农贷款对农户的食品支出、教育支出、农作物购买支出以及医疗支出的影响，结果如表 6 – 14 所示。

表 6 – 14　　　　　　　　　支农贷款对各组农户不同支出的影响

项目	最低收入组	中等收入组	中高收入组	较高收入组	最高收入组
医疗	0.074 **	– 0.239 **	– 0.271 *	– 0.225 **	– 0.026 **
食品	0.171 **	– 0.305 *	– 0.209 *	– 0.177 *	– 0.185 *
教育	– 0.021	– 0.161	0.211 *	0.182 *	0.291 **
农作物购买	0.004	– 0.061	0.199	0.435 *	0.119 *

注：***、**、*分别表示在1%、5%和10%的水平上显著。

从表 6 – 14 可以看出，对于农户的生活性支出，即食品和医疗支出，最低收入组农户的相关系数均为正，说明低收入组的农户获得支农贷款后只是增加了其生活性支出，而没有扩大再生产，其余组的农户的相关系数则均为负。对于农户的生产性支出，即教育和农作物购买支出，支农贷款对最低收入组和中等收入组的农户的相关系数较小，说明支农贷款对这两组农户的生产性支出影响不显著；而对于中高收入组、较高收入组和最高收入组，支农贷款对其生产性支出的影响均显著为正。同时通过检验有无支农贷款对人均收入的影响来验证上述结果的稳健性，检验结果具有一致性。

6.1.2.4　结论与启示

通过对四川大凉山金融减贫调查数据的分析，得到结论与启示如下。第一，从农户基本特征分析来看，家庭人口基数大，子女多，养育负担较重；农户的受教育程度普遍偏低，且多数家庭子女的受教育情况不容乐观，政府需要加强对教育的补助和普及力度；移民搬迁政策实施以来，乡村道路和农户住房有所改善，但仍需对房屋进行修缮和加固；多数家庭以种植业和养殖业为主要收入来源，只有建档立卡户和村干部才有贷款资格，而大多数农户有贷款意愿但却贷不到款，支农贷款人数偏少。第二，从支农贷款对不同收入组的影响来看，支农贷款对最高收入组、较高收入组、中高收入组农户的人均年收入影响显著为正,上述组别的农户将支农贷款用于生产性支出,如养殖业、农作物购买等,实现了人均收入的增加。支农贷款对最低收入组和中等收入组农户的人均年收入影响显著为负,上述组别的农户将贷款主要用于生活性支出,如食品和医疗支出,无法创造出收益,且还要支付贷款利息,故导致总收入的下降。

6.1.3 陕西秦巴山区调查数据分析

陕西秦巴山区的特点是生态环境恶劣、自然灾害频发。秦指秦岭山脉,巴指大巴山脉。秦巴山区就是指长江最大支流——汉水上游的秦岭大巴山及其毗邻地区,地跨甘肃、四川、陕西、重庆、河南、湖北六省市,其主体位于陕南地区。因此课题组选取陕西南部秦巴山区的贫困县为研究对象,调研贫困农户的基本特征和金融信贷情况。

6.1.3.1 数据来源

调研数据来源于课题组对陕西省秦巴山区镇坪县和白河县贫困户的实地入户调查,调查时间为2017年7~8月,共调查农户668户,样本分布情况如表6-15所示。

表6-15　　　　　　　　　　样本分布情况

村落	样本数	比例（%）	村落	样本数	比例（%）
大树村	54	8.08	磨坪村	135	20.21
双坪村	122	18.26	焦赞	86	12.87
兴隆村	66	9.88	石关村	89	13.32
陈庄	46	6.89	红花村	70	10.48

6.1.3.2 农户基本特征分析

从调研农户的年龄特征来看,年龄在29岁及以下的占比12%,年龄在30~49岁的占比33%,年龄在50~69岁的占比39%,年龄在70岁

及以上的占比 11%, 剩余 5% 为未填写年龄的无效问卷。由此可以看出,
农村常住人口趋于老龄化, 50~69 岁人口所占比例最大, 青壮年较少, 如
图 6 - 17 所示。

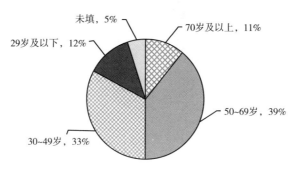

图 6 - 17　年龄分布

从调研农户的受教育程度来看, 文盲占 24%, 小学文化程度的占 33%,
初中文化程度的占 21%, 高中(中专, 职高)文化程度的占 7%, 大专及以
上文化程度的占 5%。由此可知, 村民受教育程度普遍偏低, 甚至很大一部
分是文盲, 农村义务教育普及程度仍有待加强, 如图 6 - 18 所示。

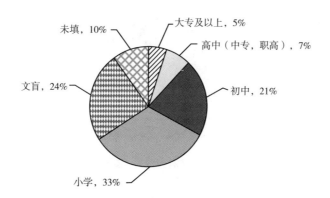

图 6 - 18　学历程度分布

从调研农户的家庭人口分布来看, 家庭人口为 1 人的占 4%, 家庭人口
为 2 人的占 9%, 家庭人口为 3 人的占 13%, 家庭人口为 4 人的占 27%, 家
庭人口为 5 人的占 21%, 家庭人口为 6 人的占 13%, 家庭人口为 7 人及以上
的占 11%。由此可知, 调研地的村民家庭人口数普遍偏多, 集中在 4~6 人

的家庭规模, 如图 6 - 19 所示。

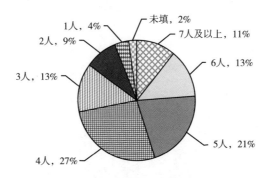

图 6 - 19　家庭人口数分布

从调研农户的家庭劳动力人数分布来看, 家庭劳动力为 1 人的占 31%, 家庭劳动力为 2 人的占 38%, 家庭劳动力为 3 人的占 10%, 家庭劳动力为 4 人及以上的占 8%。由此可知, 家庭劳动力为 2 人的占比最大, 但是与其家庭人口总数还是相差甚远, 家庭劳动力人数过少, 大多难以负担家庭开支, 如图 6 - 20 所示。

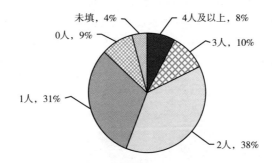

图 6 - 20　家庭劳动力人数分布

从调研农户的家庭上学子女人数分布来看, 家庭上学子女数为 0 人的占 31%, 家庭上学子女数为 1 人的占 32%, 家庭上学子女数为 2 人的占 25%, 家庭上学子女数为 3 人及以上的占 5%。由此可知, 大多数农户家庭只能勉强负担一个孩子上学, 仍有很多家庭甚至不能负担子女上学, 如图 6 - 21 所示。

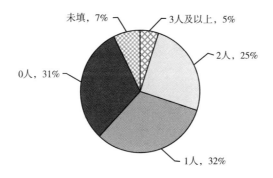

图 6 –21　家庭上学子女人数分布

　　乡村道路是村容村貌的典型代表，也是农村公共设施状况的直接体现。从调研农户的道路满意度分布来看，79%的农户对本村道路状况表示满意，其中"基本满意"占49%，"比较满意"占24%，"非常满意"占6%。但还有18%的农户对本村道路状况不满意，这表明扶贫政策实施以来，政府虽然对乡村道路进行整修，并取得显著成效，但与农户需求相比，依然存在一定差距，如图 6 –22 所示。

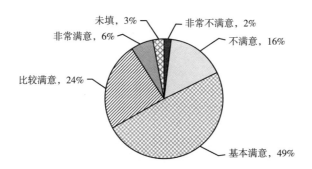

图 6 –22　道路满意度分布

　　从调研农户对农村义务教育的评价来看，学校太远不方便和缺少老师是当前存在的主要问题，其中有24%的农户认为学校太远不方便，12%的农户认为缺少老师。存在的其他问题还包括老师教学水平差、校舍环境差、学校管理松懈、老师不认真等。可以看出，农户对教育的期望集中在新建距离村庄较近的学校、增加教师人数、提高教学水平及改善教学条件等，如图 6 –23所示。

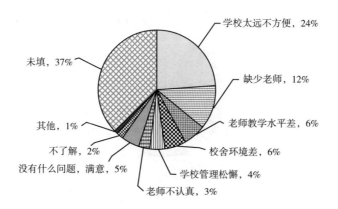

图 6 – 23 农村义务教育存在的问题

从调研农户对本村卫生室和诊所条件是否满意的评价来看，尽管西部地区新农合政策已基本落实，但是村民对本村医疗条件的满意度较低。在被调查农户中，对村里医疗条件表示不满意的农户占14%，非常不满意的占1%，说明农户期望提高医疗服务水平及医疗卫生条件，如图6 – 24所示。

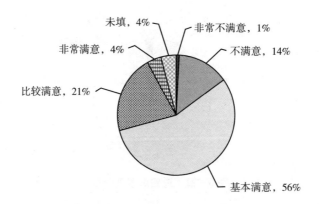

图 6 – 24 卫生室和诊所条件满意度

从调研农户的住房条件分布来看，80%以上的农户房屋安全得到了基本保障，其中有19%的被访农户家庭房屋属于砖瓦结构，65%的农户住进了楼房。另外，被访农户中房屋属于土木结构的比例仅占8%，其他结构的比例占3%，如图6 – 25所示。

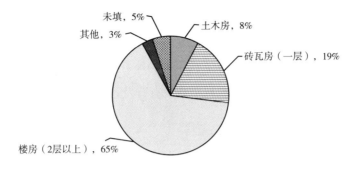

图 6 - 25　农户住房条件

从调研农户的人均收入分布来看，人均收入高于国家贫困线标准的有 42%，仍有 58% 的农户人均收入低于国家贫困线标准，如图 6 - 26 所示。

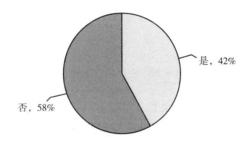

图 6 - 26　农户人均收入是否高于国家贫困线

从调研农户的主要收入来源分布来看，家庭主要收入来源为外出务工，其次为种植业，再次为经商、政府资助、亲属援助和养殖业，如图 6 - 27 所示。

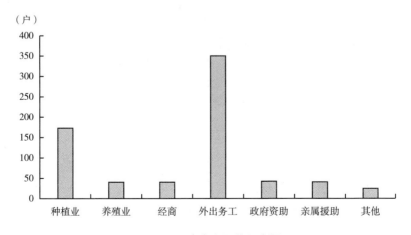

图 6 - 27　农户主要收入来源

从调研农户拥有的家庭耐用品来看，最普遍的耐用品是手机与电视机，手机成为人们通信的必需品，农村主要的娱乐方式是看电视；多数家庭都拥有洗衣机和电冰箱或冰柜，出行工具主要为摩托车和电动自行车；类似高档品的电脑、空调、汽车在调研农户中并没有普及，具体如图6-28所示。

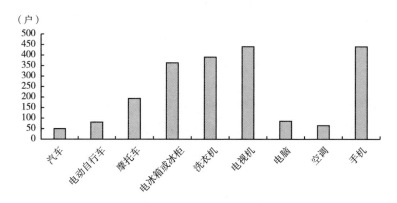

图6-28　农户家庭耐用品

从调研农户拥有的土地类型来看，主要土地类型是耕地，占比82%；其次是林地，占比16%；牧场和水塘均只占1%。由于82%的农户拥有的土地类型是耕地，所以推进农业技术进步有助于提高农村总体经济发展，具体如图6-29所示。

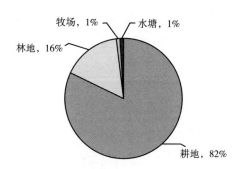

图6-29　土地类型

从调研农户的家庭成员健康程度来看，有42%的家庭成员"健康程度一般"，有24%的家庭成员"健康程度良好"，但仍然有22%的家庭成员"健康程度不乐观"，5%的家庭成员"健康程度极不乐观"，这表明关于农户健康医疗方面的扶贫政策仍然有待完善，具体如图6-30所示。

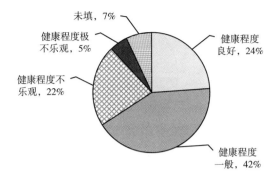

图 6 - 30　农户家庭成员健康程度

从调研农户对导致家庭贫困的原因分析来看，导致家庭贫困的原因中有 25% 的家庭为 "劳动力缺乏"，18% 的家庭为 "家庭成员患重病或残疾"，10% 的家庭为 "除了农业收入外没有其他收入"，9% 的家庭为 "子女上学抚养负担重"，"因灾害或其他突发事件" 导致家庭贫困的仅占 1%。由此可得，减贫政策的实施应主要从 "劳动力" "医疗" 和 "教育" 三个方面入手帮助贫困家庭摆脱贫困，具体如图 6 - 31 所示。

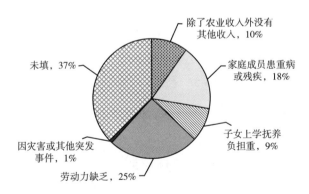

图 6 - 31　导致家庭贫困的原因

6.1.3.3　农户信贷情况分析

从调研农户对金融服务的需求分析来看，有 52% 的农户希望 "贷款"，12% 的农户希望 "购买保险"，希望 "存取现金" 和 "投资金融知识" 的各占 8%。由此可见，政府应从贷款和保险角度帮助贫困农户获得金融服务，具体如图 6 - 32 所示。

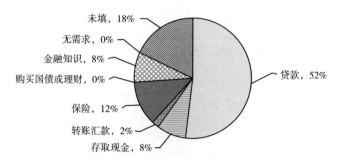

图 6 - 32 希望得到的金融服务需求

从调研农户对贷款需求满足程度来看，有 32% 的农户表示"基本满足"，12% 的农户表示"有效满足"，但仍有 23% 的农户表示"不能满足"，这表明扶贫贷款的政策力度仍有待提高，具体如图 6 - 33 所示。

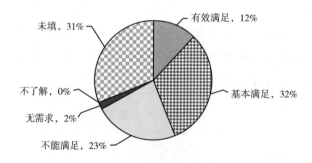

图 6 - 33 贷款需求满足情况

2017 年 8 月中国人民银行短期贷款年利率为 4.35%，而从调研农户的实际贷款年利率分布来看，年利率 5% 以上的占比 69%，贷款年利率偏高，扶贫贴息贷款比例较低，具体如图 6 - 34 所示。

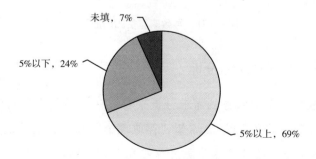

图 6 - 34 农户贷款年利率

从调研农户对银行或信用社目前的利息率态度分布来看，认为贷款利率可以接受的农户占比 53%，认为贷款利率不可以接受的农户占比 47%，由此可见，贴息贷款政策和金融扶贫政策力度有待进一步提高，具体如图 6 - 35 所示。

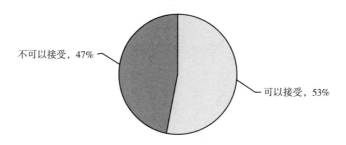

图 6 - 35　银行目前利率能否接受

从调研农户认为贷款难的主要原因来看，无人担保占比 13%，无有效抵押物占比 22%，贷款手续复杂占比 24%，利率高占比 20%，无良好个人信用占比 4%。通过访谈了解到农户贷款主要用于两个方面：一是农忙季节特别需要购买一些生产资料扩大生产规模时可能会出现临时的紧急资金需求；二是婚庆、丧礼、孩子上学等生活上出现急需资金需求。这两类贷款需求的特点是资金量不大，但需求十分迫切，而银行等正规金融机构的贷款一般需要抵押或者担保。具体如图 6 - 36 所示。

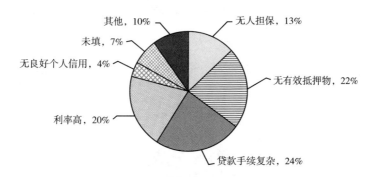

图 6 - 36　贷款难原因

从调研农户获得贷款的渠道来看，银行直接申请的占比 75%，村委会帮助申请的占比 24%，熟人介绍和银行信贷员主动上门服务的占比极低，具体如图 6 - 37 所示。

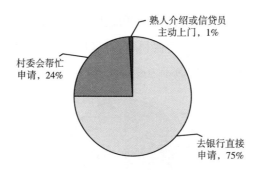

图 6 - 37   贷款获得渠道

从调研农户有无借款和借款用途分析来看，有借款情况的农户仅占 33%，不存在借款情况的农户占比 51%，具体如图 6 - 38 所示。在借款用途中主要用于盖房（32%），其次用于子女上学（11%）、医疗支出（9%）等。

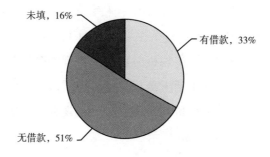

图 6 - 38   农户有无借款情况

从调研农户的借款来源分析，农户主要借款来源是亲戚朋友（64%），其次是农村信用社（17%）和银行（5%）等，具体如图 6 - 39 所示。

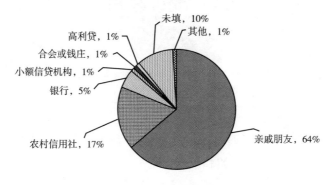

图 6 - 39   农户借款来源

从调研农户是否尝试向农村信用社等金融机构贷款及其原因进行分析，可以发现尝试向金融机构贷款（43%）与不贷款（39%）的比例几乎持平。而没有尝试贷款的原因较多，主要是申请也得不到贷款和不需要贷款等。具体如图 6 - 40 和图 6 - 41 所示。

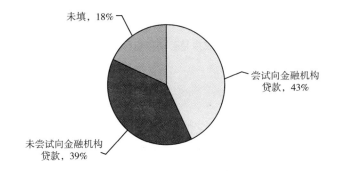

图 6 - 40　有无尝试向农村信用社等金融机构贷款

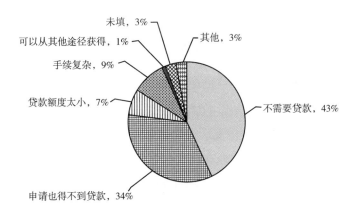

图 6 - 41　未尝试向农村信用社等金融机构贷款的原因

从调研农户是否获得农村信用社等金融机构的贷款及其原因进行分析，可以发现虽然农户尝试向农村信用社贷款，但仍有 36% 的农户未能获得贷款，主要原因是贷款用途不满足银行需求（88%），没有抵押品或担保人（5%）等。具体如图 6 - 42 和图 6 - 43 所示。

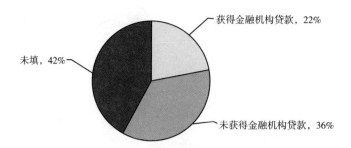

图 6 – 42　农户是否获得金融机构贷款

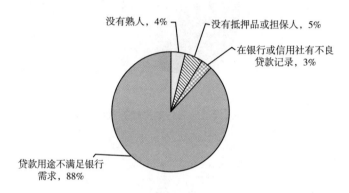

图 6 – 43　未能获得贷款的原因

考察调研农户对农村信用社的改进建议可以发现，贷款手续烦琐、贷款利息较高、贷款门槛较高等是影响贷款的主要因素。有 19% 的农户认为需要简化贷款手续；有 18% 的农户表示贷款利息较高是不太合理的，认为贷款利息应该有所回落；持贷款门槛较高观点的农户占 16%；增加贷款数额、提高贷款公平性、改善服务态度等各占 7%、6% 和 3%。

考察调研农户的帮扶需求可以发现，"提供贷款发展产业""房屋改造或移民搬迁""医疗救助""低保保障"这四个方面的需求较大，各占 16%、15%、15% 和 11%，由此发现，农户在生活、居住、医疗、低保方面需求较为迫切。另外，"子女就学"与"幼儿入园"共占 10%，"种植业或养殖业项目的支持"和"农民实用技术培训"各占 7% 和 6%。虽然自来水的问题只占 1%，但是对于吃水困难的贫困农户来说却是个不容忽视的大问题。具体如图 6 – 44 所示。

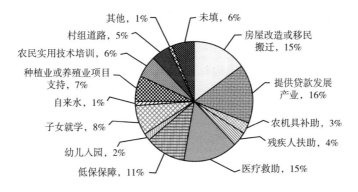

图6-44　农户的帮扶需求

6.1.3.4　结论与思考

通过对陕西秦巴山区的调研，得到结论如下：第一，在农户基本特征方面，农户受教育程度普遍偏低，且多数家庭只能勉强负担一个子女上学，仍有很多家庭不能负担子女上学。第二，在农户生活和公共基础设施方面，乡村道路有了很大改善，但与农户需求相比仍存在一定差距。手机成为农户生活的必要通信工具，娱乐方式以看电视为主，出行工具以摩托车为主，高档商品如空调、电脑等并未普及。第三，在收入来源方面，农户家庭常住成员主要由老人和小孩构成，青壮年通过外出务工的收入来供给整个家庭。第四，在金融支持方面，农户普遍认为贷款年利率偏高，扶贫贴息贷款政策的实施比例较低。对于贷款难问题，主要原因为缺乏有效抵押物、贷款手续复杂和利率高等。

通过对留守老人的访谈发现了一些实际问题。例如，在贫困户评选中未有效考量老人家中的劳动力，有些老人独居在土房中，仅靠耕植自给。子女在外务工不承担赡养老人的责任，而由于老人家户口中有劳动人口故不将其认定为贫困户，甚至有些时候因为老人无依无靠在村中无话语权，导致其评选不上贫困户。尽管贫困户的评选有硬性规定，但实际操作中难免有特例，要尽可能地让真正需要的人享受应有的待遇。

关于农户的金融贷款，在现行的规定下，大部分家庭只能贷到5万元，不足以满足实际需求。例如，部分急需看病用钱的在核实后应当给予贷款供其缓冲,有发展前景的农民需要贷款创造财富,可在综合审核后给予适当贷款。关于农村信用社贷款条件中的年龄限制,在兴隆村走访中遇到过做养殖业的老人,年龄均在 60 岁以上但身体健康,养猪产业发展很好,而且有扩大养殖规模的计划,但却因年龄大贷款受限而无法进一步扩大养殖规模,因此金融贷款年龄可以适当放大或在原年龄段的基础上增加特殊情况的考察。关于农村信用社贷款条件中的鳏寡限制,即丧偶或丧夫但仍有劳动能力及经济来源的老人在核实后应当予以贷款,在双坪村走访时我们遇到一位丧偶多年以打工为生的老人,住在因修路损坏的土坯房中,欲贷款盖房,但由于没有妻子,无法申请贷款。

6.1.4 陕西镇坪县调查数据分析

镇坪县,位于陕西省安康市,隶属川陕革命老区和秦巴山区连片扶贫开发重点县。东与湖北省竹溪县接壤,南与重庆市巫溪县、城口县毗邻,西北与陕西省平利县连界。截至 2019 年底,镇坪县退出贫困人口 5463 户 15634 人,剩余贫困人口 136 户 271 人,贫困发生率降至 0.54%[①]。

6.1.4.1 数据来源与问卷设计

调研数据来源于课题组 2018 年 8 月对陕西省安康市镇坪县大树村、兴隆村、民主村、金岭村、松坪村、文彩村和湘坪村的调研,共收集到 395 份有效问卷。调查问卷分为三个部分:第一部分是农户的基本情况,如家庭人口数、劳动力人数、上学子女数、非健康人口数等;第二部分是多维贫困情况,如收入水平和收入来源、支出去向等;第三部分是金融减贫情况,如是否需要借贷、是否成功借贷、借贷的用途、期待借贷金额和期限、对小额贷款的了解程度等。在数据获取上,课题组选择逐家逐户走访的方式,对每一个村民做了"二对一"或"多对一"的采访调查,对于村民不了

---

① 何丹."打赢脱贫攻坚战 决胜小康新时代"新闻发布会镇坪专场举行 [EB/OL]. https://www.zhp.gov.cn/Content-2111962.html(镇坪县人民政府网站),2020-05-22.

解的问题都做了解释，同时对填写过程做了侧面监督，以保证此次数据的准确性和真实性。

6.1.4.2 农户基本特征分析

通过对调研农户的家庭人数统计分析可以发现，超过60%的家庭由3~5人组成，极少部分家庭超过7人。但家庭人口数量分布在不同村情况也不尽相同，比如在大树村和兴隆村，家庭成员以4人居多，占比31%；但在文彩村和湘坪村，家庭成员以5人居多，占比30%。具体如图6-45所示。

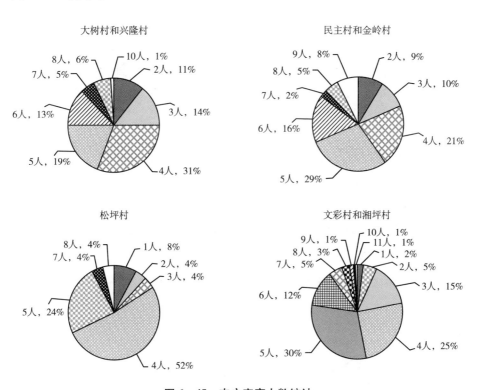

图6-45 农户家庭人数统计

通过对调研农户的家庭劳动力人数统计分析可以发现，超过55%的家庭劳动力人数为0~2人。以文彩村和湘坪村为例，有39%的家庭劳动力人数为2人，31%的家庭劳动力人数为1人。除此之外，也注意到仍有少数家庭没有劳动力。具体如图 6 – 46 所示。

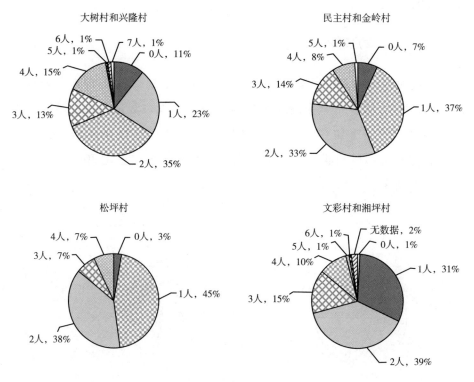

图 6 – 46　农户家庭劳动力人数统计

通过对调研农户的家庭上学子女数统计分析可以发现，家庭上学子女人数各村情况有所不同，但均有超过 30% 的家庭中至少有 1 个子女在上学。在大树村和兴隆村，有 44% 的家庭没有上学子女。具体如图 6 – 47 所示。

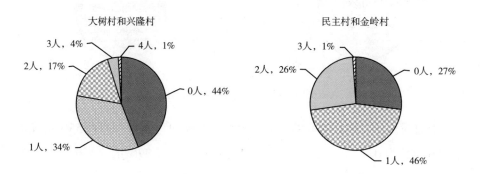

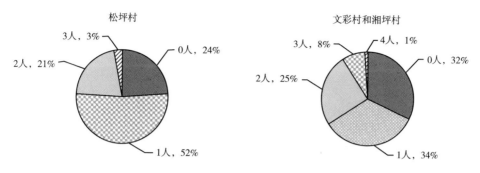

图 6 - 47　家庭上学子女人数统计

通过对调研农户的家庭病人数统计分析可以发现，家庭病人数各村情况有所不同，但均显示超过 30% 的家庭中没有病人。然而，在松坪村、民主村和金岭村，有超过半数的家庭中至少有 1 个病人，这可能是家庭负担的来源。具体如图 6 - 48 所示。

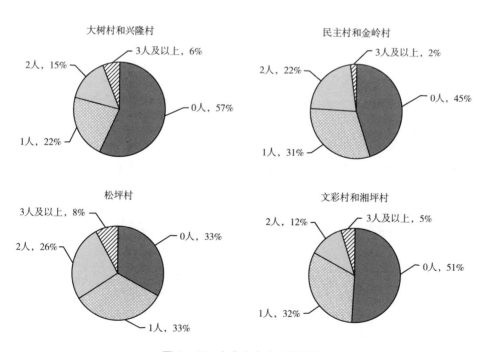

图 6 - 48　农户家庭病人数统计

通过对调研农户的家庭收入来源统计分析可以发现，超过 50% 的家庭主要收入来源于外出务工。另外有超过 10% 的家庭能够拿到政府的补贴，由此可见当地政府的扶贫工作落实得比较好。具体如图 6 - 49 所示。

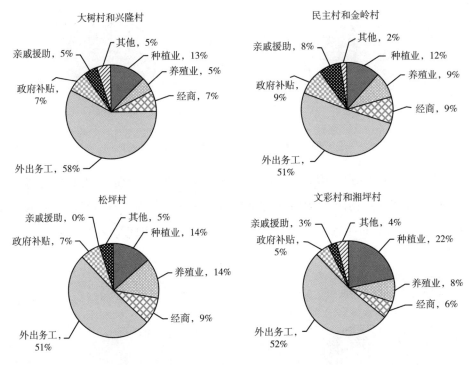

图 6 - 49 农户家庭收入来源统计

通过对调研农户的家庭支出统计分析可以发现，在大树村和兴隆村、文彩村和湘坪村以及松坪村，均有超过 50% 的家庭支出被用于食品、教育和医疗。用于购买家庭硬件设施支出的均占比较少。具体如图 6 - 50 所示。

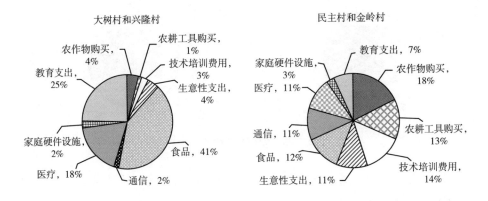

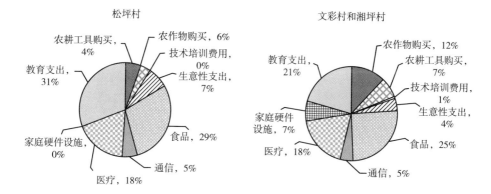

图6-50 农户家庭支出项目统计

考察农户收入是否可以解决生活所需可以发现，各村均有超过40%的农户表示收入能够满足生活所需，其中在民主村和金岭村占比最高，达到77%。但各村至少还有超过20%的农户家庭收入不能解决生活基本需求。具体如图6-51所示。

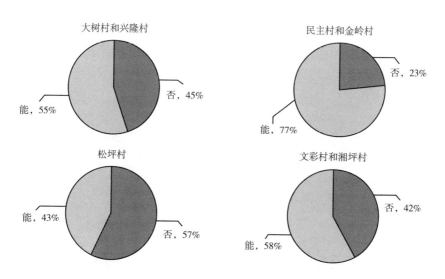

图6-51 农户收入能否解决生活所需

考察农户有无贷款可以发现，在大树村和兴隆村、民主村和金岭村有贷款和没有贷款的农户数基本持平，在松坪村有贷款经历的农户占比较高，在文彩村和湘坪村无贷款经历的农户占比较高。总体来看，各村都仍有至少20%的农户没有贷过款。具体如图6-52所示。

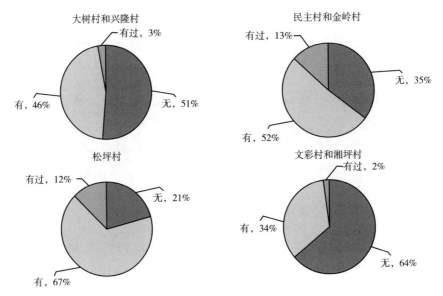

图6-52 农户有无贷款

考察农户贷款用途可以发现，超过50%的农户将贷款主要用于盖房、生产性经营投资和其他方面，贷款用于子女教育的占比不超过20%。在松坪村、文彩村和湘坪村，贷款用于医疗支出的占比较高。具体如图6-53所示。

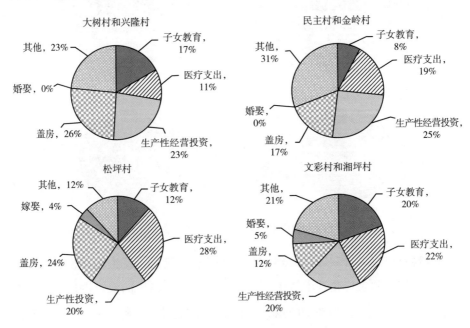

图6-53 农户贷款用途

考察农户贷款能否满足需求可以发现，文彩村和湘坪村有 64% 的农户认为贷款可以满足需求，民主村和金岭村有 54% 的农户认为贷款可以满足需求，而在松坪村、大树村和兴隆村认为贷款可以满足需求的占比较低。具体如图 6 - 54 所示。

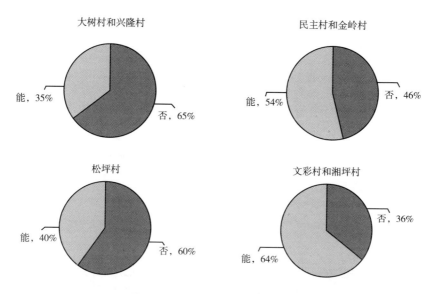

图 6 - 54　农户贷款能否满足需求

考察农户对银行贷款金额的期望可以发现，农户对银行贷款金额的期望有所不同，比如在大树村和兴隆村，农户最希望能贷到 2 万 ~ 5 万元，占比 43%，其次是 5 万 ~ 10 万元的占比达到 22%；而在文彩村和湘坪村，农户想要贷到 5 万 ~ 10 万元和 10 万元以上的人数基本持平，分别占比为 31% 和 29%，这可能与当地经济发展水平不均衡有关。具体如图 6 - 55 所示。

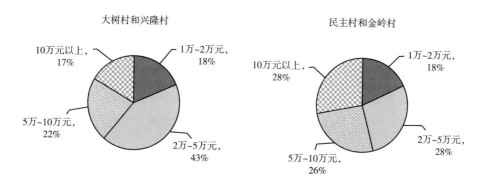

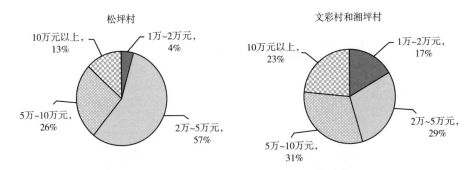

图 6 – 55　农户对银行贷款金额的期望

考察农户对银行贷款时间的期望可以发现，超过半数的农户希望获得 1 ~ 3 年的短期贷款。其中，在文彩村和湘坪村希望获得 3 年以上贷款的占比明显高于大树村和兴隆村，这与期望的借款金额所反映的趋势是一致的。具体如图 6 – 56 所示。

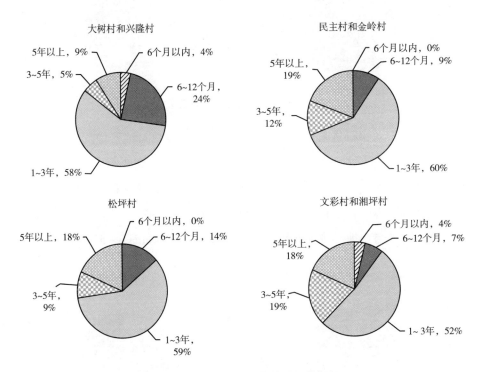

图 6 – 56　农户对银行贷款时间的期望

考察农户对银行贷款利息的接受度可以发现，对银行贷款利息的接受程度在不同村组有所差异。在民主村和金岭村，65% 的农户表示可以接受，只有 35% 的农户认为利息太高；在松坪村，61% 的农户表示可以接受，39% 的农户认为利息太高；在大树村和兴隆村，认为利息太高的农户占比略低于认为可以接受的农户占比；而在文彩村和湘坪村，认为利息太高的农户占比略高于认为可以接受的农户占比。具体如图 6 - 57 所示。

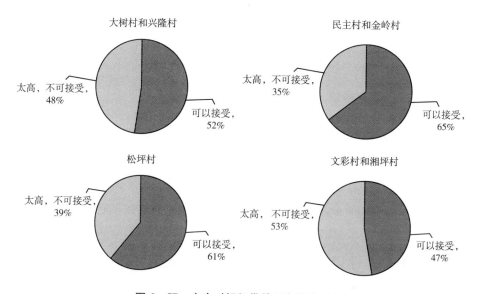

图 6 - 57　农户对银行贷款利息的接受度

　考察农户获得贷款的方式可以发现，超过 50% 的农户是通过信用和他人担保的方式获得贷款，只有不超过 6% 的农户使用抵押土地经营权的方式获得贷款。具体如图 6 - 58 所示。

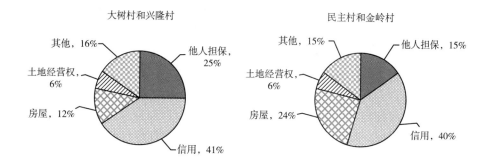

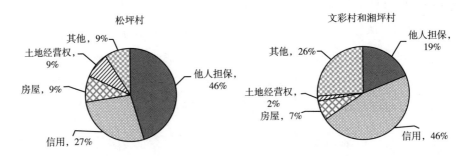

图 6-58　农户获得贷款的担保方式

6.1.4.3　研究结论

通过对陕西镇坪县的调研，得到研究结论如下。第一，在家庭结构方面，家庭劳动力人数占比较低，超过半数的家庭中有上学子女和非健康人口，家庭负担较重。第二，在家庭收入来源方面，超过50%的家庭收入主要来源于外出务工，超过10%的家庭能够拿到政府补贴。第三，在家庭支出方面，超过半数的家庭支出主要用于食品、教育和医疗，有超过40%的农户基本生活需求不能被满足。第四，在信贷需求方面，农户信贷需求特征明显，普遍期望获得较大贷款额度、较低贷款利率和较长贷款期限，大部分农户渴望得到2年以上利息率低的贷款。第五，在信贷用途方面，农户的信贷资金主要用于生活支出、农业经营支出以及生产性投资支出等，信贷用途多元化。第六，在信贷可获得性方面，农户没有还款能力证明以及银行利率较高是贷款难的主要原因，超过50%的农户是通过信用和他人担保的方式获得贷款，只有不超过6%的农户使用抵押土地经营权的方式获得贷款。

6.2　基于需求方：西部地区贫困农户融资约束研究

从对西部地区农户的调研走访中可以发现，贫困农户的金融需求，最主要的是融资需求，广义上包括信贷需求、保险需求、基金需求、理财需求、信托与租赁需求以及民间各种金融需求等。贫困农户的金融需求，不仅包括数量上对借贷数额的需求，还包括质量上对金融服务水平的需求，不仅包括对金融产品和金融业务创新的需求，还包括对金融体制改革的需求。本节从金融需求方入手，探讨西部地区贫困农户的融资约束及其可得性。

6.2.1　基于 Heckman 模型的贫困农户融资约束分析

6.2.1.1　引言与文献综述

农户融资难问题严重制约着农业和农村经济发展。2021 年中央一号文件明确指出，持续深化农村金融改革，推动农村金融机构回归本源。党的十九大报告指出，农民金融服务的可得性、便利性有待提升。那么，目前农户满足融资需求的途径有哪些？是否具有融资约束？哪些因素影响农户的融资约束？为了研究这一问题，同时考虑到选择性样本偏差，本节基于 Heckman 两阶段模型，利用陕西省 565 户农户的微观调查数据，对农户融资约束进行实证分析，以期为农村金融改革提供理论借鉴与政策参考。

有关农户融资约束问题的研究受到了国内外学者的广泛关注，国内外学者的研究主要集中在以下三个方面。第一，农户借贷需求研究。斯温（Swain，2017）利用 Tobit 模型研究农户信贷供求发现农户经营资产规模、受教育程度等因素对信贷需求有显著影响。张晓琳等（2018）研究山东省农村家庭发现，农户的融资需求具有普遍性和多样性，并且有相当一部分需求未得到满足。何广文等（2018）研究发现，自中国政府推行普惠金融以来，农户信贷需求更加旺盛。何广文和刘甜（2019）发现，贫困地区创业农户的信贷需求总体与其预期收益呈正相关关系。第二，农户借贷途径研究。摩根（Morgan，1987）、麦金农等（Mckinnon et al.，1981）研究表明，通过正规金融途径进行借贷的比例微乎其微，且通常集中在少数大生产者手中。对绝大多数农户而言，一方面，往往不具有充分的借贷需求；另一方面，即使具有借贷需求，其往往选择非正规的金融途径进行借贷。帕耳（Pal，2002）和杜夫许斯（Dufhues，2007）的研究也证实了上述观点。严予若等（2016）将人力资本纳入考量，研究表明，人力资本丰富的农户更容易获得非正规金融贷款，家庭资产高的农户更偏好于从正规金融机构获得融资。牛荣等（2016）研究发现，面临资金困难时农户会更倾向于正规金融的借贷。宋全云等（2017）的实证结果表明，一个家庭的金融知识水平越高正规信贷的需求越高。周鸿卫和田璐（2019）发现，"熟人"和"关系"是农村信贷市场比较重要的资源，抵押并未发挥甄别借款人的作用，但能刺激借款人的还款意愿。第三，农户信贷约束分析。泉恩（Tran，2018）研究越南信贷可获得性的性别差异时，发现女性信贷可获得性较低。侯建昀和霍学喜（2016）从土地流转的角度研究发现，信贷支持可以增加农户参与土地流转的概率，而土地流转也可以提高农户的信贷可获得性。任乐等（2017）研究发现，农业保险作为抵押品可以显著增加农户信贷可得性和信贷额度。胡士华和刘鹏（2019）运用 Probit 模型和 Tobit 模型发现，如果信贷合约履行效率得以提升，则农户家庭信贷需求受约束的概率将降低，借款农户所获取的信贷量也会增加。梁杰等（2020）通过构建不完全信息动态博弈和重复博弈模型，发现农地抵押价值较低时，高利率政策会导致农村信贷市场呈现"柠檬市场"特征，农村金融机构占优策略是实施严格的农村信贷数量配给，农地抵押与信誉监管耦合推进是帮助农户走出信贷交易高利率困境、实现农户与农村金融机构长期互利共赢的有效举措。曾小龙（2020）发现，农村残疾人、农村慢性病患者的生产和投资性资金需求更高，面临的信贷约束稍弱，非农自雇等劳动因素和地区金融发展因素对且仅对其正规借贷行为具有显著的正向作用。

已有文献无疑是值得肯定和借鉴的，本节从以下两个方面进行补充和完善。第一，从研究方法来看，已有研究一般将无贷款需求的样本去除，使用 Logit 模型和 Probit 模型等离散选择模型进行估计，可能会出现样本选择偏误的问题，进而可能会带来内生性问题影响参数估计。本节保留无贷款需求的样本数据，使用 Heckman 两阶段模型研究农户信贷途径及可获得性，可以有效解决样本选择性偏误问题。第二，从研究数据来看，已有研究多使用现有统计年鉴或数据库的统计资料进行分析，本节通过对农户实地调研所得的一手数据进行实证研究，提高了数据的可靠性和有效性。

6.2.1.2　研究假设

在现有研究文献的基础上，本节对农户融资约束提出如下研究假设。

假设 1：信贷可获得性存在关于融资需求的选择性偏误。农户在有借贷需求和产生借贷行为之间，会评估自身偿还能力及获得贷款的可能性，那些仅有名义需求而没有实际融资行为是农户自我评估后的选择，因此有融资需求的农户信贷可获得性应该高于无融资需求的农户。本节的问卷调查结果显示，46% 受访农户认为自己获得贷款的利率偏高。当农户有贷款需求却没有产生贷款行为时，认为农户存在融资约束，本节区分了农户究竟是无融资需求还是存在融资约束。

假设 2：正规金融市场与非正规金融市场存在异质性。农户信贷途径的选择可简单归结为正规金融与非正规金融，两种选择可能带来不同的结果，这是由于正规金融与非正规金融对信贷约束的作用机制不同。从正规金融来看，一方面，正规金融机构和农户之间存在委托代理关系，由于道德风险的存在，发放到农户的贷款一直以来存在着较高风险；另一方面，由于利率管制，正规金融机构只能获取有限固定的利息收入，因此农户信贷具有高风险和低收入，普遍受到信贷约束。从非正规金融来看，由于国家规定的利率较低，存贷款的"价格"不能真实反映真正的资金供求关系，其结果是银行只能选择安全项目，较低的实际贷款利率仅会匹配到低风险的项目，农业和农户由于自身的高风险性质，获得银行贷款的概率较低，因此会转而诉诸非正规金融市场。

假设 3：融资成本会增加农户的融资约束。在正规金融市场，当利率提高时，商业性信贷成本的提高会使信贷需求下降。正规金融机构需要条件较高的抵押物或担保人，因此农户选择信贷途径时往往不能只凭喜好，会受到外界条件的约束。当贷款利率提高时，一部分农户会放弃贷款，可能是因为他们收入较低，因此需要控制收入来测算利率对融资约束的影响。非正规金融市场是正规金融市场的补充，向亲戚朋友借贷是非正规金融的重要组成部分，一方面，这种熟人借款往往无须付息，一定程度上提高了借款概率；另一方面，尽管熟人借贷没有经济成本，仍有"面子成本"，且受社会关系的制约，并非所有想借款的农户都不受到约束。

假设4：家庭财富特征和户主文化程度对农户融资约束产生影响。农户从正规金融机构借贷时需要提供一定的抵押和担保，家庭资产越多，意味着可以提供的抵押品越多，农户从正规金融机构获得贷款的可能性越大。随着农户文化程度的提高，户主从正规金融机构借贷意识有所增强，对借贷流程也更加熟悉，提高了他们发生借贷行为的概率。

6.2.1.3 研究方法

根据农户行为理论，农户参与金融机构借贷的行为不是"随机"选择的，而是"自我选择"的结果，并不是所有农户都有信贷需求或通过金融机构进行借贷，如果将没有借贷或没有通过金融机构进行借贷的农户直接剔除掉，将不可避免地出现非随机样本选择中的"偶然断尾"现象，即"选择性样本偏差"。

因此，本节采用 Heckman 两阶段法，模型一以"农户信贷途径"作为研究对象，则该借贷行为可分为两个阶段：第一阶段是农户是否有信贷需求，即参与信贷行为的概率；第二阶段是农户获得信贷的途径，即选择正规金融机构借贷的概率。模型二以"农户信贷可获得性"作为研究对象，第一阶段是农户是否有信贷需求；第二阶段是农户获得农村正规金融机构贷款的概率，即信贷可获得性。具体思路如图 6 - 59 所示。

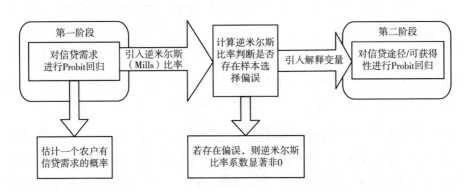

图 6 - 59 Heckman 两阶段回归模型

模型一是利用 Heckman 两阶段法分析农户的信贷途径。分两个阶段进行分析，第一阶段使用 Probit 模型分析农户出现信贷需求的影响因素，选择家庭人口数目为工具变量，表达式为：

$$P(Z_i = 1 | \omega) = \phi(\omega_i'\gamma) \qquad (6.1)$$

二值变量 Z_i 的方程为：

$$Z_i^* = \omega_i \gamma + \mu_i \qquad (6.2)$$

若 $Z_i^* > 0$，$Z_i = 1$，否则 $Z_i = 0$。其中，Z_i 表示农户对信贷的选择意愿，Z_i^* 为是否有信贷需求的效用函数，ω_i 是影响农户产生信贷需求的一系列解释变量，包括体现户主特征、农户家庭特征、经济特征、信贷用途的相关变量，γ 是变量系数，μ_i 是随机误差项。

第二阶段为信贷途径模型，为了克服样本的选择性偏差，引入逆米尔斯比率 λ_i 来纠正样本选择性偏误。

$$E(Y | X, Y = 1) = X\beta + \rho\sigma\lambda(\omega\gamma) \qquad (6.3)$$

其中，Y 为农户对农村金融机构的选择，X 为影响农户对农村金融机构选择的一系列解释变量，包括体现户主特征、农户家庭特征、经济特征、信贷用途的相关变量，β 为解释变量系数，σ 是 μ 的标准差，若 ρ 是不为 0 的数，则说明该模型确实存在选择偏误。模型二是利用 Heckman 两阶段法分析农户的信贷可获得性，分两个阶段进行分析。

6.2.1.4　变量选取

本节的被解释变量为融资需求和融资约束。核心解释变量是融资成本与融资倾向，融资成本使用贷款利率来衡量；融资倾向使用贷款途径来衡量，表示当农户需要融资时首选正规金融还是非正规金融。考虑到农户融资约束还受到农户家庭资产、户主文化程度、家庭劳动力占比、家庭负债、家庭收入、贷款用途、交通便利度等因素的影响，本节将以上变量设置为控制变量。具体变量说明如表 6 - 16 所示。

表 6 – 16　　　　　　　　　　　　变量定义

类型		变量	变量说明
被解释变量	阶段 1	融资需求（ldemand）	有 = 1；无 = 0
	阶段 2	融资约束（fincons）	无约束 = 0；部分约束 = 1；完全约束 = 2
解释变量		融资成本（rate）	使用贷款利率来衡量（%）
		融资倾向（pformal）	正规金融机构 = 1；非正规金融机构 = 0
控制变量		家庭资产（asset）	家庭所持有资产（万元）
		户主文化程度（education）	文盲 = 0；小学 = 1；初中 = 2；高中 = 3；大学 = 4
		劳动力占比（labor）	家庭劳动力人数占比（%）
		家庭负债（liability）	家庭贷款和借款额（万元）
		贷款用途（purpose）	生产 = 1；生活 = 0
		家庭收入（income）	当年家庭收入大于等于当年贫困线 = 1；当年家庭收入小于当年贫困线 = 0
		交通便利度（transportation）	非常不满意 = 0；不满意 = 1；基本满意 = 2；比较满意 = 3；非常满意 = 4

调研数据来源于 2019 年对陕西省秦巴山区镇坪县和白河县贫困户的实地入户调查，共调查农户 668 户，经过数据清洗得到有效问卷 565 份。

6.2.1.5　模型设定

根据农户信贷行为理论，农户在金融市场中参与融资，不是"随机"选择，而是"自我选择"的结果。直接去除无融资需求的样本，有可能会导致选择偏误问题。基于此，本节使用 Heckman 两阶段模型研究农户的融资倾向和融资成本对农户融资约束的影响。由于 Heckman 模型在第一步为了有效估计借款需求的概率，需要额外增设一个控制变量，该变量影响融资需求且不影响第二阶段的融资约束，故本节使用交通便利度作为控制变量，道路交通不便捷的农户融资不方便，降低了其融资需求，但是并不会影响融资约束。统计结果显示，交通便利度与融资需求有显著的正向关系，而与融资约束无显著相关性，因而将交通便利度作为辅助 Heckman 回归的控制变量。根据上述分析，构建 Heckman 两阶段模型如下。

第一阶段，构造借贷需求模型，预测农户产生信贷需求的概率，利用 Probit 模型进行估计，计算逆米尔斯比率：

$$prob(ldemand = 1) = \Phi(asset, education, labor, liability, purpose, income,$$
$$rate, pformal, trans) \tag{6.4}$$

第二阶段，使用有序 Probit 模型对信贷可获得性进行估计：

$$prob(fincons) = c + r_1 asset + r_2 education + r_3 labor + r_4 liability$$
$$+ r_5 purpose + r_6 income + \beta_1 rate + \beta_2 pformal + \theta mills + \varepsilon \tag{6.5}$$

模型（6.5）中 *mills* 表示逆米尔斯比率，包含模型（6.4）中不可观测的因素，将其代入模型（6.5）中以修正样本偏差。

6.2.1.6　实证结果及分析

本节首先利用模型（6.4）和模型（6.5）进行回归，分为第一阶段对信贷需求的 Probit 回归和第二阶段对融资约束的 Tobit 回归，以考虑因信贷需求产生的样本选择偏误，且更准确地分析融资约束的影响路径。首先，使用全样本考察融资约束的影响因素，结果如表 6－17 所示。

表 6－17　全样本信贷可获得性 Heckman 分析

变量	分阶段	第一阶段（562 个样本）融资需求		第二阶段（372 个样本）融资约束	
		系数	Z 值	系数	Z 值
解释变量	融资成本	0.009	0.24	− 0.078 ***	− 3.38
	融资倾向	0.156 **	0.12	0.253 ***	0.003
控制变量	家庭资产	− 0.067	− 1.19	− 0.132 **	− 2.55
	户主文化程度	− 0.078	− 0.17	− 0.054	1.32
	劳动力占比	0.001	− 0.83	− 0.001	0.22
	家庭负债	0.127 ***	8.63	0.015	− 0.93
	贷款用途	0.075 *	0.50	− 0.078	0.75
	家庭收入	− 0.083	− 0.69	− 0.0127 **	1.57
	交通便利度	0.030 *	1.21	—	—
模型检验	Mills	—	—	0.511 *	− 1.28
	Wald chi2 = 36.7，Prob > chi2 = 0.000				

注：*、**、*** 分别代表在 10%、5% 和 1% 的水平上显著。

表 6 - 17 的 Wald 检验结果显著，表明模型拟合度较好，结果具有科学性和合理性。Mills 的估计系数显著，表明样本偏误存在，验证了假设 1 且说明本节 Heckman 模型的选取具有合理性。

第一阶段估计结果显示：（1）融资倾向的估计系数显著为正，表明偏好正规信贷的农户具有更高的融资需求。这是因为非正规信贷可分为无息借贷和有息借贷两类，无息借贷多为亲戚朋友间的借贷，由于"面子成本"抑制了一定的贷款需求，有息借贷多为私人放贷，由于利息过高抑制了一定的融资需求。（2）家庭负债的估计系数显著为正，说明家庭负债越多，外部融资需求越大。（3）贷款用途的估计系数显著为正，表明相较于生活性借贷，生产性借贷具有更高的融资需求，可以通过增加农村地区金融供给带动农村地区产业转型和升级。（4）交通便利度的估计系数为正，表明交通便利会提高农户的融资需求，交通越发达，融资便利度越高，融资需求越会增加。

第二阶段估计结果显示：（1）融资成本的估计系数显著为正，表明融资成本越高，信贷可获得性越低，农户的融资约束越严重。一方面，农村地区的金融供给有限，农村信用社是正规信贷的主体，长期占据垄断地位，随着我国金融体制改革不断深化，农村信用社、农村商业银行等农村金融机构"离农"倾向日益严重，因此，大多数农户有融资需求时，更多地诉诸民间借贷，推动了贷款利率的提升；另一方面，农村金融市场是卖方市场，农村信用社又长期处于垄断地位，在贷款利率上具有绝对的定价权，农户融资需要较高的成本，较高的融资成本造成了融资约束，这同时验证了假设 3。（2）融资倾向的估计系数显著为正，表明倾向于正规机构借贷的农户信贷可获得性更低。结合上述分析，选择正规信贷的农户具有更高的信贷需求，同时具有更低的信贷可获得性，根据调研情况发现不能成功申请到正规金融机构贷款的原因主要为无担保人、无有效抵押物等。（3）家庭资产的估计系数显著为负，家庭收入的估计系数显著为正，表明家庭资产越多，农户收入越高，农户的偿债能力越强，其贷款可获得性越高，这验证了假设 4。结合上述两阶段估计，融资成本对于融资需求的估计系数不显著，而对融资约束的估计系数显著，表明融资成本不是通过影响农户参与信贷来影响其融资约束的，而是通过影响农户的融资可获得性来影响其融资约束的。

其次，使用分样本考察融资约束的影响因素。为了使结果更具科学性和一般性，本节进一步将样本分为正规金融市场和非正规金融市场进行分析，估计结果如表 6 – 18 所示。

表 6 – 18　　　　　　　　　　分样本信贷可获得性 Heckman 分析

变量	正规金融（174）		非正规金融（391）	
	融资需求（1）	融资约束（2）	融资需求（3）	融资约束（4）
融资成本	0.061 (0.92)	0.079 ** (-2.16)	-0.014 (-0.17)	0.078 *** (-2.71)
家庭资产	0.119 (0.92)	0.077 (-0.91)	-0.089 (-0.92)	-0.163 ** (-2.17)
户主文化程度	-0.123 (-1.14)	-0.153 ** (2.33)	-0.055 (-0.67)	0.004 (0.09)
劳动力占比	0.097 (0.24)	0.435 (-1.68)	-0.279 (-0.99)	-0.311 (1.52)
家庭负债	0.111 *** (4.38)	0.009 (-0.63)	-0.138 *** (7.38)	0.016 (-0.52)
贷款用途	0.263 (0.9)	-0.218 (1.19)	0.023 (0.13)	-0.055 (0.42)
家庭收入	0.128 (0.59)	-0.248 * (1.86)	-0.014 (-0.17)	-0.063 (0.56)
交通便利度	0.253 (1.97)	—	-0.009 (-0.11)	—
常数项	-1.241 (-1.55)	-1.88 (3.03)	-0.005 (-0.12)	-1.961 (4.62)
Mills	—	0.399 (-0.86)		0.534 (-0.80)
模型检验	Wald chi2 = 20.29 P > chi2 = 0.0050	Wald chi2 = 18.7 P > chi2 = 0.0091		

注：*、**、*** 分别代表在 10%、5% 和 1% 的水平上显著，括号内为 Z 统计值。

由表 6 – 18 可知，两组样本 Wald 检验结果均显著。结合表 6 – 18 的（2）、（4）两列，贷款利率的估计系数均显著为正，表明贷款成本越高，信贷可获得性越低，农户的信贷约束越高，从而验证了假设 3。

表 6 – 18 第（1）列的估计结果显示，家庭负债的估计系数显著为正，说明家庭负债越多，向正规金融机构的融资需求就越大。第（3）列的估计

结果显示，家庭负债的估计系数显著为负，向非正规金融市场的融资需求下降，表明家庭负债抑制了非正规金融市场的融资需求，验证了假设 2。

表 6 – 18 第（2）列的估计结果显示，首先，户主文化程度的估计系数显著为负，表明户主受教育水平越高，正规金融的贷款获得率越高，信贷约束越低，验证了假设 4。对比表 6 – 18 中正规金融机构的全样本，户主文化程度的估计系数并不显著，这说明只有当借款人选择正规金融机构进行借贷时，文化程度的提高才有助于降低其融资约束，而在借款人参与非正规金融借贷时，文化程度并不是金融供给者着重考虑的因素，表明文化程度可提高农户获得正规金融贷款的比率，但这个规律在非正规金融市场并不存在，验证了假设 2。其次，家庭收入的估计系数显著为负，表明农户家庭收入越高，信贷约束越低，正规金融机构的贷款可获得率越高，这和全样本中的结果相符，因为家庭收入是重要的偿债因素，与借款人在正规信贷与非正规信贷的选择无关，验证了假设 4。第（4）列的估计结果显示，家庭资产的估计系数显著为负，表明家庭资产越多，非正规金融贷款的融资约束越低，这和全样本中的结果相符。

6.2.1.7　研究结论

本节基于 Heckman 两阶段模型，利用陕西省 565 户农户的微观调查数据，对农户融资约束及其影响因素进行研究。考虑到没有融资需求的样本，本节在使用逆米尔斯比率计算并修正选择偏误的基础上对实证结果进行分析，主要结论如下所述：（1）根据农户信贷行为理论，农户在金融市场中参与融资，不是"随机"选择，而是"自我选择"的结果，直接去除无融资需求的样本，有可能会导致选择偏误问题。（2）偏好正规信贷的农户具有更高的融资需求，同时具有更低的信贷可获得性。由于缺乏有效质押物和担保人，农户在申请正规信贷时又很难获得贷款，相对而言非正规市场的放贷程序更为简化。家庭负债提高了农户对正规金融机构的融资需求，抑制了对非正规金融市场的融资需求。户主文化程度提高降低了正规金融机构的融资约束，但对非正规金融市场的融资约束并不具有显著影响。（3）信贷成本越高，农户的融资约束越强。贷款利率通过影响农户信贷获得率增加其融资约束，无论选择正规金融市场还是非正规金融市场，贷款利率的提高均会降低农户的信贷获得率，提高其融资约束。正规金融市场存在金融供给垄断现象，买方具有议价权，同时在农业生产风险大的客观原因下，贷款利率较高。（4）非正规金融市场由于"面子成本"的存在，一部分基于亲友借贷的无息信贷需求受到抑制，而以逐利为目的的民间有息贷款也具有较高的利率，但家庭资产价值越高越倾向于向亲戚朋友借款，家庭资产总额高的农户，也更容易从亲戚朋友中获得借款。在正规金融市场，教育的普及可以提高农户信贷可获得性，从而降低其融资约束。户主文化程度的提高从两个渠道影响融资约束：一方面，文化程度高的农户对融资程序的接受度高；另一方面，户主文化程度与其收入、资产相关，收入越高农户偿债能力越强，获得正规金融机构融资的可能性越大。

在此基础上，本节归纳如下政策建议：（1）创新农户需求的金融产品。针对农村金融市场深化产品设计与性能改革，加强对信贷产品和服务的创新，满足农户的多样化借贷需求，因地制宜地放宽农户借贷条件。（2）深化农村信用体系建设，减少农户借贷审核程序，创新抵押信贷模式，提升金融服务水平。农村信用体系是开展农村普惠金融工作的基础和核心，应加快农户信用信息的采集和录入工作，积极配合农村信用体系建设工作，深化信用村镇、农户建档、信用信贷机制建设，推进信息共享。（3）充分发挥农村金融体系的普惠性特点，推进金融供给的多层次市场化改革，适当降低农村贷款利率，降低农户贷款成本，大力发展数字金融，将受众延伸到更多的贫困农户和低收入群体，为不同客群提供多元金融服务。政府应根据"三农"发展的需要，改变对金融市场的干预方式，激励农村金融在信贷产品上进行自我调节和创新，促进农村主要金融机构的差异化定位和特色化发展路径。（4）加强农户职业技能、金融知识和文化素养的培训与教育，提升农户的文化水平和经营能力，提高农户的收入和信贷能力；更为根本的是发展农村经济，巩固壮大农村支柱产业，通过国家相关富农产业政策实施，不断提高农民纯收入绝对值与增长率，使得农民产生一个较为稳定的未来收入预期，增强农民的经济实力和信贷实力，从而提高农户的信贷可获得性。

6.2.2 基于多层感知器的贫困农户金融需求满足度分析

本节使用陕西省安康市镇坪县贫困农户的调查问卷数据，采用多层感知器算法来建立农户金融需求满足度模型，预测不同类型的农户金融需求是否可以得到满足，并分析影响陕西农户金融需求满足度的主要因素。

6.2.2.1 研究方法

多层感知器具有自学习能力，可以进行非线性映射，迅速找到最优解，对于容量较小的数据也具有学习的有效性。本节选用多层感知器模型进行实证分析，原因如下：第一，本节研究的金融需求满足度与所选取的各解释变量的关系复杂且不属于线性关系，所以选用此方法能够快速建立模型并克服样本容量较小的缺点。第二，基于本节研究目标，针对不同满足度的农户出台不同的政策，同时根据影响农户满足度的主要因素出台相关政策。第三，基于多层感知器可以根据样本求出每一个单元的权值，进行有效分类，找出影响农户金融需求的主要因素。

6.2.2.2 变量选取

本节选取农户贷款需求满足度作为被解释变量，选取性别、年龄、主要收入来源、是否贫困户、家庭人口数、受教育程度、上学子女数、劳动力人数、土地类型、银行利息率的接受程度、农村信用社利息率的接受程度、贷款渠道作为解释变量，如表6-19所示。

表6-19 变量选取

变量类型	变量选取	变量说明
解释变量	性别	男 =0；女 =1
	年龄	一个人从出生时起到计算时止生存的时间长度，通常用年岁来表示
	主要收入来源	种植业 =0；养殖业 =1；经商 =2；外出务工 =3；政府提供的扶贫资金 =4；子女亲戚 =5

续表

变量类型	变量选取	变量说明
解释变量	是否贫困户	是 = 0；不是 = 1
	家庭人口数	家庭成员人数
	受教育程度	文盲 = 0；小学 = 1；初中 = 2；高中（中专、职业高中）= 3；大专及以上 = 4
	上学子女数	家庭成员中正在读书的子女人数
	劳动力人数	家庭中具有劳动能力的人口数
	土地类型	耕地 = 0；林地 = 1；牧场 = 2；水塘 = 3
	银行利息率的接受程度	可以接受 = 0；不可以接受 = 1
	农村信用社利息率的接受程度	可以接受 = 0；不可以接受 = 1
	贷款渠道	熟人介绍 = 0；到银行直接申请 = 1；村委会帮助 = 2；银行信贷员上门服务 = 3
被解释变量	贷款需求满足度	贷款需求满足 = 0；贷款需求没有满足 = 1

本节使用多层感知器进行研究，由于多层感知器的预测效果会受到变量数量及其共线性的影响，所以为保证多层感知器的实证结果有效，本节首先根据原始变量是否服从正态分布进行显著性检验，然后进行多重共线性检验。

首先，对选取的所有原始变量逐个进行正态性检验，采用方法为 K-S 检验。设定显著性水平为 0.05，年龄的渐进显著性为 0.223，其余变量的渐进显著性均为 0，只有年龄服从正态分布。

由于解释变量年龄服从正态分布，满足使用两独立样本 T 检验的前提条件，故采用两独立样本 T 检验对解释变量年龄进行显著性检验，同样设定显著性水平为 0.05，F 统计量概率值为 0.127，T 统计量概率值为 0.195，检验结果显示，两总体方差均值均无显著差异，具体内容如表 6 - 20 所示。

表 6 - 20　　　　　　　　　　两独立样本 T 检验

检验		方差方程检验		均值方程的 t 检验						
统计量		F	Sig.	t	df	Sig.（双侧）	均值差值	标准误差值	差分的95%置信区间	
									下限	上限
年龄	假设方差相等	2.343	0.127	- 1.297	352	0.195	- 2.284	1.760	- 5.746	1.178
	假设方差不相等	—	—	- 1.342	266.867	0.181	- 2.284	1.702	- 5.635	1.067

同理，对其余原始变量进行两独立样本 K-S 检验，K-S 检验结果如表 6 – 21 所示。

表 6 – 21 两独立样本 K-S 检验

变量		性别	受教育程度	家庭人口数	家庭劳动力人数	上学子女数	人均纯收入小于2300元	主要收入来源	土地类型	银行目前利率能否接受	贷款获得渠道	农村信用社利率能否接受
最极端差别	绝对值	0.154	0.159	0.175	0.128	0.166	0.115	0.242	0.064	0.349	0.058	0.289
	正	0.000	0.000	0.000	0.012	0.017	0.000	0.027	0.064	0.349	0.000	0.289
	负	0.154	0.159	-0.175	-0.128	-0.166	-0.115	-0.242	-0.001	0.000	-0.058	-0.005
柯尔莫果洛夫—斯米尔诺夫检验		1.343	1.355	1.590	1.148	1.479	0.944	1.815	0.486	2.838	0.391	2.234
渐近显著性（双侧）		0.054	0.051	0.013	0.143	0.025	0.335	0.003	0.972	0.000	0.998	0.000

在显著性水平为 0.05 的条件下，性别、受教育程度、家庭劳动力人数、人均收入、土地类型、贷款获得渠道的两独立样本 K-S 检验双侧渐近显著性值分别为 0.054、0.051、0.143、0.335、0.972 和 0.998，结果均大于 0.05，不显著，故将这 6 个不符合条件的变量剔除。家庭人口数、上学子女数、主要收入来源、银行目前利率能否接受、农村信用社利率能否接受的两独立样本 K-S 检验双侧渐近显著性值分别为 0.013、0.025、0.003、0.000、0.000，结果均小于 0.05，显著，故将这 5 个符合条件的变量保留。

其次，本节将对这 5 个保留的解释变量采用方差膨胀因子法（VIF）进行共线性诊断，结果如表 6 – 22 所示。

表 6 – 22 共线性诊断

变量	共线性统计量	
	容差	VIF
家庭人口数	0.805	1.243
上学子女数	0.834	1.199

续表

变量	共线性统计量	
	容差	VIF
主要收入来源	0.948	1.055
银行利率能否接受	0.556	1.800
农村信用社利率能否接受	0.561	1.784

　　如表6-22所示，家族人口数对应的VIF为1.243，上学子女数的VIF为1.199，主要收入来源的VIF为1.055，银行目前利率能否接受的VIF为1.800，农村信用社利率能否接受的VIF为1.784。VIF的值小于10，因此不存在多重共线性。

6.2.2.3　模型设定

　　首先，变量确定与样本分组。上述经过筛选后保留的变量中，以银行利率能否接受、农村信用社利率能否接受作为因子，上学子女数、主要收入来源、家庭人口数作为协变量，贷款需求是否满足作为因变量进行研究。设定训练样本的相对数量为总样本的60%，检验样本的相对数量为总样本的30%，测试样本的相对数量为总样本的10%。

　　其次，协变量的标准化处理。通过协变量的标准化处理使各协变量的数值处于同一水平，提高了计算结果的精准度。

　　再次，设定神经网络结构。根据本节所选因子的赋值特点，协变量标准化后的取值范围以及所选样本的容量相对较小，将隐藏层的激活函数选定为值处于0~1的sigmoid函数，输出层的函数也设定为sigmoid函数，该种函数能够以其可微性来达到非线性映射的目的。隐藏层层数设定为1层，隐藏层单位数为5，即5个变量的个数。

　　最后，建立多层感知器模型。根据上述讨论，输入层应有7个节点，隐藏层只有1层，节点数为5，输出层拥有2个节点。输入层由因子和协变量组成，因子包括银行目前利率能否接受和农村信用社利率能否接受，协变量包括家庭人口数、上学子女数及主要收入来源，激活sigmoid函数。输出层的因变量为贷款需求满足情况，激活函数同样也是sigmoid函数。

6.2.2.4 实证研究

首先，对模型进行训练。采用以容量是小样本为前提条件的批处理方法对样本进行训练，与之对应的优化算法是调整共轭梯度算法。经过训练，得到神经网络模型形成的模型结构和各参数权值，输入层到隐藏层权值参数如表 6-23 所示。

表 6-23   输入层到隐藏层权值参数

预测值		已预测隐藏层 1				
		H (1:1)	H (1:2)	H (1:3)	H (1:4)	H (1:5)
输入层	（偏差）	0.333	-0.492	0.488	0.264	0.103
	［银行利率能否接受 = 0］	0.290	-0.737	-0.137	-0.022	-0.205
	［银行利率能否接受 = 1］	0.192	0.392	0.139	0.329	-0.280
	［农村信用社利率能否接受 = 0］	-0.031	-0.207	0.186	-0.443	0.465
	［农村信用社利率能否接受 = 1］	-0.309	0.746	0.308	-0.048	0.134
	家庭人口数	-0.079	-0.305	-0.098	0.497	-0.340
	上学子女数	-0.103	-0.281	-0.312	0.340	0.423
	主要收入来源	-0.014	-0.333	-0.035	0.026	-0.014

由表 6-23 可以看出，经多层感知器预测的输入层到隐藏层 1 的偏差值为 0.333，-0.492，0.488，0.264，0.103；输入层的能够接受银行利率的单位到隐藏层 1 各单位的权值分别为 0.290，-0.737，-0.137，-0.022，-0.205；银行利率不能接受的单位到隐藏层 1 各单位的权值分别为 0.192，0.392，0.139，0.329，-0.280；能够接受农村信用社利率的单位到隐藏层 1 各单位的权值分别为 -0.031，-0.207，0.186，-0.443，0.465；无法接受农村信用社利率的单位到隐藏层 1 各单位的权值分别为 -0.309，0.746，0.308，-0.048，0.134；家庭人口数到隐藏层 1 各单位的权值分别为 -0.079，-0.305，-0.098，0.497，-0.340；上学子女数单位到隐藏层 1 各单位的权值分别为 -0.103，-0.281，-0.312，0.340，0.423；主要收入来源单位到隐藏层 1 各单位的权值分别为 -0.014，-0.333，-0.035，0.026，-0.014。表 6-24 显示了多层感知器预测的隐藏层到输出层的权

值参数。

表 6 – 24 隐藏层到输出层权值参数

		输出层	
隐藏层 1	（偏差）	0.333	– 0.331
	H（1:1）	0.596	– 0.318
	H（1:2）	– 0.786	0.596
	H（1:3）	0.342	0.563
	H（1:4）	0.153	0.186
	H（1:5）	– 0.022	0.255

由表 6 – 24 可知，隐藏层 1 到输出层即贷款需求满足度单位偏差值分别
为 0.333 和 – 0.331；农户对银行利率接受程度单位到输出层的权值分别为
0.596 和 – 0.318；农户对农村信用社利率接受程度单位到输出层的权值分别
为 – 0.786 和 0.596；家庭人口数单位到输出层权值分别为 0.342 和 0.563；
上学子女数单位到输出层权值分别是 0.153 和 0.186；主要收入来源单位到
输出层权值分别是 – 0.022 和 0.255。

其次，对模型进行预测，表 6 – 25 显示了对贷款需求满足度模型的预测
效果。

表 6 – 25 贷款需求满足度预测效果

样本	已观测	已预测		
		满足	不满足	正确率（%）
训练样本	满足	47	9	83.9
	不满足	16	12	42.9
	总计百分比（%）	75.0	25.0	70.2
检验样本	满足	37	8	82.2
	不满足	8	4	33.3
	总计百分比（%）	78.9	21.1	71.9
测试样本	满足	10	1	90.9
	不满足	2	4	66.7
	总计百分比（%）	70.6	29.4	82.4

从表 6-25 可以看出，训练样本的总计百分比为 70.2%，其中对第一类贷款需求为满足时的预测正确率达到 83.9%；检验样本的总正确率为 71.9%，第一类贷款需求为满足时的预测正确率为 82.2%；测试样本的总体正确率为 82.4%，第一类贷款需求为满足时的预测正确率达到 90.9%，表明该模型具有较好的预测能力，能够较为精确地根据不同农户的基本信息预测其贷款需求是否得到满足。

最后，对农户贷款需求满足程度影响因素的重要性进行排序，即对银行利率能否接受、农村信用社利率能否接受、家庭人口数、上学子女数和主要收入来源这 5 个指标进行影响重要性排序，经过多层感知器预测得到自变量标准化的重要性水平，如表 6-26 所示。

表 6-26 农户贷款需求满足程度的影响因素重要性

影响因素	重要性	标准化的重要性（%）
银行目前利率能否接受	0.207	78.1
农村信用社利率能否接受	0.184	69.4
家庭人口数	0.265	100.0
上学子女数	0.129	48.7
主要收入来源	0.215	81.1

从表 6-26 可以看出，对于农户贷款需求满足程度影响因素的重要性依次进行排序，按照顺序依次是家庭人口数、主要收入来源、银行利率能否接受、农村信用社利率能否接受、上学子女数。由此可知，影响最大的两个因素人口数和主要收入来源都是农户自身的条件特征，其次才是银行目前利率的接受情况和农村信用社利率能否接受，这两个因素取决于外部的社会环境。农户自身条件特征的影响程度大于农户是否可以接受银行和农村信用社利率的影响程度，原因可能是银行和农村信用社所采取的政策宣传手段单一，不能够真实可靠地贴近农民的生活，无法给予农民在贷款上更多的便利，因此影响力相对较小。

具体原因分析如下：第一，关于农户贷款需求满足程度中最重要的影响因素是家庭人口数，这可能是因为在农户处于贫困的状态下，家庭人口数过多导致日常生活开支较大，由于家庭总收入不能满足农户期望的总支出，存在强烈的贷款需求。然而由于银行和农村信用社的贷款门槛高、手续复杂，并且农户自身存在缺乏抵押物和担保人等问题，因此无法获得所需的贷款额度，故农户的贷款需求无法得到满足。第二，关于农户的主要收入来源对于贷款需求满足程度的影响，可能的原因是大多数农户的主要收入来源于外出务工，但城市日常开支水平明显高于农村日常开支水平，因此外出务工农户有强烈的贷款需求，但由于缺乏资质导致贷款需求无法得到满足；对于外出务工人员经商创业，需要创业贷款的支持，国家出台的扶持创业政策若是能够扶持农户创业经商，则农村外出务工经商创业人员的贷款满足度就会提升，反之则会降低。第三，关于银行利率的接受程度和农村信用社利率的接受程度对贷款需求满足度的影响，可能的原因是对于银行和农村信用社贷款利率容易接受的农户，期望获贷的迫切程度较高，因此对银行和农村信用社审查手续的配合程度也较高，获得贷款的概率较大。第四，关于农户家庭中的上学子女数量对于贷款需求的影响，可能的原因是随着经济社会的不断发展，人们越来越意识到教育的重要性，使得投入教育的花费不断增加，农户收入微薄，子女数多，但是教育花费较大，贷款额度可能不尽如人意，因此贷款需求不能得到满足。

6.2.2.5　研究结论

本节运用多层感知器模型研究影响农户贷款需求的主要因素并对农户的贷款需求进行预测，得到的结论如下。第一，从预测不同农户贷款需求是否得到满足的结果来看，运用多层感知器建模得出的预测模型的平均总体正确率达到82.4%，说明模型具有较好的预测效果。第二，从农户贷款需求无法满足的原因来看，家庭特征方面由于农户家庭人口数或者是上学子女的数量过多可能导致贷款需求无法满足，个人特征方面抵押担保问题等可能导致贷款需求无法满足，金融机构方面贷款手续复杂、利率高可能导致农户贷款需求无法满足。从影响农户贷款需求满足度因素的重要性分析来看，家庭人口数是最重要的因素，其次是主要收入来源，再次是对银行利率的接受程度和对农村信用社利率的接受程度，这也是未来农村金融改革的方向。

6.2.3 基于定序 Logistic 模型的贫困地区农户贷款意愿研究

本节使用陕西秦巴山区贫困农户的调查问卷数据，选择多变量 Logistic 定序回归模型研究贫困地区农户贷款意愿问题。Logistic 回归模型是对离散型数据进行拟合时最常用的方法，由于农户的贷款意愿、健康程度等因素都是定序变量，因此本节利用定序 Logistic 回归模型研究贫困地区农户的贷款意愿问题。

6.2.3.1 变量选取与模型设定

本节研究农户金融服务需求问题，选择农户的贷款意愿为因变量，农户的健康状况、家庭人均年收入、文化程度为自变量，同时引入年龄为协变量。相关变量选取如表 6 – 27 所示。

表 6 – 27 变量选取

变量名	说明
金融服务需求（Service）	强烈 = 1；一般 = 2；消极 = 3
年龄（Age）	人从出生时起到计算时止生存的时间长度，通常用年岁来表示
健康状况（Health）	不健康 = 0；健康 = 1
家庭人均年收入（Aioe）	1000 元以下 = 1；1000 ~ 2000 元 = 2；2000 ~ 3000 元 = 3；3000 元以上 = 4
文化程度（Edu）	文盲 = 1；小学 = 2；初中 = 3；高中 = 4；大专及以上 = 5

模型设定假设如下：假设贫困地区农户的金融需求是银行贷款；农户都是理性的；农户都是风险规避者。在此基础上，建立 Logistic 回归模型如下：

$$Logit \frac{\pi_1}{1 - \pi_1} = \frac{\pi_1}{\pi_2 + \pi_3 + \pi_4} = -\alpha_1 + \beta_1 x_1 + \cdots + \beta_p x_p \tag{6.6}$$

$$Logit \frac{\pi_1 + \pi_2}{1 - \pi_1 - \pi_2} = \frac{\pi_1 + \pi_2}{\pi_3 + \pi_4} = -\alpha_2 + \beta_1 x_1 + \cdots + \beta_p x_p \tag{6.7}$$

$$\pi_1 + \pi_2 + \pi_3 = 1 \tag{6.8}$$

其中，贷款需求强烈的概率为 π_1，需求一般的概率为 π_2，基本无需求的概率

为 π_3，x_1，x_2，$\cdots$，x_n 为农户的年龄、健康状况、人均收入水平、文化程度等解释变量。

6.2.3.2 实证结果分析

模型似然比和拟合度检验结果显著，说明模型中的因变量与自变量相关性显著，模型参数估计如表 6 - 28 所示。

表 6 - 28 参数估计

类别		估计	标准误	Wald	df	显著性	95% 置信区间（下限，上限）	
位置	[ser = 1]	- 1. 167	0. 474	6. 054	1. 000	0. 014	- 2. 097	- 0. 237
	[ser = 2]	- 0. 104	0. 472	0. 048	1. 000	0. 826	- 1. 029	0. 822
	age	- 0. 025	0. 007	13. 478	1. 000	0. 000	- 0. 039	- 0. 012
	[inc = 1]	1. 574	0. 249	39. 960	1. 000	0. 000	1. 086	2. 062
	[inc = 2]	1. 400	0. 210	44. 424	1. 000	0. 000	0. 988	1. 812
	[inc = 3]	0. 855	0. 243	12. 357	1. 000	0. 000	0. 378	1. 331
	[inc = 4]	0a	—	—	0. 000	—	—	—
	[edu = 1]	- 1. 209	0. 369	10. 760	1. 000	0. 001	- 1. 931	- 0. 487
	[edu = 2]	- 0. 685	0. 356	3. 699	1. 000	0. 054	- 1. 384	0. 013
	[edu = 3]	- 0. 655	0. 367	3. 179	1. 000	0. 075	- 1. 375	0. 065
	[edu = 4]	- 0. 461	0. 366	1. 587	1. 000	0. 208	- 1. 179	0. 257
	[edu = 5]	0a	—	—	0. 000	—	—	—
	[hea = 0]	0. 226	0. 152	2. 200	1. 000	0. 138	- 0. 072	0. 524
	[hea = 1]	0a	—	—	0. 000	—	—	—

模型估计结果显示：第一，随着年龄的增长，农户对贷款的需求度下降。原因可能是年轻人创业投资需要资金多，所以贷款的需求度较大，同时贷款由于年龄条件的限制，使得老年人的贷款比率下降。第二，农户的健康状况越差，则贷款的意愿越消极，但是对于成员都健康的家庭，贷款意愿与健康状况并没有明显的相关性。第三，随着家庭人均年收入水平的上升，农户对贷款的需求会下降。因为在贫困地区，农户信贷意识不强，并且大多数为风险规避者，当家庭人均年收入水平达到一定程度时，只愿意存钱却很少贷款。

第四，随着文化程度的上升，农户对金融服务的需求越来越强烈，但其变化并非是简单的线性关系。因为文化越高，农户就越会想办法申请银行给予贫困户的低息贷款。

6.2.3.3 研究结论

本节研究贫困地区农户对金融贷款的需求程度，以农户的贷款意愿为因变量，以农户的年龄、家庭人均年收入、文化程度、健康状况为自变量，研究发现贫困地区农户的贷款意愿与年龄、健康状况、家庭人均年收入水平负相关，而与农户的文化程度正相关。另外，在课题组实地调研中发现，农户对金融扶贫了解有限，并不了解如何通过保险、期货等金融产品来规避农业生产风险和降低生计的脆弱性。同时，通过金融服务支持地方自有产业的发展，让农户创办有地方特色的实体产业，也是实现脱贫的有效途径。

6.2.4 基于结构方程模型的农户信贷倾向研究

本节从农户人格特征、农户认知程度和农户家庭特征入手，利用结构方程模型探讨农户信贷倾向的影响因素，综合考察农户信贷倾向的特点。其中，农户个人特征包括：农户是否获得社会保障救济、农户年龄、收入来源等；农户认知特征包括：是否了解农户信贷、对信用社利息率的期望等；农户家庭特征包括：家庭人均收入、家庭劳动力人数、家庭非健康人数等。对于三大类影响因素分别进行一阶验证性检验和二阶验证性检验。

6.2.4.1 研究方法

本节拟采用的研究方法为结构方程模型，该模型具有以下优点：第一，可以同时分析多对因果关系；第二，如果研究过程中存在无法获取观测值的变量，该方法依然可以写出其代数式。这一模型内部包括三种类型的变量——观察变量、误差变量以及潜变量。模型的结构为测量模型和结构模型，前者是由观察变量和潜变量构成，而后者则是由内生变量和外生潜变量构成。

测量模型：

$$X = \wedge_x \xi + \delta; Y = \wedge_y \eta + \varepsilon \qquad (6.9)$$

结构模型：

$$\eta = \beta\eta + \Gamma\xi + \zeta \qquad (6.10)$$

其中，X、Y 表示观察变量；Λ_x、Λ_y 表示相关系数矩阵；ξ、η 表示外生和内生潜变量；δ、ε 分别表示 X 与 Y 的测量误差；Γ、β 表示相关系数矩阵；ζ 表示误差项。

6.2.4.2　变量选取与数据来源

农户信贷倾向评价的指标体系构建遵循以下三个原则：第一，科学性原则。在农户信贷倾向影响因素指标体系中，应全面考虑各方面的影响因素，使指标具有全面、多样的特点，该体系可以反映农村经济金融的可持续发展，因此选择与农户信贷特征相关的指标。第二，全面导向性原则。该指标体系必须能客观反映农户信贷倾向，必须有科学的理论指导，并且保证在建立指标的过程中计算方法简洁、数据可得。第三，可比可靠性原则。为了保证指标体系的真实性和有效性，选择一手数据并将数据单位调整一致。

本节将农户信贷倾向的影响因素分为农户个体特征要素、农户家庭特征要素、农户信贷认知程度要素三个方面，选取包括农户年龄、农户文化程度、是否获得社会保障救济、家庭人口数、家庭上学子女数、劳动力人数、家庭非健康人数、家庭年人均收入、是否了解农户信贷、对信用社的利息率接受程度、期望贷款额度 11 个指标构建指标体系。选取农户年龄、农户文化程度、是否获得社会保障救济作为反映个体特征的潜变量；选取家庭人口数、家庭上学子女数、劳动力人数、家庭非健康人数、家庭年人均收入来反映家庭特征变量；选取农户信贷了解程度、对信用社的利息率接受程度以及期望贷款额度来反映家庭信贷认知程度。样本数据来源于广西壮族自治区桂林市资源县的调研数据，经过数据清洗随机筛选出 200 份样本。

6.2.4.3　实证研究

本节在对农户个体特征、农户家庭特征、农户信贷认知程度的观测变量进行一阶验证性因素分析的基础上，对农户贷款倾向影响初始结构方程模型进行二阶验证性因子分析，路径分析如图 6-60 所示。

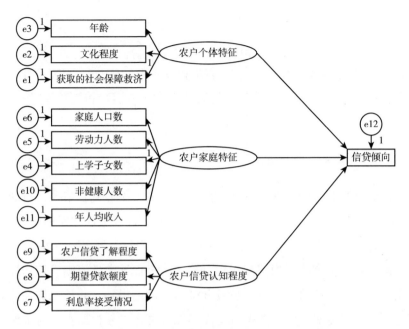

图 6-60　农户信贷倾向影响因素标准化参数模型

由图 6-60 可知，引入农户信贷倾向（外生潜变量）后，农户个体特征、农户信贷认知程度、农户家庭特征共同对农户信贷倾向产生影响。

首先，模型设定。假设农户个体特征、农户家庭特征、农户信贷认知程度互相之间不存在相关性，初始结构方程模型如下：

$$X = \Lambda\eta + \delta \tag{6.11}$$

$$Y = \Gamma\xi + \varepsilon \tag{6.12}$$

其中，η 为内生潜在变量农户个体特征、农户家庭特征以及农户信贷认知程度；ξ 为外生潜变量农户信贷倾向；X 为与 η 对应的观测变量。

其次，模型的估计与适配性检验。在结构方程模型中，当 $DF > 0$ 时称为过度识别（DF 为自由度）。只有当 $DF \geqslant 0$ 时才能进行模型适配度检验。识别结果和评估标准检验结果如表 6-29 和表 6-30 所示。

表 6 – 29 识别结果

数据点数量	带估计参数	模型自由度
66	31	35

表 6 – 30 评估标准检验结果

卡方	自由度	卡方比	NFI	IFI	TLI	CFI	GFI	RMSEA
425.689	35	8.186	0.729	0.754	0.684	0.751	0.937	0.081
适配指标		<3	>0.8	>0.9	>0.8	>0.9	>0.8	<0.08

根据表 6 – 30 可知，本研究模型中，卡方比、NFI、IFI、TLI、CFI、RMSEA的值分别为 8.186、0.729、0.754、0.684、0.751、0.081，适配度指标均未能达到要求，所以模型需要修正。

最后，对模型进行修正。采用与一阶验证性因素模型相同的修正方法，根据输出值，修正农户信贷倾向影响因素结构模型，对每对模型误差变量增加一条路径，重复上述步骤，使得到的模型拟合度良好。修正后的整体模型适配度统计量如表 6 – 31 所示。

表 6 – 31 经修正的适配度统计表

卡方	自由度	卡方比	NFI	IFI	TLI	CFI	GFI	RMSEA
328.467	35	2.648	0.819	0.968	0.867	0.954	0.937	0.068
适配指标		<3	>0.8	>0.9	>0.8	>0.9	>0.8	<0.08

如表 6 – 31 所示，修正后的适配度卡方比、NFI、IFI、TLI、CFI、RMSEA分别为 2.648、0.819、0.968、0.867、0.954、0.068。各检验结果表明，统计量 RMSEA 的值为 0.068，达到小于 0.08 的临界值条件，GFI、NFI、CFI、IFI 分别为 0.937、0.819、0.954、0.968，均大于 0.9，模型修正后的统计检验结果表明，模型的整体适应度基本满足条件，模型的适配性良好，表明农户信贷倾向模型设计合理，可以进行进一步的实证研究。

6.2.4.4 实证结果分析

修正后的农户信贷认知程度指标在 5% 水平上显著，表明潜变量之间结构关系存在，同时说明了农户个体特征、农户家庭特征对农户信贷倾向不产生显著影响。修正后的农户信贷倾向参数模型如图6-61所示。

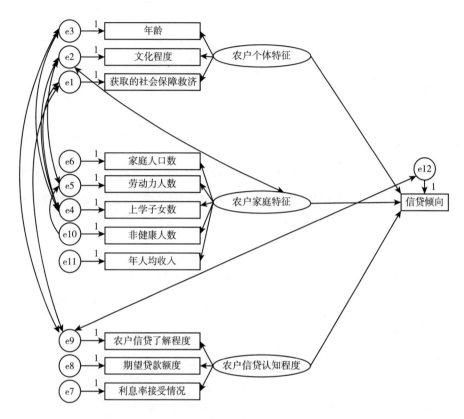

图6-61 农户信贷倾向影响因素标准化参数模型修正图

根据图6-61可知各路径系数符合要求，其中影响农户信贷了解程度的隐变量与构成农户个体特征的三项观测变量互相之间有微弱的影响，影响上学子女数的隐变量与构成农户个体特征的三项观测变量互相之间具有影响，影响劳动力人数的隐变量与影响上学子女数的隐变量之间具有影响。具体实证结果如表6-32所示。

表6-32 变量间关系的实证结果

变量间关系路径			非标准化回归系数	标准化回归系数	标准误差	T值
贷款倾向	←	农户个体特征	3.393	0.235	2.479	1.369
贷款倾向	←	农户家庭特征	-0.014	-0.009	0.026	-0.521
贷款倾向	←	农户信贷认知程度	0.448	0.255	0.131	3.433

　　根据表 6 – 32 的实证结果可知，前面所述的第一类变量与农村家庭信贷倾向之间不存在很明显的正向相关关系；第二类变量与因变量之间的关系与前述一致；而第三类变量与因变量间存在显著的正向相关关系。

　　首先，农户个体特征要素对于农户信贷倾向的标准化路径指数为 0.235，具有正向影响，其中，农户年龄、农户文化程度和农户获取社会保障救济的路径系数分别为 0.14、– 0.02、0.30，农户获取社会保障救济观测变量比其他两项更为重要。这一路径分析结果在一定程度上说明农户是否获得社会保障救济对农户信贷倾向具有一定的影响。

　　其次，农户家庭特征要素对于农户信贷倾向的标准化路径指数为 – 0.009，说明农户家庭特征要素与农户信贷倾向基本不相关。家庭人口数、劳动力人数、上学子女数、非健康人数的路径系数分别为 2.04、0.29、0.25、0.12，其中年人均收入的路径系数为 – 0.05，意味着年人均收入与农户家庭特征无相关关系。劳动力人数、上学子女数比其他两项对农户信贷倾向的影响略强，劳动力人数和上学子女数高意味着农户的资金需求较高，需要申请资金贷款。这一路径分析结果说明上学子女数和劳动力人数对农户信贷倾向具有不可忽视的影响。

　　最后，农户信贷认知程度要素对农户信贷倾向的标准化路径指数为 0.255，具有显著的正向影响。农户信贷了解程度、对信用社的利息率接受程度、期望贷款额度的路径系数分别为 0.11、0.24、0.87，其中，期望贷款额度观测变量较其他两项更为重要。从拟申请借款的额度中，可以看出其需求量的大小，这是农村信贷业务发展的基础。上述分析结果揭示了，从某种意义上说农民拟申请贷款的额度大小对于其信贷倾向的影响是最大的，同时也表明农民对贷款的需求以及农村信贷业务的发展状况对于农户信贷倾向有着极为关键的影响。

6.2.4.5　研究结论

　　本节从农户个体特征、农户家庭特征和农户信贷认知程度三个方面构建农户信贷倾向影响因素的指标体系，利用广西桂林市资源县的调研数据，使用结构方程模型进行研究，结果发现：第一，农户信贷认知程度对农户信贷倾向具有显著的正向影响；第二，期望贷款额度与农户信贷认知程度要素具有高度相关性，获取的社会保障与农户个人特征要素有高度相关性，劳动力人数、上学子女数与农户家庭特征具有高度相关性。在此基础上，本节归纳如下政策建议：加强对金融产品的宣传，增加农户对金融知识的了解，提高农村金融产品的普及程度；构建严格的农户信用等级评价体系，保证农村信贷市场的稳定良性循环；提升农户的受教育水平，良好的受教育程度会增强农户接受新事物的能力，从而提高农户的信贷倾向。

6.3 基于供给方：西部地区金融机构支农绩效研究

近年来，我国农村金融组织体系不断完善，金融产品和服务种类不断增多，金融供给总量逐渐增加，但金融支农绩效到底如何？是否能够提高农民收入，减少农村贫困？本节从金融供给方入手，探讨西部地区金融机构的支农减贫成效。

6.3.1 基于 RS-DEA 模型的农村信用社支农绩效研究

6.3.1.1 引言与文献综述

农村信用社作为金融支农的"主力军"，是全国唯一一类服务范围覆盖所有乡镇的银行类金融机构，其有效支农对于"三农"问题的解决及乡村振兴战略的实施具有重要意义。2019 年，中国人民银行、银保监会、证监会、财政部、农业农村部联合发布《关于金融服务乡村振兴的指导意见》，明确指出要积极引导涉农金融机构回归本源，增加金融支农资源、改善农村金融服务。2020 年，中共中央、国务院发布《关于构建更加完善的要素市场化配置体制机制的意见》，提出增加有效金融服务供给，优化金融资源配置，建立县域银行业金融机构服务"三农"的激励约束机制。那么，西部地区农村信用社支农绩效到底如何？发放支农贷款是否能够真正起到提高农民收入、增加农业生产总值、发展农村经济的作用？本节利用粗糙集模型和网络 DEA 模型对农村信用社①支农绩效进行研究，将农村信用社的投入与发放的支农贷款联系起来，将农村信用社发放的支农贷款与农民增收、农村发展、农业进步联系起来。不仅关注支农信贷配置的数量，更关注支农信贷配置是否能够真正起到支农作用，同时还要考察农村信用社发放的支农贷款是否可以促进其可持续发展，而不会形成历史包袱，在此基础上归纳支农绩效的提升路径，以期为促进农村信用社由粗放型支农向集约型支农转变提供理论借鉴与实践参考。

国内外学者对农村信用社绩效进行了深入研究。从研究内容来看，主要包括以下五个方面：经营绩效（David Wheelock and Paul Wilson，2013；李敬、陈澎，2012；刘沙，2019）、改革绩效（黄惠春等，2014；陈佳音、付琼，2019）、小额信贷绩效（Jensen，2000；周天芸、罗伟浩，2011）、绩效的评价体系（冯铸、伏润民，2019）、绩效的影响因素（褚保金等，2007；王俊芹等，2010）。从研究方法来看，主要集中在以下七个方面：财务指标法（程恩江等，2003；张乐柱，2006）、比较分析法（王家传、刘廷伟，2001）、计量经济方法（仲志源，2016）、数据包络分析方法（焦晋鹏，2014；王颂吉等，2018）、随机边界分析法（王文莉等，2014）、补贴依赖指数方法（程恩江等，2003）、综合评价方法（张珩等，2012）。本节在已有研究成果的基础上从以下三个方面做出补充：第一，从研究内容来看，现有研究多以农村信用社经营绩效、改革绩效、小额信贷绩效、绩效的评价体系或绩效的影响因素为研究对象，少有对农村信用社支农绩效的研究。鉴于农村信用社服务"三农"的职能定位，本节将农村信用社支农绩效作为研究重点，以期对现有研究做出补充和完善。第二，从研究视角来看，本节从农村信用社发放的支农信贷和支农信贷的实际支农效果两个方面进行研究，将农村信用社支农绩效分解为"资本转化贷款"阶段和"贷款转化收益"阶段，从而更加清晰地反映农村信用社整个支农过程，有利于促使农村信用社从粗

---

① 本节的农村信用社使用广义范畴，包括由农村信用社改制的农村合作银行、农村商业银行等金融机构。

放型支农向集约型支农的转变。第三，从研究方法来看，本节利用粗糙集量化方法构建指标体系，并建立两阶段网络 DEA 模型研究支农绩效，从而有针对性地对整体支农绩效及其子过程进行测度。

6.3.1.2 研究方法与指标选取

由于 DEA 模型在指标选取时依赖于专家的经验，缺乏客观性，因此，本节首先利用粗糙集模型约简指标，其次利用两阶段网络 DEA 模型评价农村信用社支农绩效。

首先，粗糙集模型。粗糙集的基本内涵是通过上、下近似集来表示不确定性信息，从而通过某种近似表示来表述一些现有概念无法描述的新概念，以解决信息的不完备、知识的约简以及规则的表示等问题。本节所涉及粗糙集理论的基本概念主要有信息系统及决策表、等价关系和属性约简。

信息系统从直观来看就是一个二维表，其中的行代表所研究的对象，列代表对象所具有的某些属性。信息系统可以由 S = （U，A，F）来进行形式上的定义，U 为对象集，由多个对象组成；A 为属性集，由对象对应的属性组成；F 为由 U 与 A 间的二元关系组成的集合，即对象在属性上的取值。若在信息系统的基础上增加决策属性，就形成了一张决策表，其更进一步描述了在对象取某些属性值时所做出的对应决策信息。

等价关系指的是信息系统中涉及的对象之间的相互关系。对于信息系统 $S = (U, A, F)$，若 $X_i(i \leq k) \subset U$，且 $X_i \neq \phi(i \leq k)$，$X_i \cap X_j = \phi(i \neq j)$，$\bigcup_{i=1}^{k} X_i = U$，则称 $\{X_i \mid i \leq k\}$ 为 U 的划分。通过划分可将研究对象分为互不相交的几类，任一对象都对应于某一类中。根据对象集上的划分就可定义 U 上的等价关系，在定义了等价关系的基础上将不能用分类精确表示的对象集称为粗糙集。

属性约简是粗糙集理论所要解决的主要问题之一。在信息系统中，常常会存在一些冗余属性，通过寻找一个极小的属性集 $B \subseteq A$，使其在删减某些属性的情况下仍能得到相同的对象集划分，就称该属性集为一个属性约简。

其次，两阶段网络 DEA 模型。在实际应用中，一般的单阶段 DEA 模型将所要评价的整个过程看作一个"黑箱"，直接得到整个生产过程中的绩效评价结果，但存在忽略中间子过程的问题，而多阶段网络 DEA 模型通过将已有生产过程分解为不同的生产阶段分别进行评价可以解决这一问题。

金融功能观认为，金融的功能是通过在不确定条件下配置资源为实体经济服务，故本节将农村信用社支农绩效定义为农村信用社为农业进步、农民增收、农村经济发展提供各类金融服务，并最终促进"三农"发展的程度，也就是在给定投入和技术等条件下，最有效地使用资源以达到对农村、农户、农民的帮扶情况的评价。农村信用社支农绩效可以分为"资本转化贷款"阶段和"贷款转化收益"阶段两个阶段，本节在网络 DEA 模型的基础上建立农村信用社支农绩效两阶段网络 DEA 模型，如图 6 – 62 所示。

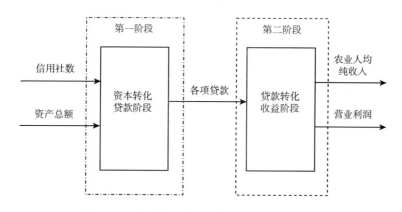

图 6 – 62　农村信用社支农绩效分解的理论模型

由图 6 – 62 可知，研究农村信用社支农绩效可以分解为"资本转化贷款"阶段的绩效和"贷款转化收益"阶段的绩效。"资本转化贷款"阶段的绩效衡量农村信用社各项投入与发放支农贷款之间的关系，反映支农信贷配置的数量；"贷款转化收益"阶段的绩效衡量发放支农贷款与支持"三农"发展之间的关系，反映支农信贷配置的质量。

按照指标设置的科学性和数据可得性原则，结合指标选取的生产法和中介法，建立农村信用社支农绩效评价指标体系，具体如表 6－33 所示。

表 6－33 农村信用社支农绩效评价指标体系

指标变量		含义与衡量
最终产出变量（Y）	农业生产总值	农业生产总值的货币总额（万元）
	农民人均纯收入	农村居民纯收入（亿元）
	信用社各项收入	农村信用社的实际盈利能力（万元）
中间产出（Z）	各项贷款	农村信用社发放的贷款总额（万元）
	获贷农户数	农村信用社获得贷款的农户数目（户）
	评定信用登记户数	农村信用社划定的农户信用等级数（户）
投入变量（X）	信用社数	农村信用社数目（个）
	信用社职工人数	农村信用社工作的人员数目（人）
	信用社资产总额	农村信用社的所有资产（万元）
	信用社各项存款	农村信用社存款余额（万元）
	固定资产净值	农村信用社折余价值（万元）

本节以陕西省为例，选取陕西省西安市、安康市、汉中市、商洛市、咸阳市、榆林市的 30 个县级农村信用联社①作为研究样本，考察农村信用社的分阶段支农绩效。

6.3.1.3 基于 RS-DEA 模型的农村信用社支农绩效评价

首先，进行属性约简和规则提取。由于所选指标中可能会有多个指标所反映的信息是类似的，因此本节以当前指标体系下所得到的绩效值作为决策属性，对所得数据进行离散化并赋值，通过构建决策表用 Johnson 约简算法进行属性约简删掉冗余指标，得到约简结果如表 6－34 所示。

---

① 包括安康市的白河联社、宁陕联社、汉阴联社、石泉联社和镇坪联社，汉中市的城固联社、佛坪联社、南郑联社、西乡联社和宁强联社，商洛市的丹凤联社、洛南联社、山阳联社、商南联社及柞水联社，西安市的灞桥联社、高陵联社、长安联社、周至联社以及蓝田联社，咸阳市的彬县联社、淳化联社、礼泉联社、杨凌联社和武功联社，以及榆林市的定边联社、米脂联社、绥德联社、靖边联社、清涧联社。

表6-34   Johnson 算法约简结果

属性约简	规定支持度	约简后属性数
｛信用社数，固定资产净值，各项贷款，评定信用登记户数，农业人均纯收入｝	100	5

其次，根据粗糙集相关理论，对上面的约简结果进行规则提取，并选取精度大于0.75、覆盖度大于0.05的规则，将其合并为合并决策规则表，如表6-35所示。

表6-35   合并决策规则表

规则	支持度		覆盖率（%）
信用社数≤1 AND 固定资产净值≤1 AND 各项贷款≤2 AND 评定信用登记户数≤1 AND 农业人均纯收入≤2⇒平均绩效值（0）	7	2	77.8
信用社数≥1 AND 固定资产净值≤2 AND 各项贷款≤2 AND 评定信用登记户数≤1 AND 农业人均纯收入=0 OR 2⇒平均绩效值（1）	6	3	66.7
其他⇒平均绩效值（2）	5	3	62.5
总计	18	8	69.2

根据该合并决策规则表可以发现，约简后的属性集代表原属性集中所包含的知识，可以根据约简后的指标集作为衡量农村信用社支农绩效的评价指标体系。

再次，对农村信用社支农绩效进行分阶段评价。基于两阶段网络 DEA 模型，利用约简后的属性集分别对第一阶段"资本转化贷款"阶段和第二阶段"贷款转化收益"阶段进行支农绩效评价，结果如表6-36所示。

表6-36   分阶段支农绩效评价结果

农村信用社支农绩效	第一阶段"资本转化贷款"阶段				第二阶段"贷款转化收益"阶段			
	技术效率	纯技术效率	规模效率	规模报酬	技术效率	纯技术效率	规模效率	规模报酬
白河联社	0.690	0.708	0.974	递增	0.218	0.428	0.509	递减
宁陕联社	0.473	0.561	0.843	递增	0.353	0.562	0.628	递减
汉阴联社	0.679	0.684	0.992	递增	0.181	0.371	0.488	递减

续表

农村信用社支农绩效	第一阶段"资本转化贷款"阶段				第二阶段"贷款转化收益"阶段			
	技术效率	纯技术效率	规模效率	规模报酬	技术效率	纯技术效率	规模效率	规模报酬
石泉联社	1.055	1.066	0.989	递减	0.087	0.181	0.479	递减
镇坪联社	0.592	1.155	0.512	递增	0.717	0.953	0.752	递减
城固联社	0.519	0.581	0.893	递增	0.111	0.320	0.348	递减
佛坪联社	0.714	1.000	0.714	递增	3.220	1.000	3.220	递增
南郑联社	1.110	1.126	0.985	递减	0.080	0.386	0.206	递减
西乡联社	1.076	1.081	0.995	递减	0.063	0.137	0.460	递减
宁强联社	1.020	1.077	0.947	递增	0.073	0.122	0.601	递减
丹凤联社	0.522	0.525	0.994	递减	0.093	0.159	0.582	递减
洛南联社	0.750	0.839	0.895	递减	0.054	0.097	0.557	递减
山阳联社	0.983	1.017	0.967	递减	0.061	0.117	0.524	递减
商南联社	0.873	0.880	0.991	递增	0.093	0.162	0.575	递减
柞水联社	0.602	0.640	0.941	递增	0.163	0.304	0.536	递减
灞桥联社	1.586	1.611	0.984	递减	0.084	1.051	0.080	递减
高陵联社	1.052	1.360	0.773	递增	0.223	0.885	0.252	递减
长安联社	0.986	2.800	0.352	递减	0.048	0.657	0.073	递减
周至联社	2.173	2.187	0.993	递增	0.169	0.354	0.477	递减
蓝田联社	0.638	0.682	0.935	递减	0.078	0.468	0.167	递减
彬县联社	0.649	0.654	0.991	递减	0.157	0.333	0.472	递减
淳化联社	0.865	0.954	0.906	递增	0.295	0.468	0.630	递减
礼泉联社	0.557	0.557	0.999	递增	0.209	0.773	0.270	递减
杨凌联社	0.489	0.909	0.538	递增	0.472	1.236	0.381	递减
武功联社	0.711	0.712	0.999	递增	0.124	0.283	0.439	递减
定边联社	0.673	0.679	0.991	递减	0.077	0.127	0.602	递减
米脂联社	0.497	0.509	0.975	递增	0.397	2.067	0.192	递减
绥德联社	0.322	0.323	0.997	递增	0.174	0.376	0.464	递减
靖边联社	0.383	0.386	0.994	递减	0.276	1.130	0.244	递减
清涧联社	0.487	0.500	0.974	递增	0.196	0.271	0.725	递减
安康均值	0.698	0.835	0.862	—	0.311	0.499	0.571	—
汉中均值	0.888	0.973	0.907	—	0.709	0.393	0.967	—
商洛均值	0.746	0.780	0.958	—	0.093	0.168	0.555	—
西安均值	1.287	1.728	0.807	—	0.120	0.683	0.210	—
咸阳均值	0.654	0.757	0.887	—	0.251	0.619	0.438	—
榆林均值	0.472	0.479	0.986	—	0.224	0.794	0.445	—
整体均值	0.791	0.926	0.901	—	0.285	0.526	0.531	—

从表6-36可以看出，首先，分阶段来看，第一阶段"资本转化贷款"阶段农村信用联社的技术效率均值、纯技术效率均值和规模效率均值分别为0.791、0.926、0.901，均高于第二阶段"贷款转化收益"阶段。其次，分绩效来看，"资本转化贷款"阶段的规模效率均值略低于纯技术效率均值，"贷款转化收益"阶段的纯技术效率均值略低于规模效率均值，说明在"资本转化贷款"阶段农村信用社的规模配置不够合理，而在"贷款转化收益"阶段的支农信贷投资收益有限等制约了农村信用社支农绩效的提升。

分区域来看，第一阶段"资本转化贷款"阶段西安市农村信用社的技术效率均值最高，超过1，其次为汉中，再次为商洛；第二阶段"贷款转化收益"阶段汉中市农村信用社的技术效率均值最高达到0.709，其次为安康和咸阳，而省会城市西安却排在倒数第二的位置。最后，分联社来看，在第一阶段"资本转化贷款"阶段30家农村信用联社中有6家的技术效率不足0.5，对其绩效值具体分析发现其中5家农村信用联社规模效率较高，但纯技术效率过低，而对于周至联社，其纯技术效率较高，且处于规模报酬递增状态，因此应扩大规模提高技术效率，第一阶段中有12家农村信用联社因投入过多而造成规模报酬递减，应进行适当调整。在第二阶段"贷款转化收益"阶段，仅有汉中市佛坪联社的技术效率、纯技术效率及规模效率均超过1，是所有样本农村信用联社中绩效最优的，28家农村信用联社的技术效率都不足0.5，其中最低的甚至只有0.048，可以看到，在"贷款转为收益"这一阶段大部分农村信用联社的支农技术效率较低，应在支农资金投资技术和规模方面进行调整，第二阶段除汉中市的佛坪联社以外，其余29家农村信用联社都存在规模报酬递减的状况，应当对其信贷比例进行控制。

最后，对农村信用社整体支农绩效进行评价。为了分析各农村信用联社在分阶段绩效和整体绩效表现之间的关系，对农村信用联社在综合两阶段之后的整体绩效值进行排名，如表6-37所示。

表 6 – 37 各地区农村信用联社整体支农绩效评价

城市	信用联社	排名	综合绩效值	城市	信用联社	排名	综合绩效值
安康 0.461	白河联社	2	0.328	西安 0.434	灞桥联社	1	0.550
	宁陕联社	19	0.394		高陵联社	10	0.841
	汉阴联社	11	0.326		长安联社	4	0.230
	石泉联社	23	0.236		周至联社	29	0.326
	镇坪联社	28	1.021		蓝田联社	13	0.220
汉中 0.669	城固联社	5	0.338	咸阳 0.410	彬县联社	3	0.228
	佛坪联社	9	2.111		淳化联社	6	0.369
	南郑联社	17	0.343		礼泉联社	14	0.288
	西乡联社	26	0.326		杨凌联社	27	0.944
	宁强联社	18	0.229		武功联社	25	0.223
商洛 0.186	丹凤联社	7	0.140	榆林 0.247	定边联社	8	0.101
	洛南联社	15	0.119		米脂联社	16	0.435
	山阳联社	21	0.212		绥德联社	24	0.143
	商南联社	22	0.175		靖边联社	12	0.400
	柞水联社	30	0.285		清涧联社	20	0.155

首先，从农村信用联社支农绩效来看，支农绩效值超过 1，即处于生产前沿面上的农村信用联社仅有 2 所，分别是镇坪联社和佛坪联社；而其他农村信用联社的绩效值大部分都处于 0.5 以下，仅有 3 所超过 0.5，分别是灞桥联社、高陵联社和杨凌联社，其中杨凌联社的综合绩效值达到了 0.944。其次，从不同城市农村信用联社的绩效来看，在所有城市中，汉中市各农村信用联社的平均绩效值最高，达到了 0.669，而商洛市农村信用联社的平均绩效表现较差，只有 0.186。最后，具体到每个城市的农村信用联社，汉中市佛坪联社的平均绩效值是 2.111，而其他四个农村信用联社的绩效值均低于0.5，存在很大的差异性。整体来看，陕西省 30 个农村信用联社的支农绩效存在整体绩效过于低下和支农绩效差异较大这两个问题。

6.3.1.4 研究结论

运用粗糙集模型和两阶段网络 DEA 模型，以陕西省农村信用联社的调研数据为例，从支农信贷的数量和质量二维视角对农村信用联社支农绩效分阶段进行研究。结果表明：第一，综合来看，陕西省 30 个农村信用联社的整体支农绩效不高和地域差异化的问题较为明显，各农村信用联社之间应互相合作建立帮扶联动机制，借鉴支农绩效表现较好的农村信用联社的经营方法和支农策略，结合自身症结有针对性地提高和改进支农绩效。第二，分阶段来看，第一阶段"资本转化贷款"阶段的技术效率均值、纯技术效率均值和规模效率均值均高于第二阶段"贷款转化收益"阶段，因此对于"贷款转化收益"这一阶段绩效的改善是十分必要的；分绩效来看，第一阶段"资本转化贷款"阶段的规模效率均值略低于纯技术效率均值，第二阶段"贷款转化收益"阶段的纯技术效率均值略低于规模效率均值；分联社来看，在第一阶段"资本转化贷款"阶段有 20% 的农村信用社因纯技术效率过低导致支农技术效率不足 0.5，在第二阶段"贷款转为收益"阶段有 93.3% 的农村信用社因规模效率过低导致支农技术效率不足 0.5。因此，对于在第一阶段"资本转化贷款"阶段表现较差的农村信用联社，应提高有资质的信贷人员比例，改进信贷机制和信贷政策，加强金融支农资金的监督管理以减少"寻租"行为，使农村信用联社真正成为解决农民生产生活多方面资金需求的金融机构；对于在第二阶段"贷款转化收益"阶段表现较差的农村信用联社，应当将注意力放在调整投资策略及精准帮扶农户上，调整客户结构，履行"三农"服务责任，使农村信用联社发放的支农贷款能够更好地转化为农户的实际生产生活收益。

6.3.2　基于超效率网络 DEA 模型的西部地区金融支农绩效研究

我国西部地区农村经济发展不平衡，金融资源配置不均衡，农村居民的信用意识淡薄等问题阻碍了我国农村经济的发展。本节通过使用超效率网络 DEA 模型来研究西部地区农村信用社金融支农绩效。传统的 DEA 模型评价多投入多产出的相对绩效，而投入和产出之间的内部系统被当作"黑箱"来处理。但是网络 DEA 模型的目的是"打开黑箱"，考虑各个因素的变化对系统整体绩效的影响，从而做到精准改进。

6.3.2.1 绩效评价理论

绩效评价是指在技术水平一定的条件下，最有效地利用资源以满足既定目标的评估方法。目前的绩效评价理论主要分为传统评价方法和前沿分析方法两大部分。传统评价方法是指利用企业或机构的各种财务指标来进行绩效评价，对不同财务指标进行综合度量，这种方法虽然简单但却只能得到机构或企业目前的财务绩效，而不能反映出长期及整体的经营绩效。随着绩效评价方法的不断发展，出现了各种量化评价方法，目前最为广泛运用的就是前沿分析方法，通过生产函数来表示投入要素和技术与可能的最大产出之间的关系，并将生产函数看作生产边界，将位于生产函数边界上的厂商定义为技术有效的，由此将厂商绩效定义为自身绩效与处于生产函数边界上的厂商绩效的比值。

绩效评价的前沿分析方法主要分为两类：随机前沿方法（SFA）和数据包络分析方法（DEA）。SFA 是一种参数方法，在预先设定生产函数形式条件下，利用特殊的 SFA 回归方法对生产函数进行估计，但其难以处理多投入多产出的绩效评价问题。DEA 则是一种非参数方法，其不需要设定具体的函数形式，而是通过数学规划的方式来寻找边界。在实际应用中，由于各种实际问题的不同，学者们会对模型做进一步的扩展，包括对距离函数的不同定义、对 DEA 模型中生产过程的调整，以及对 SFA 中设定的函数形式的改进等，使其在实际应用中更具有针对性。

6.3.2.2 金融支农绩效的评价指标体系

首先，界定金融支农绩效的内涵。根据绩效的定义，可以对支农绩效给出相应的定义，即金融支农绩效是指某金融机构在给定投入和技术等条件下、最有效地使用资源支持农村、农户和农民发展的评价。

其次，本节研究农村金融机构投入的人力、财力和物力对农村金融发展的影响，本节选取各个省份的农村金融机构营业网点个数、从业人员数、各项存款余额作为投入。通过三项投入我们可以获得中间产出，其中有非期望产出（不良贷款额）、期望产出（农业贷款余额）。第一阶段产出作为第二阶段的投入，得到最终产出——农民纯收入和农业生产总值。具体如图 6 – 63 所示。

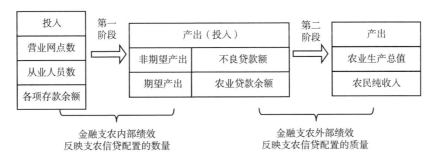

图 6 – 63　农村金融支农绩效分解

　　构建金融支农绩效的支农评价体系，首先，应该考虑的是这些指标变量能够反映评价主体和评价目标；其次，选取变量的时候应该注意避免指标之间存在强线性关系；最后，应考虑被选取指标变量的可获得性。总的来说，选取指标变量应遵循四个原则——系统性、科学性、代表性和可操作性。

　　本节研究农村金融机构投入的人力、财力和物力对"三农"发展的影响，选取西部各省份的农村金融机构营业网点数、从业人员数、各项存款余额作为投入，选取不良贷款率作为非期望中间产出，选取农业贷款余额作为期望中间产出，选取农民纯收入和农业生产总值作为最终产出。具体评价指标体系如表 6 – 38 所示。

表 6 – 38　　　　　　　　各地区农村信用联社整体支农绩效评价

指标类别	指标	指标说明
第一阶段投入	营业网点数 X1	农村金融机构网点的数量（个）
	从业人员数 X2	在农村金融机构工作人员的数目（个）
	各项存款余额 X3	各项存款余额包括储蓄和对公的活期存款、定期存款、存放同业及存放中央银行等的人民币存款之和（亿元）
非期望中间产出	不良贷款率 Z1	农村金融机构贷出但却无法收回的资金比例
期望中间产出	农业贷款余额 Z2	农业贷款余额包括农村信用社发放的农户贷款、农户联保贷款、农业经济组织贷款和农村工商业贷款（亿元）
第二阶段产出	农民纯收入 Y1	农村居民从各个来源渠道得到的总收入
	农业生产总值 Y2	以货币形式表现的农、林、牧、渔业全部产品的总量（亿元）

本节采用超效率网络 DEA 模型对西部地区农村金融支农绩效进行分析，选取了西部 10 个省份（除西藏自治区和重庆市以外）的 2008～2017 年的数据作为研究对象。这些数据来源于《中国金融年鉴》《中国统计年鉴》和各省统计年鉴以及国研网和中国人民银行网站。

6.3.2.3　研究方法

数据包络分析方法可用于分析多投入多产出的绩效分析，具有原理相对简单、适用范围广的特点。传统的 DEA 模型，认为无须考虑中间环节和中间数据，仅仅对最初的投入和最终的产出数据进行有效性评价，将整个系统看作一个"黑箱"。然而，不考虑中间系统和中间数据，会导致信息不足等问题，因此本节采用"打开黑箱"的网络 DEA 模型。网络 DEA 模型对决策单元具有的网络结构进行评价，在网络中的每个节点都建立了 CCR 的生产可能集，并将所有节点的可能集组合起来，形成了网络 DEA 整个系统的生产可能集，并利用距离的概念来衡量绩效。本节将采用两阶段网络 DEA 模型对西部地区的金融支农绩效进行评价，不仅可以给出"黑箱"整个系统的绩效，也可以给出"黑箱"内部各个子系统的绩效，并且可以根据效率分解的框架分析整个系统有效与子系统有效之间的关系。两阶段 DEA 模型属于两阶段串联式的网络结构，具体如图 6－64 所示。

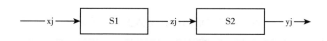

图 6－64　两阶段网络 DEA 模型的流程图

6.3.2.4　实证结果及分析

首先，对西部地区各省份的金融支农绩效进行地区差异分析。本节使用两阶段非期望产出网络 DEA 模型和超效率模型相结合的超效率网络 DEA 模型，选用规模报酬可变的模型假设，借助 MaxDEA 软件计算出 2008～2017 年西部 10 个省份（除重庆和西藏以外）的金融支农绩效值、MI（Malmquist Index）指数、效率的变化（Efficiency change，EC）、技术效率的变化（Technologocal change，TC），具体分析结果如表 6 - 39 所示。

表 6 - 39　　　　　　　　2008 ~ 2017 年西部各省份的金融支农绩效

省份	2008 年	2009 年	2010 年	2011 年	2012 年	2013 年	2014 年	2015 年	2016 年	2017 年	均值	排名
甘肃	0.550	0.560	0.530	0.580	0.590	0.550	0.593	1.000	1.000	0.562	0.652	9
广西	1.380	1.464	1.466	1.446	1.887	1.652	1.000	1.273	1.285	1.304	1.416	4
贵州	1.195	1.200	1.041	1.088	1.045	1.044	1.035	1.012	0.731	0.693	1.008	8
内蒙古	0.613	0.663	0.550	0.541	0.555	1.000	0.578	0.611	0.601	0.585	0.630	10
宁夏	3.015	2.985	1.000	1.000	1.000	3.355	3.648	2.221	1.141	1.352	2.072	1
青海	1.360	1.322	1.424	1.459	1.522	1.112	1.249	1.258	2.029	1.611	1.434	3
陕西	0.431	0.435	0.463	0.497	8.075	0.542	0.553	0.579	0.616	0.571	1.276	5
四川	1.699	1.756	1.758	1.701	1.683	1.696	1.730	1.687	1.628	1.725	1.706	2
新疆	1.048	1.093	1.061	1.164	1.310	1.126	1.398	1.385	2.060	1.000	1.265	6
云南	1.000	1.000	1.090	1.257	1.164	1.064	1.050	1.909	1.088	1.034	1.076	7

　　根据超效率模型的定义，当效率值≥1 时，即说明该系统是有效的，而倘若效率值 <1，则说明该系统是无效率的。由表 6 - 39 可以看出，2008 ~ 2017 年西部各省份的金融支农平均绩效除甘肃和内蒙古以外的其余 8 个省份都是处于前沿有效的。根据网络 DEA 模型计算得到西部各省份金融支农各个节点的绩效值，如表 6 - 40 所示。

表 6 - 40　　　　　　　2008 ~ 2017 年西部各省份的金融支农节点绩效

省份	节点	2008 年	2009 年	2010 年	2011 年	2012 年	2013 年	2014 年	2015 年	2016 年	2017 年	均值	排名
甘肃	Node1	0.666	0.943	0.795	1.023	1.410	1.164	1.250	1.000	1.000	0.822	1.007	7
	Node2	0.739	0.589	0.612	0.612	0.574	0.485	0.555	1.000	1.000	0.712	0.688	8
广西	Node1	0.915	1.103	0.864	0.609	1.027	0.984	1.000	0.562	0.548	0.553	0.816	8
	Node2	1.432	1.396	1.582	1.911	1.862	1.665	1.000	1.687	1.711	1.811	1.606	5
贵州	Node1	1.004	0.685	1.210	1.612	2.021	1.792	1.861	1.615	1.474	1.150	1.442	4
	Node2	1.179	1.380	0.951	0.882	0.589	0.786	0.716	0.819	0.674	0.722	0.870	9
内蒙古	Node1	0.800	0.552	0.865	0.654	0.724	1.000	0.803	0.841	0.876	0.886	0.800	9
	Node2	0.737	0.964	0.629	0.801	0.792	1.000	0.685	0.658	0.530	0.504	0.730	4

省份	节点	2008 年	2009 年	2010 年	2011 年	2012 年	2013 年	2014 年	2015 年	2016 年	2017 年	均值	排名
宁夏	Node1	1.058	2.405	1.000	1.000	1.000	1.369	1.296	1.365	2.209	1.926	1.363	5
	Node2	1.925	1.121	1.000	1.000	1.000	1.725	1.908	1.314	1.322	1.230	1.294	3
青海	Node1	0.255	0.303	0.597	0.522	0.580	0.464	0.540	0.564	0.593	0.782	0.520	10
	Node2	2.932	2.503	1.339	1.510	1.438	1.472	1.440	1.503	2.212	1.446	1.780	7
陕西	Node1	1.344	1.097	0.838	1.278	7.812	1.237	1.203	1.042	0.802	1.129	1.778	2
	Node2	0.350	0.410	0.527	0.405	3.609	0.445	0.498	0.609	0.715	0.587	0.815	2
四川	Node1	2.243	1.508	2.266	1.765	2.020	1.960	1.954	1.944	1.932	1.904	1.949	1
	Node2	1.080	1.389	0.702	0.870	0.838	0.935	0.943	1.171	1.151	1.315	1.039	10
新疆	Node1	0.731	0.453	0.826	1.308	1.594	1.458	1.927	1.604	1.654	1.000	1.255	6
	Node2	1.151	1.523	1.002	0.975	0.767	0.949	0.950	1.124	1.652	1.000	1.109	1
云南	Node1	1.000	1.000	1.840	1.809	1.619	1.987	2.018	1.843	1.970	2.347	1.743	3
	Node2	1.000	1.000	0.841	0.626	0.534	0.661	0.785	1.473	0.820	0.726	0.847	6

由表 6-40 可以看出，第一个节点即金融支农内部绩效排名第一的是四川，第二个节点金融支农外部绩效排名第一的是新疆。由 Malmquist 指数分析西部各省份的金融支农绩效变化如表 6-41 所示。

表 6-41   2008~2017 年西部各省份的金融支农绩效平均变化

省份	MI	EC	TC
甘肃	1.063	1.037	1.044
广西	1.157	1.015	1.170
贵州	0.869	0.946	0.919
内蒙古	1.082	1.035	1.095
宁夏	0.876	1.119	0.955
青海	0.887	1.043	0.870
陕西	2.847	2.613	1.093
四川	1.083	1.002	1.081
新疆	1.076	1.033	1.102
云南	1.210	1.057	1.222

从表 6-41 可以看出，在西部各省份中贵州、宁夏、青海这三个省份的金融支农绩效变化值小于 1，说明上述地区的金融资源配置绩效都在下降。

而其余 7 个省份的金融支农绩效变化比值都大于 1，说明这 7 个省份的农村金融资源的配置绩效在上升，尤其是陕西省的金融支农绩效平均提高速度最快。

其次，对西部地区各省份的金融支农绩效进行时序变化分析，以支农绩效平均提高最快的陕西省为例，考察金融支农绩效两个分系统（Node 1、Node 2）的 MI、EC、TC 对整体系统的影响，如表 6 – 42 所示。

表 6 – 42　　　　　　　　　　陕西省金融支农绩效及各阶段绩效值

年份	MI（$t-1$，t）	Node	MI（$t-1$，t）	EC（$t-1$，t）	TC（$t-1$，t）
2009	1. 155	Node 1	1. 071	0. 861	1. 244
		Node 2	1. 078	1. 171	0. 920
2010	1. 619	Node 1	0. 695	0. 830	0. 837
		Node 2	2. 331	1. 284	1. 815
2011	1. 100	Node 1	1. 121	1. 397	0. 803
		Node 2	0. 981	0. 768	1. 278
2012	17. 820	Node 1	1. 610	1. 821	0. 884
		Node 2	11. 068	8. 921	1. 241
2013	0. 084	Node 1	0. 575	0. 545	1. 055
		Node 2	0. 146	0. 123	1. 184
2014	1. 037	Node 1	0. 801	0. 911	0. 880
		Node 2	1. 294	1. 120	1. 155
2015	1. 035	Node 1	1. 004	0. 856	1. 173
		Node 2	1. 031	1. 222	0. 844
2016	0. 819	Node 1	1. 042	0. 906	1. 149
		Node 2	0. 786	1. 174	0. 669
2017	0. 950	Node 1	1. 235	1. 129	1. 094
		Node 2	0. 769	0. 821	0. 937

从表 6 – 42 可以看出在两阶段网络 DEA 模型中各个阶段绩效的变化，其中（$t-1$，t）代表第 t 年相对 $t-1$ 年绩效的变化。可以发现，陕西省金融支农绩效除 2013 年、2016 年和 2017 年以外，整体呈上升趋势。当整体 DEA 无效时，我们可以得知整体 DEA 无效是由哪一个阶段所导致的，并进行修正。

例如，陕西省金融支农绩效 2013 年下降的原因是由于两个阶段均无效，而 2014 年和 2017 年下降是由于在第一阶段有效，而在第二阶段无效，也就是说，尽管金融支农内部绩效是有效的，但支农贷款的发放并没有真正促进农民增收和农业增产。在此基础上，我们可以对症下药、精准支农，采取合适的方法提高第二阶段的金融支农绩效，如将贷款发放给真正需要的农民，以提高支农使用绩效等。

6.3.2.5 研究结论

本节采用两阶段非期望产出超效率网络 DEA 模型，选取农村金融机构营业网点数、农村金融机构从业人员数、各项存款余额作为投入变量，不良贷款率为非期望中间产出，农业贷款余额作为期望中间产出，农民纯收入和农业生产总值作为最终产出。研究发现：2008～2017 年西部地区除甘肃和内蒙古以外其余各省份的金融支农平均绩效都是处于前沿有效的；金融支农内部绩效四川最高，金融支农外部绩效新疆最高；西部各省份中除贵州、宁夏、青海以外，其余省份的金融支农绩效都有所上升，尤其是陕西的金融支农绩效平均上升最快；以支农绩效变化最大的陕西为例，应促进金融支农从粗放型支农向集约型支农转变。

6.4 本章小结

本章在对西部地区金融发展多维减贫调查数据分析的基础上，从需求方对西部地区贫困农户融资约束及可得性进行研究，从供给方对西部地区金融机构支农绩效进行研究。研究结果如下所述。

第一，贫困农户普遍期望获得较大贷款额度、较低的贷款利率和较长的贷款期限，这与当地银行、农村信用社之间的政策存在矛盾。贫困农户更倾向于依赖民间的非正规金融体系，而对正规金融体系比较疏远，其借贷顺序首先是亲戚朋友，其次是非正规金融机构，最后才是正规金融机构。

第二，贫困农户借贷用途中非生产性消费占比较大，生产性投资占比较小。贫困农户生活消费性借贷主要用于盖建新房、子女教育、看病住院、人情往来。从支农贷款对不同收入组的影响来看，支农贷款对最高收入组、较高收入组、中高收入组的农户人均年收入影响为正，这些组的农户将支农贷款用于生产性支出，如养殖业、农作物购买等，实现了总收入的增加。支农贷款对于最低收入组和中等收入组的农户影响为负，由于农户将贷款主要用于生活性支出，如盖建新房或医疗支出，无法创造经济收益且还要支付贷款利息，导致总收入下降。

第三，农户的借贷倾向与农户的非农收入呈明显替代关系。农户的非农收入越高，借贷倾向越低；反之，非农收入越低，借贷倾向越高。小农经济下的农户，当其资金出现缺口时，有两种选择：一是增加非农收入；二是非正规借贷。这两种选择之间具有明显的替代性。当非农收入提高了农民的收入，增加了农民的流动资金，能够满足家庭开支需要时，农民的借贷倾向会降低；而当非农收入减少、流动资金紧缺、难以满足家庭开支需要时，农民的借贷倾向就会增强。

第四，从西部各省份金融支农绩效的比较来看，整体支农绩效不高和地域差异化的问题较为明显。西部地区 2008～2017 年除甘肃省和内蒙古以外其余各省份的金融支农的平均绩效都是处于前沿有效的；金融支农内部绩效四川最高，外部绩效新疆最高；西部各省份中除贵州、宁夏、青海三个省份以外，其余省份的金融支农绩效都有所上升。

第五，对农村信用社的支农绩效进行具体分析，分阶段来看，第一阶段"资本转化贷款"阶段的技术效率均值、纯技术效率均值和规模效率均值均高于第二阶段"贷款转化收益"阶段，因此，对于"贷款转化收益"这一阶段绩效的改善是十分必要的；分绩效来看，第一阶段"资本转化贷款"阶段的规模效率均值略低于纯技术效率均值，第二阶段"贷款转化收益"阶段的纯技术效率均值略低于规模效率均值；分联社来看，在第一阶段"资本转化贷款"阶段有 20% 的农村信用社因纯技术效率过低导致支农技术效率不足 0.5，在第二阶段"贷款转化收益"阶段有 93.3% 的农村信用社因规模效率过低导致支农技术效率不足 0.5。因此，各农村信用联社之间应互相合作建立帮扶联动机制；对于在第一阶段"资本转化贷款"阶段表现较差的农村信用联社，应提高有资质的信贷人员比例，改进信贷机制和信贷政策，加强金融支农资金的监督管理以减少"寻租"行为，使农村信用联社成为真正解决农民生产生活多方面资金需求的金融机构；对于在第二阶段"贷款转化收益"阶段表现较差的农村信用联社，应当将注意力放在调整投资策略及精准帮扶农户上，以使农村信用联社发放的贷款能够更好地转化为农户的实际收益，使其成为真正解决农民生产生活多方面资金需求的金融机构。

第7章 金融发展多维减贫的国际比较与经验借鉴

贫困问题一直受到全世界的共同关注，也是各个国家一直在攻克的难题。本章梳理了国内外金融发展多维减贫的典型模式，并进行比较研究，归纳金融发展多维减贫的经验启示，以期为西部地区的金融发展多维减贫提供借鉴与参考。

7.1 国外金融发展多维减贫的模式

7.1.1 发达国家金融发展多维减贫的典型模式

虽然大多数发达国家的经济发展水平比较高，但仍存在相对贫困的问题。发达国家通过金融发展减缓多维贫困的主要模式有以下四种。

（1）社会扶贫组织减贫模式。比如爱尔兰通过建立"贷款基金"的形式，主要是为社会最底层的小农户、小商贩等贫困人群提供金融服务，金融资金大部分是以捐赠或无息贷款的形式获取，并且用"共同监督"的方法让贷款人按期还款，但是在基金管理方面，管理者很容易出现滥用职权的问题，使得真正贫困的农民无法享受到减贫的福利。

（2）金融机构主导的金融减贫模式。比较经典的就是美国颁布《社区再投资法》，鼓励金融储蓄机构安全、稳定地为其所在社区提供资金支持，尤其是帮助中低收入的贫困群体获取金融服务。这种由政府参与、金融机构为主导的金融减贫模式，用法律的约束确保金融资金及时高效地提供给真正需要的贫困群体和落后地区，减少资金外流，实现金融减贫。

（3）合作性金融减贫模式。这种模式的基础就是日本农业协同组合（以下简称农协）的金融减贫模式，主要为落后地区的农民提供便利，不仅为他们提供贷款，还为他们提供农业经营生产的指导、农产品的销售业务、统一购买生产资料和公共设施平台。日本的农协减贫模式，在提高农民收入和改善生活水平的同时，也缩小了城乡差距，为城乡一体化进程做出巨大的贡献。

（4）政府主导的金融减贫模式。这种模式的典型代表是法国，通过政府主导来成立"地区开发基金""工业自应性特别基金"等，为法国的落后地区和贫困群体提供低息贷款、免税优待等金融服务以帮助他们减缓多维贫困，取得了显著成效。

7.1.2 发展中国家金融发展多维减贫的典型模式

发展中国家的贫困大多以绝对贫困为主，主要是由于资本缺乏和资本形成不足造成，而且发展中国家的贫困人口以及弱势群体占比较高，所以对发展中国家来说消除贫困是艰巨的任务和严峻的挑战。发展中国家金融发展多维减贫的典型模式有以下四种。

（1）非政府组织减贫模式。这种模式中最具有代表性的实例就是孟加拉国的格莱珉银行，通过采取无抵押、无担保的小额信贷制度减缓贫困，其面向对象主要是农村贫困人口，特别是农村妇女。这种模式很符合孟加拉国贫困人口的金融服务需求，帮助该国几百万贫困人口摆脱了贫困。另一个典型代表是马来西亚的扶贫信贷组织，不仅借鉴了格莱珉银行的减贫经验，还为贫困人群提供技能培训和生产互助，并且取得了良好的减贫成效。

（2）政府主导的正规金融减贫模式。这种模式的典型代表是印度尼西亚的人民银行乡村信贷部，起初采用的是政府贴息的小额信贷制度，但是由于贷款管理不善，长期出现无法归还贷款的现象，造成了严重亏损。随着印度尼西亚金融市场的改革，人民银行乡村信贷部转变成商业银行，面向对象主要是信誉合格的相对贫困农户及一般农户，为他们提供无补贴的信贷和储蓄服务，这种政府主导的正规金融减贫模式有效解决了印度尼西亚的贫困问题。

（3）"互助组织＋金融机构"模式。典型代表是印度的国家农业和农村发展银行与有困难的贫困妇女互助小组构成的互助组织和金融机构相结合的模式，无论是贷款、储蓄还是贷款偿还，都是以小组的名义进行，这种模式在带动贫困人口脱贫的同时降低了银行借贷的成本、提高了贷款的偿还率，而且有助于贫困妇女提高自我组织和发展能力。

（4）合作性金融减贫模式。这种模式的代表是泰国的农业合作社，以金融合作的方式向社员提供储蓄、借贷等金融服务，涉及农业生产、家庭消费等方面。除此以外，农业合作社还为社员提供农业采购、营销的培训服务，通过这种方法有效降低了社员的生产成本，并为农产品提供可靠的销售渠道，使社员有效利用金融服务增加收入摆脱贫困，也有利于农业生产的发展。

7.2 国内金融发展多维减贫的模式

随着金融发展在减贫工作中的应用越来越广泛，金融减贫已成为我国减贫工作的一个重要战略，逐渐形成了以金融机构、政府、互联网等为主导的金融减贫模式。本章根据主体的不同将国内金融发展多维减贫的模式划分为以下五种。

（1）以金融机构为主导的金融减贫模式。这种模式是一种独具特色的创新型金融减贫模式，包括银行业、证券业、保险业在内的金融机构以担保、抵押等形式不断创新贷款产品，最终实现金融减贫。这种模式主要应用于我国的黑龙江、吉林、湖北等中部地区，而且减贫成效显著，也是国内最主要的金融减贫模式。比较典型的代表是黑龙江、吉林地区实行的"五权"抵押贷款的形式，其中"五权"主要指的是农村土地承包经营权、集体林地承包经营权、集体建设用地使用权、水域滩涂养殖权、林权。

（2）以互联网为主导的金融减贫模式。这种模式是将互联网融资平台作为载体，通过"线上"与"线下"相结合的联动机制实现交易，不仅降低交易成本，而且能使金融资源得到合理配置。典型代表是包商银行的惠普金融项目，用小马 bank 作为融资平台，实现"线上"和"线下"合作共赢，帮助贫困群体脱贫增收。

（3）以政府为主导的金融减贫模式。这种模式是以政府为主导，金融机构和扶贫组织共同完成金融减贫工作。以政府为主导的金融减贫模式在我国的内蒙古、广西、甘肃、宁夏等西部地区有广泛应用。由于西部地区经济发展较为落后，贫困人口较多，政府主导的情况下就会有更多的融资渠道和金融资源，例如，甘肃省受到地理环境和自然条件的制约经济发展落后，为了解决这一严峻问题，甘肃省政府专门推出"双联惠农贷款"的金融减贫模式，即甘肃省财政厅与中国农业银行联合行动，由政府出资解决贫困人口贷款入门条件问题，中国农业银行提供信贷支持，合力解决农村贫困问题。

（4）以企业为主导的金融减贫模式。这种模式主要以当地最具优势的产业如蔬菜、水果等为重点进行营销，通过金融扶持产业发展减贫。单纯的依靠政府、金融机构主导的金融减贫模式，很难维持减贫工作的可持续性，通过企业和政府、金融机构的结合，将更多的金融资源引入贫困地区，拓宽贫困地区的脱贫融资渠道，给予贫困人群双重优惠，提高了减贫工作成效。比如山东单县的银行和企业共同带动贫困户发展，由于当地奶牛资源丰富，扶贫办、金融机构和人民银行一起实施了"奶牛托管饲养"，具体流程就是单县莱河乳业与农户签订协议，以银行为中介，企业为农户向银行申请贷款并承担利息，而农户将奶牛交给企业托管饲养，所得利益按照签订的协议进行划分。

（5）以国际金融组织为主导的金融减贫模式。这种模式也是广泛应用于我国西部地区，这种模式的典型代表是世界银行贷款中国贫困片区产业扶贫试点示范项目，在减贫工作中取得显著成效。上述项目主要是由世界银行提供贷款，帮助西部地区的农业产业化，为了提高农业生产率、产出率和农产品质量，除了贷款和服务的提供，还为农户提供了生产技术咨询和技能培训等服务，提高了贫困地区农民的收入。

7.3　金融发展多维减贫的比较分析

在世界各国通过金融发展减缓多维贫困的过程中，根据各自所处的地理位置、经济发展阶段以及自然条件等情况，采取不同的金融减贫模式。前面归纳了金融发展减缓多维贫困的九种模式，分别为非政府组织减贫模式、合作性金融减贫模式、以金融机构为主导的金融减贫模式、以政府为主导的金融减贫模式、社会扶贫组织的金融减贫模式、"互助组织＋金融机构"减贫模式、以互联网为主导的金融减贫模式、以企业为主导的金融减贫模式和以国际金融组织为主导的金融减贫模式。本章比较了各种模式的优劣势，结果如表 7-1 所示。

表 7-1　　　　　　　　　　　金融减贫模式的优劣势比较

模式	优势	劣势
非政府组织金融减贫	利润最大化、资源使用效率高	功利性强、认同度低
合作性金融减贫	非营利性、贫困人群参与度高	运营成本高、融资资源少
以金融机构为主导的金融减贫	融资渠道广泛、可持续性较好	仅服务于部分贫困群体，扶贫的同时兼顾盈利
以政府为主导的金融减贫	获取资源渠道广泛，不以营利为目的	资源配置效率不高、减贫工作可持续性较差
社会扶贫组织的金融减贫	资源获取的渠道多、减贫对象范围广	管理制度不完善，减贫绩效不高
"互助组织＋金融机构"减贫	运营成本低、销售渠道可靠	服务仅面向贫困女性，可持续性差
以互联网为主导的金融减贫	推广范围大、交易成本低	对硬件设施要求高、交易风险大
以企业为主导的金融减贫	融资渠道广泛、工作效率高	对优势产业要求高，必须借助优势产业发力
以国际金融组织为主导的金融减贫	能引进外来先进的管理模式	获取资源渠道少，可持续性较差

从不同减贫模式的优势来看，非政府组织金融减贫模式能够获得更多的金融服务，在减缓贫困的同时，使得获得的利润以及资源使用效率最大化；

合作性金融减贫模式是非营利性的，能够调动贫困群体参与的积极性；以金融机构为主导的金融减贫模式使地区的资源配置更加合理化，融资渠道广泛，可持续性较好；以政府为主导的金融减贫模式获取资源渠道广泛且不以营利为目的；社会扶贫组织的金融减贫模式获取资源的渠道多，金融服务的对象范围广；"互助组织＋金融机构"工作模式运营成本低而且销售渠道可靠；以互联网为主导的金融减贫模式能够推广的范围较大、交易成本低；以企业为主导的金融减贫模式融资渠道广泛，工作效率高；以国际金融组织为主导的金融减贫模式能够引进外来先进的管理模式进行指导。

从不同减贫模式的劣势来看，非政府组织金融减贫模式过于追求利润，功利性较强，金融资源得不到公平的分配，最主要的是非政府组织的合法性及可靠性并不能得到完全的认同；合作性金融减贫模式由于受到利率限制的约束，该模式的运营成本较大，可使用的金融资源较少；以金融机构为主导的金融减贫模式因为要兼顾盈利，只能服务部分贫困程度较低的客户，并不能帮助所有的贫困群体；以政府为主导的金融减贫模式资源配置效率不高、减贫工作可持续性较差；社会扶贫组织的金融减贫模式管理制度不完善，减贫绩效不高；"互助组织＋金融机构"的减贫模式服务仅面对女性，可持续性较差；以互联网为主导的减贫模式对硬件设施要求高，交易风险大；以企业为主导的金融减贫模式必须借助优势产业发力；以国际金融组织为主导的金融减贫模式获取资源渠道少，可持续性较差。

本章进一步从减贫主体、服务对象、资金来源以及可持续性方面对这九种模式的差异性进行比较，如表 7-2 所示。其中，非政府组织金融减贫模式是以商业银行为主导，以农村贫困人群尤其是妇女为主要服务对象的一种减贫模式，资金来源于政府以及国际组织的支持；合作性金融减贫模式以合作社为主导，其社员为服务对象，通过合作社放贷、投资获取资金；以金融机构为主导的金融减贫模式主要服务于中、低收入的贫困群体，资金来源于同业拆借以及机构成立时的股东投入；以政府为主导的金融减贫模式主要服务对象是中低收入的贫困人群，资金来源于政府贴息；社会扶贫组织的金融减贫模式主要服务于最底层的贫困人口，通过社会捐赠获取资金；"互助组织＋金融机构"减贫模式以贫困妇女为服务对象，以股本、同业拆借为资金来源；以互联网为主导的金融减贫模式主要服务于收入较低的弱势群体，通过互联网平台进行融资来获取资金；以企业为主导的金融减贫模式服务于具有生产能力的贫困群体，资金来源于股本和经营利润；以国际金融组织为主导的金融减贫模式服务对象是收入较低的农村人口，通过金融交易获取资金。以上这些模式中非政府组织金融减贫模式、以金融机构为主导的减贫模式、"互助组织＋金融机构"减贫模式和以企业为主导的金融减贫模式的可持续性较好。

表7－2　　　　　　　　　　金融减贫模式的差异性比较

模式	减贫主体	服务对象	资金来源	可持续性
非政府组织金融减贫	商业银行	农村贫困人群，妇女为主	政府及国际组织的支持	较好
合作性金融减贫	合作社	合作社社员	合作社的放贷、投资	一般
以金融机构为主导的减贫	金融机构	中低收入的贫困人群	股本、同业拆借	较好
以政府为主导的金融减贫	政府	中低收入的贫困人群	政府贴息	较差
社会扶贫组织的金融减贫	社会扶贫组织	最底层的贫困人口	社会捐赠	较差
"互助组织＋金融机构"减贫	自助小组和金融机构	贫困妇女	股本、同业拆借	较好
以互联网为主导的金融减贫	互联网平台	收入较低的弱势群体	互联网融资	一般
以企业为主导的金融减贫	企业、金融机构	具有生产能力的贫困人群	股本、经营利润	较好
以国际金融组织为主导的金融减贫	国际金融组织	收入较低的农村人口	金融交易	较差

7.4　金融发展多维减贫的经验启示

通过对以上金融发展多维减贫典型模式的归纳及其比较研究，结合西部地区的自然条件、地理位置、经济发展阶段等基本情况，总结经验启示如下。

第一，瞄准服务的最终目标群体。在金融发展多维减贫工作中，贫困人口众多，贫困程度也大不相同，要提高减贫工作的精准度，就要将储蓄、贷款等金融服务提供给那些真正贫困和真正有需要的弱势群体，尤其是那些具有生产力的贫困群体，并且注重这些群体所参与的低端市场，支持贫困群体发展生产。只有瞄准服务对象，确定贫困群体的具体需求，才能提高金融发展多维减贫成效。

第二，优化金融资源配置。对于一些金融减贫成效较低的农村，可以通过增加惠普金融供给，宣传和普及金融知识，实现贫困人群金融资源的有效配置，这样不仅能够让贫困人群的供求对接更加高效，而且还能够充分利用各类金融资源。

第三，政府参与调节。尤其是非政府组织金融减贫模式是大多数国家金融减贫的基本模式，需要靠政府制定相关的法律法规制度去保证这些非政府组织的合法性和可靠性，以促进金融减贫工作的顺利进行。

第四，因地制宜，着重发展当地最具特色的产业，构建符合当地实际的金融减贫模式。通过金融发展助推优势产业，以优势产业带动贫困群体提高收入水平，促进贫困地区经济增长。

第五，有选择性地提供金融服务。很多国家在金融减贫工作中并没有对贫困群体提供有针对性的帮助，容易出现金融资源浪费、减贫效率低。因此，对贫困群体的金融需求进行细分，有选择性地为贫困群体提供金融服务，可以增加底层贫困群体提升收入的机会。

第六，注重金融服务质量。在金融减贫工作中，为了使更多的贫困人口得到帮助，往往会忽视金融服务的质量，这样会降低减贫绩效，因此，不但要提高金融减贫的覆盖面，更重要的是要注重金融减贫的服务质量。

第七，构建风险控制机制。由于金融减贫对象是农村贫困人口，所涉及的金融信贷项目是种植业、养殖业等一些具有不确定性的农产品生产项目，金融风险较大，因此，需要构建风险控制机制，降低金融减贫的不确定性，提高金融减贫的可持续性。

7.5　本章小结

　　贫困问题是世界各国都会存在的问题，通过金融发展减缓多维贫困是各国减贫工作的重要组成部分。本章首先归纳了发达国家和发展中国家金融发展减缓多维贫困的典型模式，具体包括非政府组织减贫模式、合作性金融减贫模式、以金融机构为主导的金融减贫模式、以政府为主导的金融减贫模式、社会扶贫组织的金融减贫模式、"互助组织＋金融机构"减贫模式、以互联网为主导的金融减贫模式、以企业为主导的金融减贫模式、以国际金融组织为主导的金融减贫模式；其次，比较不同模式的优劣势和差异性；最后，结合我国西部地区的自然条件、地理位置、经济发展阶段等基本情况，总结经验启示，具体包括：瞄准服务的最终目标群体，优化金融资源配置，政府参与调节，因地制宜地着重发展当地最具特色的产业，有选择性地提供金融服务，注重金融服务质量和构建风险控制机制等。

第8章 西部地区金融发展多维减贫的政策选择研究

本章在西部地区金融发展多维减贫的理论分析、实证探讨与调查研究的基础上，从"为谁减贫""谁来减贫""如何减贫"和"减贫环境"，即农户层面、金融层面、政府层面和非金融层面四个方面归纳西部地区金融发展多维减贫的政策选择。

8.1 "为谁减贫"：农户层面的政策选择

根据金融发展多维减贫需求层面的调查研究发现，在西部地区金融减贫工作中，对农村农户信贷的普及程度并不广泛，信贷服务主要受到贫困农户的收入、年龄、教育、健康等方面的影响。针对这些问题，本章从农户层面提出如下政策建议。

第一，从农户收入角度来看，不断提高贫困农户纯收入的绝对值与增长率，使农户产生一个较为稳定的未来收入预期。贫困农户信贷可得性低的一个重要原因就是银行考虑到偿还能力问题而对农户的贷款门槛较高。因此，通过进一步贯彻农村脱贫攻坚计划，继续深化农村经济改革，加快城乡一体化发展，实施国家相关富农产业政策，引导农户从事多样化的经济活动，创造良好的营商环境，拓宽收入来源，保证农户的基础温饱需求得到满足，这是农村金融发展的基石。只有增加农户收入，才能不断提高投资和消费意愿，刺激农户的信贷需求。

第二，从农户教育角度来看，提高贫困农户的文化水平和受教育程度。提高贫困农户的受教育水平，一方面可以提升其经济能力，另一方面有助于培养农户敢于借款的意识，良好的受教育程度意味着农户接受新事物能力强，乐于转变旧观念，促进农户贷款能力的提高。农户文化水平的提高有助于通过信贷途径发展地方产业，以先富带动后富的思路发展优势产业，解决贫困农户的就业问题。同时应当通过各种优惠政策、鼓励受过高等教育的优秀人才返乡，为家乡发展助力。目前，我国农村的一个普遍现象是，儿童与老人占比大，有效劳动力较为缺乏，这在很大程度上严重抑制了农村金融需求和经济发展。同时，由于老人儿童往往不具备信贷能力，而且老人的消费观念落后，直接导致了农村信贷需求严重下降。为此，提高农户受教育水平的同时应当支持受过高等教育的人才返乡创业，开发蓝海市场，为农村经济发展做出贡献。

第三，从农户信贷意识角度来看，要加强贫困农户自身的信贷意识，转变消费和信贷观念。许多农户的消费和信贷思想处于落后状态，仍持有老旧的消费和信贷观念，喜欢储蓄但不敢贷款，持有"尽量不借钱""害怕还不上"这种思想顾虑的农户很多，很少使用信贷的方式减轻自身的经济负担，因此要想从根本上让贫农脱贫，思想上脱贫也不能松懈，要摒弃这种"尽量不借钱""害怕还不上"的观念思想，慢慢尝试利用贷款支持自己的生产生活，培养农户敢于借款的观念意识。

第四，从农户金融知识角度来看，逐步引导贫困农户尝试和接受新金融产品，利用好金融工具为生产生活服务。贫困地区的农户对于金融工具缺少足够的了解，应当向农户普及金融常识及金融产品的优势特色，引导农户逐步尝试和接受金融产品，让农户利用好金融工具，最终实现贫困农户经济与思想上的同步脱贫。

第五，从农户健康角度来看，帮助贫困农户树立保险意识，助力解决贫困农户的"看病难""看病贵"的问题。在巩固拓展脱贫攻坚成果同乡村振兴有效衔接的攻坚阶段，要对易返贫致贫人口及时发现和及时帮扶，而因病致贫和因病返贫是脱贫攻坚"最难啃的硬骨头"。由于生计脆弱性问题，很多贫困农户都是因病致贫、因病返贫，而保险正在成为农村风险保障体系的重要支柱和脱贫攻坚的重要利器。因此，应当增强农民风险防范意识和参保意识，积极引导贫困户参加保险，全面落实"一户一单、一户一保、一户一赔"，做到应保尽保。

8.2 "谁来减贫"：金融机构层面的政策选择

关于农户的融资约束问题，大部分贫困农户的金融需求不能得到满足，其主要原因是无人担保、无有效抵押物，其次有些贫困地区的农户贷款需求额度较大，还款时间较长，这与当地银行、信用社之间的信贷政策存在矛盾。针对这些问题，本章从金融机构层面提出如下政策建议。

第一，应按照政策性、合作性、商业性等各类金融机构的不同职能定位在人均收入水平不同的地区合理配置金融资源，实行差别化的金融支持政策。在人均收入处于低水平均衡的地区，要加强政策性金融的扶贫作用，适当调整贫困农户的贷款利率，放宽涉农贷款的限制条件，提供更加适合低收入人群的金融服务，同时通过相应的机制设计和扶贫性金融产品的开发，发挥其在特定领域特别是在金融空白领域的服务优势。在人均收入处于跨越"贫困陷阱"门槛的地区，扩大增收渠道，努力让更多的贫困人口达到商业性金融的服务门槛。同时，放开农村信用社的中间业务限制，扩大其业务范围和业务职能，充分调动农村信用社减贫的积极性，以改善贫困群体的经济福利和社会福利。在人均收入处于高水平均衡的地区，创新商业金融服务体系，充分发挥商业性金融的作用以促进农村中小型企业融资、农业增产和农民增收，精准对接"三农"客户需求，形成全面覆盖农业生产、农民生活和农村生态等方面的强农、富农、惠农系列金融产品，通过市场化运营的方式将扶贫方式从"输血"改变为"造血"。

第二，考虑银行业、保险业和证券业三大行业对减贫效应的差异性。对于银行业而言，增加贫困地区信贷的有效供给，支持各类涉农机构增加扶贫信贷的投放，帮助贫困人口形成自我"造血"的能力，改善金融资源配置的扭曲，减少从贫困地区"抽血"。对保险业而言，在深度贫困的地区对贫困户的医疗保险和农业保险给予政策倾斜支持，推行针对贫困户的人身意外保险、住房保险等多种保险。对证券业而言，在轻度贫困的地区鼓励企业通过资本市场融资，通过在贫困地区设立工厂解决贫困人口的就业问题。

第三，金融机构应转变服务理念，开发多样化的金融产品，满足贫困农户的多样性金融需求。这就要求强化农村金融机构工作人员的服务意识，简化信贷办理的过程与手续，减少贷款审批的时间，并且在一定程度上降低贷款利率，放宽涉农贷款的限制条件，提供更适合于低收入群体的金融服务，完善适合于农村贫困居民的更具有针对性的金融服务体系。随着经济社会的不断发展，农户的金融需求逐渐多样化，农村金融机构应抓住机遇，根据农户的家庭情况与信贷需求的各种特征，开发贷款额、贷款期限、贷款利率等各不相同的多样化金融产品并拓宽宣传渠道，引导农户逐步尝试接受新型金融产品，满足贫困农户对于信贷服务的各种需求，支持农户的生产生活需要，以提高农户的信贷可得性，提升农村金融服务质量。同时，要加强监管，促进农村金融市场的健康发展。

第四，提高金融服务创新能力并构建严格的农户信用评价等级体系，建立完善的农村金融体系。首先，要进一步优化信贷产品供给，目前我国农村金融市场上的许多金融产品存在着一些设计不合理、不符合农户实际需求的现象，为此应针对农村市场的现状改进农村金融产品设计；其次，充分发挥农村金融的普惠性特点，将服务对象延伸到更多的贫困农户和低收入群体，为不同农户提供多元化的金融服务；再次，在构建合理的信贷体系方面，贯彻落实中央的"三农"政策，适当降低农村贷款利率，降低农户贷款成本，支持农户扩大再生产，这对农村经济发展起到至关重要的作用；最后，构建严格的农户信用等级评价体系，这会对农村金融体系建设起到积极、健康的正向影响。信贷供给完善、信贷服务对象延伸、信用体系完整是相辅相成的，同时进行才能保证农村金融市场的良性循环和稳定发展。

第五，农村金融机构应积极宣传金融理念，普及农户信贷知识，让信贷走进千家万户。只有当农户对金融产品和服务有所了解，有所认知，才能从传统的理财观念走向新型的理财观念，才能扩大农户信贷市场的发展空间。

从传统理财观念到新型理财观念的转变，不仅有利于农户接受新事物，提高农户的信贷能力，还有利于引导农户从事多样化的经济活动，创造良好的营商环境，拓宽农户的收入来源，提高农户的经济能力。

第六，农村金融机构应有针对性地提高和改进支农绩效，促进农村金融机构从粗放型支农向集约型支农转变。各农村信用联社之间应互相合作建立帮扶联动机制，借鉴支农绩效表现较好的农村信用联社的经营方法和支农策略，降低资本投入，提高支农水平。对于在第一阶段"资本转化贷款"阶段表现较差的农村信用联社，应提高有资质的信贷人员比例，改进信贷机制和信贷政策，加强金融支农资金的监督管理以减少"寻租"行为，使农村信用联社成为真正解决农民生产生活多方面资金需求的金融机构；对于在第二阶段"贷款转化收益"阶段表现较差的农村信用联社，应当将注意力放在调整投资策略及精准帮扶农户上，以使农村信用联社发放的贷款能够更好地转化为农户的实际收益。对于在第一阶段"资本转化贷款"阶段规模效率较低的农村信用联社，应当先增加资本投入提高规模效率；对于在第二阶段"贷款转化收益"阶段纯技术效率较低的农村信用联社，应当调整客户结构，履行"三农"服务责任，使农村信用联社成为真正解决农民生产生活多方面资金需求的金融机构。

第七，农村信用联社应该加强信贷过程公开化、透明化管理，推动农村中小金融机构更加贴近贫困农户，真正实现富农惠农。农村信用联社通过提高信贷业务透明度，促进信贷管理规范化，打造一条公开透明、规范有效、互惠互利的支农绿色通道，切实保证信贷全过程公开、公平、公正，调动全社会参与的积极性，充分满足涉农信贷需求。首先，针对部分贫困农户想要贷款又不敢贷款的现象，要积极提供上门服务，讲解有关信贷知识，改变农户对贷款的认知。其次，金融机构应放宽农户贷款条件，加大金融供给，创新产品和服务，满足不同层次的贷款需求，而不是"一刀切"地拒绝或给予，提高农户信贷的普适性和金融市场的活力。最后，金融部门应与相关政府部门联合出台制度文件，既要保证农户在"三农"领域的借贷方便，又要保证农户的按期还款，从而保证农村金融机构的可持续性发展。

8.3 "如何减贫"：政府层面的政策选择

农村金融发展减缓多维贫困离不开政府部门的参与和支持。政府部门需要大力发展农村经济，支持农业转型，结合当地农业的特点优化产业结构，引导农业向着规模化、技术化、机械化和现代化的方向发展，提高农业生产效率，提升农户收入水平。本章从政府层面提出如下政策建议。

第一，政府部门应该发挥金融减贫的协同效应，加强地区之间的金融联系和交流合作，将多维贫困的空间相关性纳入扶贫减贫政策的制定过程中，重视地区间的关联关系和溢出效应。一方面，建立空间一体化的全局思想，突破经济分割和"本位主义"执政思想，积极推动跨省市、跨地区的扶贫交流协作，加强政府间协作的平台建设，针对具有扩散效应的深度贫困地区应该采取更为有效的区域政策组合进行帮扶，这样有利于实现区域间贫困减缓的协同发展，形成良好的空间经济效益和互利共赢的金融服务格局。另一方面，各地政府应当立足当地特点，发挥地理优势，促进扶贫工作进展，改善区域多维贫困。面对地区间的差异，政府不仅要构建多元化的扶贫模式，提高就业水平，加快公共服务均等化进程，还要充分发挥财政支农作用，对于西部贫困地区给予适当的资金支持和技术帮助等。

第二，政府部门应该在金融减贫工作中充当"裁判员"的角色，转变对农村金融市场的干预方式，为农村金融市场提供公平公正的发展环境。例如，一些地区在贫困户评选中未有效考量老人家中的劳动力，有些老人独居在土房中，仅依靠耕种土地生活，而子女在外务工不承担赡养老人的责任，但是在户口上因为老人家中有劳动人口而不将其认定为贫困户，甚至因为老人无依无靠在村中无话语权，导致他们评选不上贫困户。虽然贫困户的评选有硬性规定，但是在实际操作中难免会有特例，因此政府要尽可能地让真正需要扶持的贫困户享受公平的待遇。除此之外，面对各种各样的金融扶贫资源，政府应公开公正地为贫困农户提供所需的金融服务，增加贫困地区金融的有效供给，而不是盲目扩大金融信贷规模，不断提高贫困农户对信贷服务的认同度和满意度，减少资金向城市的回流，改变金融资源配置的扭曲。同时，政府还应根据农村经济发展的需要，改变对金融市场的干预方式，鼓励信贷产品在农村金融市场上不断创新，促进农村主要金融机构的差异化定位和特色化发展，并且根据各地实际需求加大对农村金融机构的补贴力度，提高农村金融机构的盈利能力，促进农村金融机构的可持续发展。

第三，政府部门要全面落实好兜底保障措施和防返贫机制，确保实现"应兜尽兜、应保尽保"，保证深度贫困农户的基本生计需求得到满足。首先，各地区要削减长期形成的"空间壁垒"，地方政府之间要加大开放力度，充分利用现代远程技术，大力引进远程教育医疗系统，以经济强弱组合方式分摊减贫责任，进一步强化农村脱贫攻坚计划的实施。其次，政府需要继续加大对社区内部基础设施的投入，进一步改善贫困农户的住房、饮水、电网等基础设施，并普及抗震性和稳固性较好的钢筋混凝土结构房，加强农村水利设施及防灾抗灾设施的修建，做细做实"两不愁三保障"，改善贫困农户的生活条件，提高贫困农户的生活质量。最后，政府应加强农村的义务教育，积极宣传并且支持贫困农户文化素养的提高，对于贫困农户子女的教育可以享有一定的政策倾斜和帮扶，提高贫困农户子女的受教育水平，防止贫困的代际传递，通过宣传助学贷款，增加贫困农户的贷款补助申请数量和资助金额，这将有助于提高贫困农户对信贷政策和信贷流程的认识，提高贫困农户的信贷意愿及信贷能力。

8.4 "减贫环境"：非金融层面的政策选择

要解决长期存在的多维贫困问题，仅仅依靠金融的力量是远远不够的，还需要通过建立农村信贷法律法规体系，完善农村的新型合作医疗制度，增加贫困地区的教育投资，加强贫困农户的技能培训和技术援助，充分发挥财政支农的减贫效应等非金融政策的辅助。本章从非金融层面提出如下政策建议。

第一，建立农村信贷法律法规体系，改善农村金融市场环境。首先，政府可以通过完善农村信贷法律法规体系，减少农户金融风险，鼓励农户放心贷款。其次，政府应当出台合适的优惠政策，鼓励金融机构在农村地区尤其是偏远农村地区增加可以有效运营的服务网点，增加金融服务的覆盖率，改善农村金融市场的环境。最后，政府应该加快农村集体经济的发展，加快"三权分置"试点，并努力对农村承包土地的经营权抵押贷款业务进行推广。

第二，完善农村的新型合作医疗制度，建立社会统筹和个人账户相结合的运行机制。良好的健康水平是保证人口发展能力提升的重要基础，然而贫困农户对医疗的需求与现实医疗设施的配置存在着一定的矛盾，农户的健康问题得不到根本的保障，医疗需求也存在很大的缺口，所以需要建立起县、市、区、乡镇、村、组从上到下全面的各级医疗服务卫生体系，有效解决贫困农民看病贵、看病难的问题，防止农民出现因病致贫、因病返贫的现象。同时应该借鉴最低生活保障制度与扶贫开发相结合的有效经验，通过整合资源理顺关系，积极开展医疗保险、养老保险、民政救济等社会保障制度与扶贫开发的有效衔接，不断完善贫困地区的社会保障制度。

第三，增加贫困地区的教育投资，提高贫困地区农民的文化水平。要重视贫困地区人口的教育问题，受教育水平作为衡量人口发展能力的关键，不仅影响农民收入水平的提高，而且影响农民对生活的满意度，因此要通过多种方式让贫困农户的子女获得相对公平的受教育机会，同时为贫困农户免费提供职业技能培训等，从而避免"贫二代"问题的产生。只有增加贫困农户的人力资本，才能从根本上减少贫困。

第四，加强贫困农户的技能培训和技术援助，推广前沿科技成果。科学技术一直是促进农业增收的主要途径之一，但是贫困地区的农业技术水平一般比较落后，科技普及率较低，农户想要通过科技致富是很困难的，因此要加强农户的技能培训，有针对性地进行技术援助，从而提高农户的科技意识和科技成果推广率。一方面，应结合贫困农户自身需求和当地产业发展规划，制订出不同的培训计划，准确定位培训目标；另一方面，要建立健全贫困地区农业技术推广体系，尤其是建立村一级的农业技术推广体系，农业技术服务人员要渗透到村、组两级，鼓励农户使用先进的生产技术，并且及时给予技术援助和技术保障。

第五，充分发挥财政支农的减贫效应，完善各项财政支农政策。一方面，为了能够拉动西部贫困地区的产业发展，制定专门支持西部贫困地区农民专业合作组织和农业产业化龙头企业的转移支付办法，适当放宽扶持条件，在资金和政策上向西部贫困地区倾斜，支持农民专业合作社开展信息采集、培训、农产品质量标准认证、农业生产基础设施建设、市场营销和技术推广等。另一方面，对于西部贫困地区的深度贫困农户，财政部门应进一步完善农村最低生活保障制度，扩大农村低保对多维贫困的覆盖面，在低保政策的具体实施中，应当采取调查摸底和张榜公示的方法，提高政策的瞄准度，精确认定低保对象，确保让真正的贫困农户受益。

综上所述，西部地区贫困农户普遍存在收入水平较低、受教育程度不高、医疗制度和公共基础设施不完善等多维贫困问题。解决西部地区的多维贫困问题，需要农户、金融机构、政府部门和其他社会部门的共同协作构建多元化的扶贫模式，从而提高贫困人口的就业水平，加快贫困地区的公共服务均等化进程，充分发挥财政支农作用，给予适当的资金支持和技术帮助，从而促进解决西部地区的多维贫困问题。

第9章　研究结论与展望

9.1　研究结论

本书以西部地区金融发展多维减贫为研究对象。首先，通过对金融发展多维减贫的内涵界定、作用机理和影响机制的分析，构建金融发展多维减贫的理论分析框架；其次，分析西部地区多维贫困的现状并进行测度评价，研究西部地区金融发展多维减贫的门槛效应和空间溢出特征；再次，通过对贫困农户和金融机构的调研，从金融需求方视角研究贫困农户的融资约束及可得性，从金融供给方视角研究金融机构的支农绩效；最后，结合金融发展多维减贫模式的国际比较与经验借鉴，得出西部地区金融发展减缓多维贫困的政策选择。主要研究结论如下所述。

第一，金融发展多维减贫从微观层面界定为，银行、证券、保险等金融机构通过在贫困地区开展金融服务提升贫困户的资本价值；从宏观层面界定为，通过资金的优化配置促进贫困地区经济增长、收入增加、生活水平提高以及资源环境优化等多个维度的改善。从供给视角来看，金融资源的错配会直接导致地区资本形成不足，阻碍其生产力的提高和经济的发展，导致贫困的产生；从需求视角来看，贫困地区居民可供抵押担保的物品较少、投资渠道和机会较少、收入较低且渠道单一等因素制约了贫困地区居民对金融的有效需求。

第二，近年来，西部地区多维贫困水平呈下降趋势，不同省份间的多维贫困水平差距逐渐扩大。1978 年西部 12 个省份的多维贫困综合指数全部处于高度贫困区间，而 2017 年西部 12 个省份中除贵州省以外其余 11 个省份的多维贫困综合指数都处于低度贫困区间。1978～2017 年西部各省份中四川的多维贫困水平改善幅度最大，其次是重庆和云南。西北地区和西南地区不同省份间多维贫困水平的差异都呈现出发散的趋势。西部地区贫困水平的数量面和质量面表现出明显的非均衡性。

第三，金融发展对多维贫困减缓表现出显著的门槛特征。当人均收入处于低水平区间时，金融发展会从贫困地区吸收存款而不能帮助贫困群体形成自我"造血"的能力；当人均收入跳跃"贫困陷阱"时，金融发展对未越过门槛的贫困人口没有带来显著收益；当人均收入处于高水平区间时，贫困人口从金融机构获得贷款可以用来提高自我发展能力，创造新的经济收入。因此，应根据不同地区的贫困程度，合理选择不同类型的金融机构参与扶贫开发过程，区分政策性金融、开发性金融和商业性金融的作用范围，注意不同类型金融机构在不同地区的差异化发展。在人均收入处于低水平均衡的地区，对低收入者的商业性贷款不仅不符合商业银行的信贷原则，损害股东利益，而且会使低收入者陷于更加贫困的状态，应充分发挥政策性金融的作用；在人均收入处于跳跃"贫困陷阱"门槛的地区，要重视开发性金融功能的发挥；在人均收入处于高水平均衡的地区，要发挥商业性金融的作用。

第四，金融发展多维减贫具有显著的空间溢出效应。多维贫困存在空间相关性，且随着时间的推移，相关性越来越强；分时期来看，短期内金融发展对多维贫困减缓具有显著负向效应，而长期中具有显著正向效应；分行业来看，扩大银行存贷规模不利于本地区多维减贫，提升保险密度对于深度贫困地区具有反贫困效应，提高证券化率对于贫困程度低的地区具有反贫困效应，邻近地区扩大银行存贷规模和提升证券化率均有利于本地区多维减贫；从非金融角度来看，经济增长、就业水平、政府支持、公共服务、西部大开发和对外贸易对多维贫困减缓具有显著的正向空间溢出效应，地方政府财政扶贫资金存在一定的竞争效应。因此，应充分利用地区间多维贫困水平的关联关系和溢出效应，发挥地区间金融减贫的协同效应，用多元化手段治理多维贫困。

　　第五，从金融需求方农户的调查研究来看，贫困农户普遍期望获得较大的贷款额度、较低的贷款利率和较长的贷款期限，这与当地银行、信用社之间的政策存在矛盾；贫困农户更倾向于依赖民间的非正规金融体系，而对正规金融体系比较疏远；贫困农户借贷用途的非生产性消费比重较大，生产性投资比重较小；农户的借贷倾向与农户的非农收入呈明显的替代关系。从金融供给方金融机构的调查研究来看，西部各省份整体金融支农绩效不高和地域差异化的问题较为明显；2008~2017年西部地区除甘肃和内蒙古以外其余各省份的金融支农平均绩效都处于前沿有效；金融支农内部绩效四川最高，金融支农外部绩效新疆最高；西部各省份中除贵州、宁夏和青海以外，其余各省份的金融支农绩效都有所上升。对于我国金融支农的基本力量农村信用联社的支农绩效，分阶段来看，在第一阶段"资本转化贷款"阶段表现较差的农村信用联社，应提高有资质的信贷人员比例，优化信贷机制和信贷政策，加强金融支农资金的监督管理以减少"寻租"行为；对于在第二阶段"贷款转化收益"阶段表现较差的农村信用联社，应当将注意力放在调整投资策略及精准帮扶农户上，以使农村信用联社发放的支农贷款能够更好地转化为农户的实际收益；不同地区农村信用联社之间应互相合作建立帮扶联动机制，促进金融支农从粗放型支农向集约型支农转变。

　　第六，通过梳理发达国家和发展中国家金融发展减缓多维贫困的典型模式，分析不同模式的优势和劣势，比较不同模式的减贫主体、服务对象、资金来源和可持续性等，结合我国西部地区的自然条件、地理位置、经济发展阶段等基本国情，总结了金融发展多维减贫的经验启示。具体包括：瞄准服务的最终目标群体，优化金融资源配置，政府参与调节，因地制宜地着重发展当地最具特色的产业，有选择性地提供金融服务，注重金融服务质量和构建风险控制机制。在此基础上，从"为谁减贫""谁来减贫""如何减贫"和"减贫环境"，即农户层面、金融层面、政府层面和非金融层面四个方面，归纳西部地区金融发展多维减贫的政策选择。

9.2　研 究 展 望

本书在对西部地区金融发展多维减贫效应进行理论分析、门槛效应和空间溢出效应分析、调查研究、国际比较与经验借鉴的基础上，从农户层面、金融机构层面、政府层面和非金融层面提出相关政策选择，但仍然存在很多不足之处，今后可以从以下两个方面做进一步的深入探讨。

第一，对金融发展多维减贫的理论分析，本书从金融发展多维减贫的内涵、作用机理和影响机制等方面构建理论分析框架，在进一步的研究中应结合西部地区实际情况，对金融发展多维减贫效应提出更加深入并且具有创新性的理论见解。

第二，本书的研究数据来源于西部地区广西资源县、四川大凉山、陕西秦巴山区以及陕西镇坪县等 2603 户贫困农户的实地走访调查问卷数据以及 30 家农村信用联社支农减贫情况的调研数据和相关统计年鉴。鉴于西部地区经济金融发展的异质性，在以后的研究中可以更多地从需求方和供给方视角搜集西部地区金融发展多维减贫的一手数据来丰富金融发展多维减贫的调查研究。

附录1 四川大凉山多维贫困与金融减贫调查问卷

一、调查对象基本情况

1. 您的民族_____。

2. 家庭人口数_____，家庭劳动力人数_____，家庭上学子女数_____，家庭非健康人口数_____。

二、农户的扶贫需求及多维贫困情况

3. 您家吃的水主要来自_____。

    A. 自来水   B. 井水   C. 河水   D. 山泉水

    E. 窖水   F. 其他

4. 您家的房子（土坯、砖瓦、楼房、竹草、_____），_____（是或否）存在安全隐患，如果存在，政府的改善措施为_____。

5. 您对本村道路情况是否满意？

    A. 非常不满意   B. 不满意   C. 基本满意   D. 比较满意

    E. 非常满意

    原因是_____

6. 您家使用的通信方式是_____。

    A. 书信   B. 口头传话   C. 手机   D. 电脑

    E. 其他

7. 您家如今的照明方式主要是_____。

    A. 自然光   B. 蜡烛   C. 灯泡   D. 节能灯

    E. 其他

8. 您家所拥有的家电有_____。（可多选）

    A. 电冰箱或冰柜   B. 洗衣机

    C. 电视机   D. 电脑

    E. 空调   F. 手机

    G. 其他_____

9. 您的家庭人均年收入是_____。

    A. 2300 元以下　　　　　　　　B. 2300～5000 元

    C. 5001～8000 元　　　　　　　D. 8000 元以上

10. 您家的主要收入来源及具体的收入比例（即具体的每部分收入金额）是

    _____。

    A. 种植业（　　　）　　　　　B. 养殖业（　　　）

    C. 经商（　　　）　　　　　　D. 外出务工收入（　　　）

    E. 政府提供的保障资金或扶贫资金（　　　）

    F. 子女或亲戚援助（　　　）　　G. 其他_____

11. 家庭支出的方式及占比_____。

    A. 农作物购买（　　　）　　　　B. 农耕工具购买（　　　）

    C. 技术培训费用（　　　）　　　D. 生意性支出（　　　）

    E. 食品（　　　）　　　　　　　F. 通信（　　　）

    G. 医疗（　　　）　　　　　　　H. 家庭硬件设施购买和维修（　　　）

    I. 教育支出（　　　）

三、居民对于农村信用合作社中小额贷款政策的了解及使用情况

12. 您家的收入_____（是/否）能够解决基本生活需求，若不能，（是/否）有贷款需求，若有需求，（是/否）能满足。

    （1）若不能满足，您认为贷款难的主要原因是_____。

    A. 无人担保　　　　　　　　　B. 无有效抵押物

    C. 贷款手续复杂　　　　　　　D. 利率高

    E. 无良好个人信用　　　　　　F. 其他

    （2）若能满足，您家会将其用于_____。

    A. 种植业　　　　　　　　　　B. 养殖业

    C. 教育　　　　　　　　　　　D. 医疗

    E. 购买农机产品　　　　　　　F. 开办乡镇企业

    G. 其他

13. 您家对农村小额信贷的了解程度为_____。

    A. 了解　　　　B. 听说过　　　　C. 不了解

14. 您的银行贷款期望值是_____。

    A. 1 万 ~ 2 万元　　　　　　　B. 2 万 ~ 5 万元

    C. 5 万 ~ 10 万元　　　　　　D. 10 万元以上

15. 您期望的贷款期限为_____。

    A. 6 个月以内　　　　　　　　B. 6 个月 ~ 1 年

    C. 1 ~ 3 年　　　　　　　　　D. 3 ~ 5 年

    E. 5 年以上

16. 您对银行或信用社目前的利息率的接受程度_____。

    A. 可以接受　　　　　　　　　B. 太高，不可以接受

17. 您实际获得贷款的担保方式为_____。

    A. 他人担保　　B. 信用　　　C. 房屋　　　　D. 土地经营权

    E. 其他

附录 2　陕西秦巴山区多维贫困与金融减贫调查问卷

_____村（社区）

1. 您的性别：<u>男、女</u>　年龄：_____周岁

2. 您的受教育程度：_____。

    A. 文盲   B. 小学

    C. 初中   D. 高中（中专、职业高中）

    E. 大专及以上

3. 家庭人口数_____，家庭劳动力人数_____，家庭上学子女数_____。

4. 您对本村道路情况是否满意？

    A. 非常不满意   B. 不满意

    C. 基本满意   D. 比较满意

    E. 非常满意

5. 目前您觉得农村义务教育存在的问题主要有哪些？（可多选）

    A. 学校太远，不方便   B. 缺少老师

    C. 老师教学水平差   D. 教室、校舍环境差

    E. 学校管理松懈   F. 老师不认真

6. 您对本村的卫生室、诊所条件是否满意？

    A. 非常不满意   B. 不满意

    C. 基本满意   D. 比较满意

    E. 非常满意

7. 您家现在的住房是_____。

    A. 土木房   B. 砖瓦房（一层）

    C. 楼房（2 层以上）   D. 其他

8. 您家人均纯收入是否小于国家制定的贫困线 2300 元？<u>是、否</u>

9. 您家的主要收入来源是_____。

　　A. 种植业　　　　　　　　　　B. 养殖业

　　C. 经商　　　　　　　　　　　D. 外出务工收入

　　E. 政府提供的保障资金或扶贫资金　F. 子女或亲戚援助

　　G. 其他

10. 您家所拥有的耐用品有_____。(可多选)

　　A. 汽车　　　　B. 电动自行车　C. 摩托车　　　D. 电冰箱或冰柜

　　E. 洗衣机　　　F. 电视机　　　G. 电脑　　　　H. 空调

　　I. 手机

11. 您家拥有的土地类型中,哪种是主要经济来源?(可多选)

　　A. 耕地　　　　B. 林地　　　　C. 牧场　　　　D. 水塘

12. 家庭成员综合健康程度(由 1~8 表示健康程度由差到很好)。

　　A. 1~2　　　B. 3~4　　　C. 5~6　　　D. 7~8

13. 您认为您家属于贫困户吗? 是、否,如果是,您认为导致贫困的原因是

　　_____。

　　A. 除了农业收入外没有其他收入　B. 家庭成员患重病或残疾

　　C. 子女上学,抚养负担重　　　　D. 劳动力缺乏

　　E. 因灾害或其他突发事件的原因

14. 您希望得到以下哪些金融服务需求?

　　A. 贷款　　　　　　　　　　　B. 存取现金

　　C. 转账汇款　　　　　　　　　D. 保险

　　E. 购买国债及理财　　　　　　F. 金融知识

15. 您的贷款需求满足情况如何?

　　A. 有效满足　　B. 基本满足　　C. 不能满足

16. 您贷款的实际年利率为_____。

　　A. 5% 及以下　　　　　　　　B. 5%~8%

　　C. 9%~10%　　　　　　　　D. 10% 以上

17. 您认为银行或信用社目前的利息率是否可以接受?

　　A. 可以接受　　　　　　　　　B. 太高,不可以接受

18. 您认为贷款难的主要原因是_____。

A. 无人担保　　　　　　　　B. 无有效抵押物

C. 贷款手续复杂　　　　　　D. 利率高

E. 无良好个人信用　　　　　F. 其他

19. 您的贷款获得渠道为_____。

A. 熟人介绍　　　　　　　　B. 到银行直接申请

C. 村委会帮助　　　　　　　D. 银行信贷员主动上门服务

20. 您家有、无借款，若有借款，您家的借款：（各选一项）

首先用于_____，大约_____元；

其次用于_____，大约_____元；

再次用于_____，大约_____元。

A. 子女上学　　B. 医疗支出　　C. 商业买卖　　D. 盖房

E. 婚娶　　　　F. 农业生产　　G. 外出打工

H. 运输业、加工业、建筑业　　I. 其他

21. 当您家需要借钱时，您首先会向_____借钱，其次向_____借钱，最后向_____借。

A. 亲戚朋友　　　　　　　　B. 银行

C. 农村信用社　　　　　　　D. 小额信贷机构

E. 合会或钱庄　　　　　　　F. 高利贷

22. 您有没有尝试从农村信用社借钱？（有、无）；如果没有尝试，原因是什么？

A. 不需要贷款　　　　　　　B. 申请也得不到贷款

C. 贷款额度太小　　　　　　D. 手续复杂且审批时间长

E. 可以从其他途径获得资金

23. 如果您尝试从农村信用社借款，是否获得借款？（是、否）；如果没有获得借款，原因是什么？

A. 没有熟人

B. 没有抵押品或担保人

C. 在银行或信用社有不良贷款记录

D. 贷款用途不满足银行要求

24. 如果您从农村信用社获得借款，期限是_____。

    A. 6 个月以下　　　　　　　　　B. 6 ~ 12 个月

    C. 1 ~ 2 年　　　　　　　　　　D. 2 年以上

25. 您认为农村信用社目前的利息率是否可以接受？

    A. 可以接受　　　　　　　　　　B. 太高，不能接受

26. 您认为目前农村信用社最需要_____。（可多选）

    A. 增加网点数量　　　　　　　　B. 简化贷款手续

    C. 改善服务态度　　　　　　　　D. 降低贷款门槛

    E. 简化贷款手续　　　　　　　　F. 降低贷款利息

    G. 提高贷款金额　　　　　　　　H. 扩大贷款政策宣传

    I. 提高贷款公平性　　　　　　　J. 其他：_____

27. 您家最需要哪些帮扶？（可多选）

    A. 房屋改造或移民搬迁　　　　　B. 提供贷款发展产业

    C. 农机具补贴　　　　　　　　　D. 残疾人扶持

    E. 医疗救助　　　　　　　　　　F. 低保保障

    G. 幼儿入园　　　　　　　　　　H. 子女就学

    I. 自来水　　　　　　　　　　　J. 种植业或养殖业项目支持

    K. 农民实用技术培训　　　　　　L. 村组道路

    M. 其他：_____

附录3　广西资源县农户扶贫需求调查问卷

调查地点：_____　　　　问卷编号：_____

1. 您的民族_____，您的年龄_____。

2. 家庭人口数_____，劳动力人数_____，上学子女数_____，非健康（重大疾病）人数_____。

3. 您的家庭人均年收入是多少？

　　A. 2300 元以下　　　　　　　B. 2300～5000 元

　　C. 5001～8000 元　　　　　　D. 8000 元以上

4. 您的家庭住房结构是_____。

　　A. 砖木　　　　　　　　　　B. 竹草屋

　　C. 土坯房　　　　　　　　　D. 钢筋混凝土

　　E. 其他_____

5. 家庭照明方式主要是_____。

　　A. 自然光　　　B. 蜡烛　　　C. 灯泡　　　D. 节能灯

　　E. 其他

6. 家庭取暖设施是_____。

　　A. 空调　　　B. 暖气　　　C. 火炕　　　D. 无取暖设施

7. 家庭用水主要来自_____。

　　A. 自来水　　　B. 井水　　　C. 河水　　　D. 山泉水

　　E. 窖水　　　　F. 其他

8. 家庭生活燃料是_____。

　　A. 煤炭或天然气　　　　　　B. 沼气

　　C. 柴草或秸秆　　　　　　　D. 其他_____

9. 生病是否能够得到及时救治？

　　A. 能　　　　　　B. 不能

　　如果选择不能，原因是_____。

A. 医药费高　　　　B. 医院太远　　　C. 没有时间　　　D. 不够重视

E. 其他_____

10. 家庭成员的文化水平是_____。

A. 小学　　　　　　B. 初中　　　　　C. 高中　　　　　D. 职校

E. 大学

11. 您家的收入来源，主要是_____。（可多选）

A. 种植业　　　　　　　　　　B. 养殖业

C. 经商　　　　　　　　　　　D. 外出务工收入

E. 政府提供的保障资金或扶贫资金

F. 子女或亲戚援助　　　　　　G. 其他_____

12. 您家的支出情况，主要是_____。（可多选）

A. 农作物购买　　　　　　　　B. 农耕工具购买

C. 技术培训费用　　　　　　　D. 生意性支出

E. 食品　　　　　　　　　　　F. 通信

G. 医疗　　　　　　　　　　　H. 家庭硬件设施购买和维修

I. 教育支出　　　　　　　　　J. 其他_____

13. 影响生活生产的主要因素有_____。

A. 身体疾病　　　　　　　　　B. 劳动力不足

C. 劳动技能欠缺　　　　　　　D. 其他_____

14. 是否获得以下社会保障的救济？

A. 自然灾害救济　　　　　　　B. 医疗保障

C. 粮食救济　　　　　　　　　D. 养老保障

E. 教育培训　　　　　　　　　F. 其他_____

15. 具体扶贫需求是_____。

A. 科技扶贫　　　　　　　　　B. 教育扶贫

C. 医疗扶贫　　　　　　　　　D. 饮水扶贫

E. 住房扶贫　　　　　　　　　F. 用电扶贫

G. 其他_____

16. 您的家庭收入_____（是/否）能够满足基本生活需求；若收入不能满

足生活需求，（是/否）有贷款需求；若有贷款需求，贷款需求（是/否）能满足。

（1）若贷款需求不能满足，您认为贷款难的主要原因是_____。

A. 无人担保　　　　　　　　B. 无有效抵押物

C. 贷款手续复杂　　　　　　D. 利率高

E. 个人问题　　　　　　　　F. 其他_____

（2）若贷款需求能满足，您家会将其用于_____。

A. 种植业　　　　　　　　　B. 养殖业

C. 教育　　　　　　　　　　D. 医疗

E. 购买农机产品　　　　　　F. 开办乡镇企业

G. 其他_____

17. 您对农村小额信贷的了解程度为_____。

A. 了解　　　　B. 听说过　　　C. 不了解

18. 您期望的银行贷款额是_____。

A. 1 万 ~ 2 万元　　　　　　B. 2 万 ~ 5 万元

C. 5 万 ~ 10 万元　　　　　 D. 10 万元以上

19. 您期望的贷款期限为_____：

A. 6 个月以内　　　　　　　B. 6 个月 ~ 1 年

C. 1 ~ 3 年　　　　　　　　D. 3 ~ 5 年

E. 5 年以上

20. 您对银行或信用社目前的利息率的接受程度是_____。

A. 可以接受　　　　　　　　B. 太高，不可以接受

21. 您实际获得贷款的担保方式为_____。

A. 他人担保　　　　　　　　B. 信用

C. 房屋　　　　　　　　　　D. 土地经营权

E. 其他_____

附录4 陕西镇坪县金融发展与多维贫困调查问卷

一、调查对象基本情况

1. 您的性别：<u>男、女</u>

2. 您的户籍性质是_____。

   A. 农业户口　　　　B. 非农业户口

3. 您的受教育程度是_____。

   A. 文盲　　　　　　　　　　B. 小学

   C. 初中　　　　　　　　　　D. 高中（中专、职业高中）

   E. 大专及以上

4. 家庭人口数_____，家庭劳动力人数_____，家庭上学子女数_____。

二、农户多维贫困情况

5. 您对本村道路情况是否满意？

   A. 非常不满意　　B. 不满意　　C. 基本满意　　D. 比较满意

   E. 非常满意

6. 您日常出行的主要交通方式是_____。

   A. 步行　　　　B. 自行车　　　　C. 公交车　　　D. 其他

7. 目前您觉得农村义务教育存在的问题主要有哪些？（可多选）

   A. 学校太远，不方便　　　　B. 缺少老师

   C. 老师教学水平差　　　　　D. 教室、校舍环境差

   E. 学校管理松懈　　　　　　F. 老师不认真

8. 您对本村的卫生室、诊所条件是否满意？

   A. 非常不满意　　B. 不满意　　C. 基本满意　　D. 比较满意

   E. 非常满意

9. 您是、否参加新型农村合作医疗，您为什么参加新型农村合作医疗？

   A. 看别人参加自己也参加　　　　B. 村上要求必须参加

C. 家里有人经常生病　　　　D. 参加后看病可以报销

E. 其他原因

10. 家里的适龄儿童有无辍学？<u>有、无</u>，如果有，辍学的主要原因是什么？

A. 上学没用　　　　　　　　B. 不愿上学

C. 费用太高，负担不起　　　D. 缺乏劳动力

11. 家中是否有留守儿童或留守老人？

A. 是　　　　　　　　　　　B. 否

12. 您家现在的住房是_____。

A. 土木房　　　　　　　　　B. 砖瓦房（一层）

C. 楼房（2 层以上）　　　　D. 其他

13. 您家现在的房子住了_____。

A. 2 年以下　　　　　　　　B. 2 ~ 5 年

C. 6 ~ 10 年　　　　　　　　D. 11 ~ 20 年

E. 21 ~ 30 年　　　　　　　　F. 30 年以上

14. 您家人均纯收入是否小于国家制定的贫困线 2300 元？<u>是、否</u>

15. 您家的主要收入来源是_____。

A. 种植业　　　B. 养殖业　　　C. 经商　　　　D. 外出务工收入

E. 政府提供的保障资金或扶贫资金　　　　　F. 子女或亲戚援助

G. 其他

16. 您家的支出主要是用于_____。（可多选）

A. 农作物购买　　　　　　　B. 农耕工具购买

C. 技术培训费用　　　　　　D. 生意性支出

E. 食品　　　　　　　　　　F. 通信

G. 医疗　　　　　　　　　　H. 家庭硬件设施购买和维修

I. 教育支出

17. 您家所拥有的耐用品有_____。（可多选）

A. 汽车　　　　　　　　　　B. 电动自行车

C. 摩托车　　　　　　　　　D. 电冰箱或冰柜

E. 洗衣机　　　　　　　　　F. 电视机

    G. 电脑   H. 空调

    I. 手机

18. 您家拥有的土地有_____。（可多选）

    A. 耕地   B. 林地   C. 牧场   D. 水塘

19. 您家中土地面积有_____亩。

20. 您家中健康人口的百分比是_____。

21. 您认为您家属于贫困户吗？是、否，如果是，您认为导致贫困的原因是

    _____。

    A. 除了农业收入外没有其他收入

    B. 家庭成员患重病或残疾

    C. 子女上学，抚养负担重

    D. 劳动力缺乏

    E. 因灾害或其他突发事件的原因

22. 您了解政府的扶贫政策吗？

    A. 十分了解   B. 大致了解   C. 完全不了解

三、农户金融支持情况

23. 您希望得到以下哪些金融服务？

    A. 贷款   B. 存取现金

    C. 转账汇款   D. 保险

    E. 购买国债及理财产品   F. 金融知识教育

24. 您的银行期望借贷值是_____。

    A. 1 万 ~ 2 万元   B. 2 万 ~ 5 万元

    C. 5 万 ~ 10 万元   D. 10 万元以上

25. 您的贷款需求满足情况如何？

    A. 有效满足   B. 基本满足   C. 不能满足

26. 您贷款的实际年利率为_____。

    A. 5% 及以下   B. 5% ~ 8%

    C. 8% ~ 10%   D. 10% 以上

27. 您认为银行或信用社目前的利息率是否可以接受？

A. 可以接受　　　　　　　B. 太高，不可以接受

28. 您认为贷款难的主要原因是_____。

　　A. 无人担保　　　　　　　B. 无有效抵押物

　　C. 贷款手续复杂　　　　　D. 利率高

　　E. 无良好个人信用　　　　F. 其他

29. 您实际获得贷款的担保方式为_____。

　　A. 担保　　　　B. 信用　　　　C. 房屋　　　　D. 土地经营权

　　E. 其他

30. 您期望的贷款期限为_____。

　　A.6 个月以内　　　　　　B.6 个月~1 年

　　C.1~3 年　　　　　　　　D.3~5 年

　　E.5 年以上

31. 您对银行服务的满意程度如何？

　　A. 满意　　　　B. 基本满意　　　C. 不满意

32. 您希望了解的金融知识有_____。

　　A. 征信知识　　B. 识别假币　　C. 国库知识　　D. 信用卡知识

　　E. 网上银行

33. 您的贷款获得渠道为_____。

　　A. 熟人介绍　　　　　　　B. 到银行直接申请

　　C. 村委会帮助　　　　　　D. 银行信贷员主动上门服务

34. 您家有、无 借款；若有借款，大约为_____元。

35. 您家的借款：（各选一项）

　　首先用于_____，大约_____元；

　　其次用于_____，大约_____元；

　　再次用于_____，大约_____元。

　　A. 子女上学　　　　　　　B. 医疗支出

　　C. 生产经营投资　　　　　D. 盖房

　　E. 婚娶　　　　　　　　　F. 其他

36. 当您家需要借钱时，您首先会向_____借，其次向_____借，最后

向_____借。

　　A. 亲戚朋友　　　　　　　　B. 银行

　　C. 信用社　　　　　　　　　D. 小额信贷机构

　　E. 合会或钱庄　　　　　　　F. 高利贷

37. 您认为目前农村信用社或银行最需要_____。

　　A. 增加网点数量　　　　　　B. 提高工作人员的业务能力

　　C. 改善工作人员的服务态度　D. 降低贷款门槛

　　E. 其他

38. 您当地有没有合会或钱庄？

　　A. 有　　　　　　B. 没有　　　　C. 不清楚有没有

39. 您认为与银行相比，合会、钱庄好在哪里？

　　A. 方便、快捷　　　　　　　B. 门槛低

　　C. 贷款限制条件少　　　　　D. 其他

40. 您家最需要哪些帮扶？（可多选）

　　A. 房屋改造或移民搬迁　　　B. 提供贷款，发展产业

　　C. 农机具补贴　　　　　　　D. 残疾人扶持

　　E. 医疗救助　　　　　　　　F. 低保保障

　　G. 幼儿入园　　　　　　　　H. 子女就学

　　I. 自来水　　　　　　　　　J. 种植业或养殖业项目支持

　　K. 农民实用技术培训　　　　L. 村组道路

　　M. 其他：_____

附录5 _____县农村信用合作联社基本情况调查表 I

_____县农村信用合作联社基本情况调查表

序号	项目/年份						
1	信用社数（个）						
2	营业网点数（个）						
3	信贷授权 10 万元以上信用社数（个）						
4	信用社职工人数（人）						
5	信贷员人数（人）						
6	信贷授权 1 万元以上信贷人员数（人）						
7	农户总数（户）						
8	评定信用登记户数（户）						
9	贷款农户数（户）						
10	人口数量（人）						
11	农业人口（人）						
12	农业生产总值（万元）						
13	财政收入（万元）						
14	农民人均纯收入（元）						
15	社员代表大会召开次数（次）						
16	理事会召开次数（次）						
17	监事会召开次数（次）						
18	股金户数（户）						
19	股金分红总额（万元）						

20	股本金	户数	金额		户数	金额		户数	金额	
				资格股			投资股			
				法人股			自然人股			
				内部职工股						

备注：职工人数包括业务岗位临时工；第3、第6栏自开始授信年度起填报。

附录6 _____县农村信用合作联社基本情况调查表 II

_____县农村信用合作联社基本情况调查表   单位：万元

序号	经营指标/年份								
1	资产总额								
2	各项贷款								
3	农业贷款								
4	农户贷款								
5	不良贷款余额								
6	农户不良贷款余额								
7	贷款损失准备	实提取余额							
		应提取余额							
8	固定资产净值								
9	各项存款								
10	各项收入								
11	利息收入								
12	农户贷款利息收入								
13	各项支出								
14	营业费用								
15	利息支出								
16	营业利润								
17	所有者权益余额								
18	股本金								
19	辖内银行机构	各项贷款							
		农业贷款							
		各项存款							

参 考 文 献

［1］［印］阿马蒂亚·森.以自由看待发展［M］.任赜，于真，译.北京：中国人民大学出版社，2002.

［2］蔡栋梁，王聪，邱黎源.信贷约束对农户消费结构优化的影响研究——基于中国家庭金融调查数据的实证分析［J］.农业技术经济，2020（3）.

［3］蔡晓春，郭玉鑫.政府干预、金融发展对贫困减缓的影响分析——基于非线性交互效应动态面板模型［J］.统计与信息论坛，2018，33（9）.

［4］车树林，顾江.包容性金融发展对农村人口的减贫效应［J］.农村经济，2017（4）.

［5］陈华，孙忠琦.金融发展缓解了收入不平等和贫困吗？——基于省区面板数据的实证研究［J］.上海金融，2017（11）.

［6］陈佳音，付琼.我国农村信用社改制农商行后的绩效评价——基于资产规模差异化的分析［J］.农村金融研究，2019（12）.

［7］陈阳，赵丙奇.中国数字普惠金融的减贫效应研究［J］.科技与管理，2019（4）.

［8］陈银娥等.中国微型金融发展与反贫困问题研究［M］.北京：中国人民大学出版社，2016.

［9］陈银娥，师文明.中国农村金融发展与贫困减少的经验研究［J］.中国地质大学学报，2010（6）.

［10］陈银娥，张德伟.县域金融发展与多维贫困减缓——基于湖南省51个贫困县的实证研究［J］.财经理论与实践，2018，39（2）.

［11］程恩江，褚保金，刘大耕.我国农村信用社经营状况、补贴及其

政策含义：以江苏为例 [J]．金融研究，2003（3）．

[12] 褚保金，张兰，王娟．中国农村信用社运行效率及其影响因素分析——以苏北地区为例 [J]．中国农村观察，2007（1）．

[13] 崔艳娟．我国金融发展对贫困减缓的影响：理论与实证 [D]．大连：东北财经大学，2012．

[14] 崔艳娟，孙刚．金融发展是贫困减缓的原因吗？——来自中国的证据 [J]．金融研究，2012（11）．

[15] 丁志国，徐德财，覃朝晖．被动选择还是主观偏好：农户融资为何更加倾向民间渠道 [J]．农业技术经济，2014（11）．

[16] 杜凤莲，孙婧芳．经济增长、收入分配与减贫效应——基于1991~2004年面板数据的分析 [J]．经济科学，2009（3）．

[17] 杜君楠，李玥，沈祺琪，曹慧敏，杨文瑾，董庆多．农户正规信贷约束影响因素实证研究 [J]．西部金融，2019（7）．

[18] 杜威漩．农民工返乡创业减贫效应生成机理及政策启示——政策激励视角的分析 [J]．经济体制改革，2019（2）．

[19] 董玉峰，陈俊兴，杜崇东．数字普惠金融减贫：理论逻辑、模式构建与推进路径 [J]．南方金融，2020（2）．

[20] 范方志．农户信贷提升了农业生产技术效率吗？——基于农户微观调研数据的分析 [J]．中央财经大学学报，2020（5）．

[21] 方莹，袁晓玲，房玲．普惠金融视角下精准扶贫政策效果的实证研究——基于GMM模型 [J]．统计与信息论坛，2019（10）．

[22] 冯铸，伏润民．农村信用社绩效评价体系及实证模拟 [J]．统计与决策，2019，35（7）．

[23] 傅鹏，张鹏．农村金融发展减贫的门槛效应与区域差异——来自中国的经验数据 [J]．当代财经，2016（6）．

[24] 傅鹏，张鹏，周颖．多维贫困的空间集聚与金融减贫的空间溢出——来自中国的经验证据 [J]．财经研究，2018，44（2）．

[25] 郭利华，毛宁，吴本健．多维贫困视角下金融扶贫的国际经验比较：机理、政策、实践 [J]．华南师范大学学报（社会科学版），2017（4）．

[26] 韩芳. 金融减贫效应的门槛特征分析及实证检验 [J]. 金融发展研究, 2014 (11).

[27] 韩晓宇. 我国普惠金融发展的影响因素及减贫效应研究 [D]. 天津: 天津财经大学, 2017.

[28] 何广文, 何婧, 郭沛. 再议农户信贷需求及其信贷可得性 [J]. 农业经济问题, 2018 (2).

[29] 何广文, 刘甜. 贫困地区农户创业的信贷需求研究——基于创业动机异质性视角 [J]. 财经理论与实践, 2019, 40 (5).

[30] 何雄浪. 金融发展与贫困减缓的非线性关系研究——基于省级面板数据的门限回归分析 [J]. 西南民族大学学报, 2017 (4).

[31] 贺立龙, 黄科, 郑怡君. 信贷支持贫困农户脱贫的有效性: 信贷供求视角的经验实证 [J]. 经济评论, 2018 (1).

[32] 侯建昀, 霍学喜. 交易成本与农户农产品销售渠道选择——来自7省124村苹果种植户的经验证据 [J]. 山西财经大学学报, 2013, 35 (7).

[33] 胡士华, 刘鹏. 信贷合约、合约履行效率与信贷约束——基于农户调查数据的经验分析 [J]. 上海经济研究, 2019 (4): 98 - 109.

[34] 胡义云. 农村正规金融与非正规金融关系的研究——基于西部12省 (市、区) 2424 户农户调研数据的分析 [D]. 西安: 西北大学, 2017.

[35] 黄惠春, 曹青, 李谷成. 不良贷款约束下农村信用社改革效率分析——基于 SBM 方向性距离函数 [J]. 农业技术经济, 2014 (10).

[36] 黄惠春, 祁艳, 程兰. 农村土地承包经营权抵押贷款与农户信贷可得性——基于组群配对的实证分析 [J]. 经济评论, 2015 (3).

[37] 黄琦. 基于空间视角的中国农村多维贫困及金融反贫困效应研究 [J]. 金融理论与实践, 2018 (3).

[38] 黄祖辉, 刘西川, 程恩江. 中国农户的信贷需求: 生产性抑或消费性 [J]. 管理世界, 2007 (3).

[39] 焦晋鹏. 基于 DEA-Tobit 模型的农村信用社盈利性收益测算 [J]. 统计与决策, 2014 (6).

[40] 靳淑平, 王济民. 规模农户信贷资金需求现状及影响因素分析

[J]. 农业经济问题, 2017, 38 (8).

[41] 阚立娜, 李录堂, 薛凯文. 农地流转背景下新型农业经营主体信贷需求及约束研究——基于陕西杨凌农业示范区的调查分析 [J]. 华中农业大学学报 (社会科学版), 2016 (3).

[42] 邝希聪. 货币政策引导下中国金融减贫的机理与效应 [J]. 金融经济学研究, 2019 (2).

[43] 蓝虹, 穆争社. 中国农村信用社改革后的绩效评价及提升方向——基于三阶段 DEA 模型 BCC 分析法的实证研究 [J]. 金融研究, 2014 (4).

[44] 黎红梅, 熊紫薇. 农户生产性融资需求满足度及影响因素研究——以湖南省环洞庭湖地区为例 [J]. 湘潭大学学报 (哲学社会科学版), 2013, 37 (1).

[45] 李晶. 浙江省农村居民贷款需求及影响因素分析 [D]. 杭州: 浙江理工大学, 2018.

[46] 李敬, 陈澎. 农村信用社运行绩效与影响因素: 西部地区 311 个样本 [J]. 改革, 2012 (8).

[47] 李欣航, 崔璨. 新形势下金融减贫长效机制的构建 [J]. 商业经济, 2020 (4).

[48] 黎毅, 罗剑朝, 曹瓅, 房启明. 供给抑制下的不同类型农户信贷需求及其约束研究 [J]. 农村经济, 2014 (10).

[49] 李友平. 民族地区新农村建设评价指标体系的设计及综合评价 [D]. 中南民族大学, 2009.

[50] 李忠斌, 陈全功. 特殊扶贫开发政策助推少数民族脱贫致富: 30 年改革回顾 [J]. 中南民族大学学报 (人文社会科学版), 2008, 28 (6).

[51] 梁杰, 高强, 汪艳涛. 农地抵押与信誉监管能否缓解农户信贷高利率困境? ——基于人为田野实验的检验 [J]. 河北经贸大学学报, 2020, 41 (2): 91 - 99.

[52] 廖宜静. 农户金融需求影响因素实证分析: 以安徽省为例 [J]. 湖南农业科学, 2017 (5).

[53] 刘博. 论中国少数民族地区金融支持政策的适配与选择 [D]. 成

都：西南财经大学，2014.

[54] 刘沙."互联网＋"模式下农村信用社经营绩效及影响因素研究 [D]. 福州：福建农林大学，2019.

[55] 刘丹，陆佳瑶. 金融知识对农户信贷行为的影响研究——基于代际差异的视角 [J]. 农业技术经济，2019（11）.

[56] 刘芳. 集中连片特困区农村金融发展的动态减贫效应研究——基于 435 个贫困县的经验分析 [J]. 金融理论与实践，2017（6）.

[57] 刘芳，刘明，郭锋航. 金融发展规模、效率与县区反贫困研究——基于陕西省 50 个国定贫困县的系统广义距估计 [J]. 统计与信息论坛，2015，30（8）.

[58] 刘宏霞，汪慧玲，谢宗棠. 农村金融发展、财政支农与西部地区减贫效应分析——基于面板门槛模型的研究 [J]. 统计与信息论坛，2018，33（3）.

[59] 刘利红. 基于数据包络法的农村信用社效率测度及评价——以贵州 88 家农村信用社实证为例 [J]. 金融理论与实践，2010（4）.

[60] 刘书文. 陕西省农村居民消费信贷需求影响因素研究 [D]. 咸阳：西北农林科技大学，2018.

[61] 刘西川. 贫困地区农户的信贷需求与信贷约束 [M]. 杭州：浙江大学出版社，2008.

[62] 卢盼盼，张长全. 中国普惠金融的减贫效应 [J]. 宏观经济研究，2017（8）.

[63] 罗荷花，骆伽利. 多维视角下普惠金融对农村减贫的影响研究 [J]. 当代经济管理，2019（3）.

[64] 罗知. 贸易自由化与贫困——来自中国的数据 [D]. 武汉：武汉大学，2010.

[65] 吕勇斌，赵培培. 我国农村金融发展与反贫困绩效：基于 2003～2010 年的经验证据 [J]. 农业经济问题，2014（1）.

[66] 马文勤. 基于 BP 神经网络的农户小额信贷信用风险评估研究 [D]. 咸阳：西北农林科技大学，2010.

[67] 么晓颖. 金融减贫：作用机制、制度安排、难点与启示 [J]. 农银学刊, 2019 (1)：14-18.

[68] 马源. 多维视角下普惠金融的减贫效应及路径研究 [J]. 全国流通经济, 2020 (13)：157-160.

[69] 孟樱, 王静. 农户信贷需求和融资选择偏好的影响因素分析——基于陕西省 324 户农户的调查 [J]. 农村经济, 2017 (3).

[70] 任乐, 王性玉, 赵辉. 农户信贷可得性和最优贷款额度的理论分析与实证检验——基于农业保险抵押品替代视角 [J]. 管理评论, 2017, 29 (6).

[71] 人民银行宿迁市中心支行课题组, 胡明超. 苏北农村信用社经营效率及影响因素分析 [J]. 金融纵横, 2010 (7).

[72] 牛荣, 张珩, 罗剑朝. 产权抵押贷款下的农户信贷约束分析 [J]. 农业经济问题, 2016, 37 (1).

[73] 欧阳真. 新兴市场经济体金融减贫效应及启示 [J]. 经济纵横, 2020 (1).

[74] 单德朋, 郑长德, 王英. 贫困乡城转移、城市化模式选择对异质性减贫效应的影响 [J]. 中国人口·资源与环境, 2015, 25 (9).

[75] 邵汉华, 王凯月. 普惠金融的减贫效应及作用机制——基于跨国面板数据的实证分析 [J]. 金融经济学研究, 2017, 32 (6).

[76] 申云, 李京蓉, 杨晶. 乡村振兴背景下农业供应链金融信贷减贫机制研究——基于社员农户脱贫能力的视角 [J]. 西南大学学报 (社会科学版), 2019, 45 (2).

[77] 沈红丽. 农户借贷行为的 Heckman 两阶段模型分析——基于天津市农村二元金融结构视角 [J]. 统计与信息论坛, 2016, 31 (1).

[78] 世界银行.1990 年世界发展报告 [M]. 北京：中国财政经济出版社, 1990.

[79] 师荣蓉, 徐璋勇. 农村信用社支农效率组合评价研究 [J]. 统计与决策, 2013 (5).

[80] 师荣蓉, 徐璋勇, 赵彦嘉. 金融减贫的门槛效应及其实证检验——

基于中国西部省际面板数据的研究 [J]. 中国软科学, 2013 (3).

[81] 司守奎, 孙兆亮. 数学建模算法与应用 [M]. 北京: 国防工业出版社, 2016.

[82] 宋全云, 吴雨, 尹志超. 金融知识视角下的家庭信贷行为研究 [J]. 金融研究, 2017 (6).

[83] 苏静, 胡宗义, 肖攀. 中国农村金融发展的多维减贫效应非线性研究——基于面板平滑转换模型的分析 [J]. 金融经济学研究, 2014, 29 (4).

[84] 唐青生. 农村金融学 (修订本) [M]. 北京: 中国金融出版社, 2019.

[85] 唐瑭. 自然灾害、社会资本与农户消费信贷行为——基于CFPS 2010 的实证研究 [D]. 南京: 南京农业大学, 2016.

[86] 王昊. 金融减贫机理综述及实证研究 [J]. 甘肃金融, 2015 (1).

[87] 王贝. 农户借贷特征及影响因素实证研究——基于山东省748 户农户调研数据的分析 [D]. 济南: 山东大学, 2014.

[88] 王冰, 韩俊宇. 基于MLP 神经网络模型的客户评分应用研究 [J]. 计算机与现代化, 2017 (3).

[89] 王定祥, 田庆刚, 李伶俐, 王小华. 贫困型农户信贷需求与信贷行为实证研究 [J]. 金融研究, 2011 (5).

[90] 王定祥, 周灿, 李伶俐. 贫困农户信贷可获得性影响因素的实证研究 [J]. 当代金融研究, 2017 (3).

[91] 王芳, 罗剑朝, Yvon Martel. 农户金融需求影响因素及其差异性——基于probit 模型和陕西286 户农户调查数据的分析 [J]. 西北农林科技大学学报 (社会科学版), 2012, 12 (6).

[92] 王汉杰, 温涛, 韩佳丽. 深度贫困地区农村金融与农户收入增长: 益贫还是益富? [J]. 当代财经, 2018 (11).

[93] 王家传, 刘廷伟. 农村信用社改革与发展问题研究——山东省农村信用社问卷调查综合分析报告 [J]. 金融研究, 2001, (9).

[94] 王俊芹, 宗义湘, 赵邦宏. 农村信用社改革的绩效评价及影响因

素分析——以河北省为例 [J]. 农业技术经济, 2010 (6).

[95] 王伟, 朱一鸣. 普惠金融与县域资金外流: 减贫还是致贫——基于中国 592 个国家级贫困县的研究 [J]. 经济理论与经济管理, 2018 (1).

[96] 王曙光. 金融减贫: 成就、模式与趋势 [N]. 中国城乡金融报, 2020 – 05 – 20 (B01).

[97] 王曙光. 告别贫困——中国农村金融创新与反贫困 [M]. 北京: 中国发展出版社, 2012.

[98] 王颂吉, 李豫, 庹梦瑶. 改革 40 年背景下的农村信用社 "支农" 效率评价——基于关联型网络 DEA 方法的测算与分析 [J]. 金融发展研究, 2018 (12).

[99] 王文莉, 赵芸, 薛伟贤. 基于 SFA 方法的陕西农村信用社效率实证研究 [J]. 西安理工大学学报, 2014 (2).

[100] 王性玉, 任乐, 赵辉. 社会资本对农户信贷配给影响的分类研究——基于河南省农户的数据检验 [J]. 经济问题探索, 2016 (9).

[101] 王志强, 孙刚. 中国金融发展规模、结构、效率与经济增长关系的经验分析 [J]. 管理世界, 2003 (7).

[102] 温涛, 王汉杰, 王小华, 韩佳丽. "一带一路" 沿线国家的金融扶贫: 模式比较、经验共享与中国选择 [J]. 农业经济问题, 2018 (5).

[103] 武丽娟, 徐璋勇. 支农贷款减贫效应的实证研究——基于西部地区 4976 户农户微观数据的 PSM 分析 [J]. 预测, 2016 (5).

[104] 武丽娟, 徐璋勇. 支农贷款影响农户收入增长的路径分析——基于 2126 户调研的微观数据 [J]. 西北农林科技大学学报 (社会科学版), 2016, 16 (6).

[105] 吴君娴, 黄永兴. 生计资本视域下农村金融减贫效应研究 [J]. 福建行政学院学报, 2018 (4).

[106] 谢志忠, 刘海明, 赵莹, 黄初升. 福建省农村信用社经营效率变动的测度评价分析 [J]. 农业技术经济, 2011 (6).

[107] 徐玮, 谢玉梅. 扶贫小额贷款模式与贫困户贷款可得性: 理论分析与实证检验 [J]. 农业经济问题, 2019 (2).

[108] 徐璋勇. 农户信贷行为倾向及其影响因素分析——基于西部 11 省（区）1664 户农户研究 [J]. 中国软科学, 2014 (3).

[109] 姚玉洋. 农户借贷选择的实证研究——基于全国 22 个省份的调研数据 [J]. 山东农业大学学报（社会科学版）, 2017 (4).

[110] 严予若, 郑棣, 陆林. 家庭禀赋对农户借贷途径影响的实证分析 [J]. 财经科学, 2016 (9).

[111] 阎舟. 基于结构方程模型的我国物流企业竞争力影响因素研究 [D]. 长沙: 中南林业科技大学, 2019.

[112] 叶伟. 基于粗糙集的商业银行绩效指标研究 [D]. 泉州: 华侨大学, 2018 (5).

[113] 尹志超, 郭沛瑶, 张琳琬. "为有源头活水来": 精准扶贫对农户信贷的影响 [J]. 管理世界, 2020, 36 (2).

[114] 喻新安, 杨保成等. 深度贫困地区金融扶贫创新研究 [M]. 北京: 社会科学文献出版社, 2019.

[115] 岳胜男. 贫困地区农户信贷需求行为特征及其影响因素分析 [D]. 泰安: 山东农业大学, 2018.

[116] 杨俊, 王燕, 张宗益. 中国金融发展与贫困减少的经验分析 [J]. 世界经济, 2008, 31 (8).

[117] 杨巧娜. 农户金融需求影响因素的实证分析 [D]. 成都: 西南财经大学, 2012.

[118] 杨颖. 公共支出、经济增长与贫困——基于 2002～2008 年中国贫困县相关数据的实证研究 [J]. 贵州财经学院学报, 2011 (1).

[119] 杨云龙, 王浩, 何文虎. 我国金融精准扶贫模式的比较研究——基于 "四元结构" 理论假说 [J]. 南方金融, 2016 (11).

[120] 曾小龙. 农村弱势群体正规借贷行为影响因素的异质性研究 [J]. 世界农业, 2020 (10).

[121] 詹琉璐, 杨建州. 新兴市场经济体金融减贫效应及启示 [J]. 亚太经济, 2019 (5).

[122] 张栋浩, 尹志超. 金融普惠、风险应对与农村家庭贫困脆弱性

[J]. 中国农村经济, 2018 (4).

[123] 张杰. 解读中国农贷制度 [J]. 金融研究, 2004 (2).

[124] 张洁, 林勇. 金融发展的减贫效应考察——基于发展中国家跨境面板数据的实证检验 [J]. 投资研究, 2019, 38 (12).

[125] 张乐柱. 现阶段农村信用社改革绩效的制度性反思 [J]. 改革, 2006 (12).

[126] 张文修, 仇国芳. 基于粗糙集的不确定性推理 [M]. 北京: 清华大学出版社, 2005.

[127] 张西现. 民族农村金融发展的减贫效应分析 [J]. 统计与决策, 2017 (6).

[128] 张晓琳, 董继刚. 农户借贷行为及潜在需求的实证分析——基于762 份山东省农户的调查问卷 [J]. 农业经济问题, 2017, 38 (9).

[129] 张晓琳, 高山, 董继刚. 农户信贷: 需求特征、可得性及影响因素——基于山东省922 户农户的调查 [J]. 农村经济, 2018 (2).

[130] 张珩, 罗剑朝, 李琪. 基于多元统计方法的农村合作金融机构运营绩效研究: 以延安地区为例 [J]. 华中农业大学学报, 2012 (5).

[131] 张宇. 我国农村金融减贫的实现机理、存在问题及对策研究 [J]. 农村经济与科技, 2018, 29 (11).

[132] 张元红. 贫困地区农村信用社的经营状况与效率 [J]. 中国农村观察, 2001 (4).

[133] 张中锦. 金融发展效应、收入增长与城乡差距 [J]. 中国经济问题, 2011 (4).

[134] 钟春平, 孙焕民, 徐长生. 信贷约束、信贷需求与农户借贷行为: 安徽的经验证据 [J]. 金融研究, 2010 (11).

[135] 仲志源. 基于农户福利改善视角的农业贷款使用效率分析 [J]. 统计与决策, 2016, (16).

[136] 周鸿卫, 田璐. 农村金融机构信贷技术的选择与优化——基于信息不对称与交易成本的视角 [J]. 农业经济问题, 2019 (5).

[137] 周天芸, 罗伟浩. 农村小额信贷业务绩效的实证研究——基于广

东茂名的数据 [J]. 金融理论与实践, 2011 (5).

[138] 朱文璠. 信贷排斥对农户收入的影响研究 [D]. 咸阳: 西北农林科技大学, 2019.

[139] 庄天慧, 杨浩, 蓝红星. 多维贫困与贫困治理 [M]. 湖南人民出版社, 2018.

[140] Abduvaliev, Bustillo. Impact of Remittances on Economic Growth and Poverty Reduction amongst CIS Countries [J]. Post-Communist Economies, 2020, 32 (4).

[141] Adams, Graham, Von Pischeke. Informal Finance in Low Income Countries [M]. Colorado: Westview Press, 1984.

[142] Adeniran, Ogwumike. Microcredit and Poverty Reduction (A Focus on Ibadan North Local Government Area, Oyo State, Nigeria) [J]. Journal of Agriculture, Forestry and the Social Sciences, 2019, 14 (2).

[143] Adjei J. K., Arun T., Hossain F. The Role of Microfinance in Asset-Building and Poverty Reduction: The Case of Sinapi Aba Trust of Ghana [R]. Manchester: Global Development Institute Working Paper Series, 2009.

[144] Akinnagbe Dluwole Mattthew, Adonu Anthony Uchechukwu. Rural Farmers Sources and Use of Credit in Nsukka Local Government Area of Enugu State, Nigeria [J]. Asian Journal of Agricultural Research, 2014, 8 (4).

[145] Amartya Sen. Development as Freedom [M]. New York: Alfred A. Knopf, Inc, 1999.

[146] Amartya Sen. Collective Choice and Social Welfare [M]. New York: North-Holland Publishing Company Amsterdam, 1970.

[147] Amersdorffer F., Buchenrieder G., Bokusheva R., et al. Efficiency in Microfinance: Financial and Social Performance of Agricultural Credit Cooperatives in Bulgaria [J]. Journal of the Operational Research Society, 2015, 66 (1).

[148] Arestis P., Caner A. Financial Liberalization and the Geography of Poverty [J]. Cambridge Journal of Regions Economy and Society, 2009, 2 (2).

[149] Arthur Cecil Pigou. The Economics of Welfare [M]. London: Mac-

millan and Co. , 1920.

[150] A. V. Chayanov. The Theory of Peasant Economy [M]. Madison: University of Wisconsin Press, 1986.

[151] Babajide F. , Babatunde A. The Effect of Financial Development on Poverty and Inequality in African Countries [J]. The Manchester School, 2013, 81 (4).

[152] Badibanga, Ulimwengu. Optimal Investment for Agricultural Growth and Poverty Reduction in the Democratic Republic of Congo a Two-Sector Economic Growth Model [J]. Applied Economics, 2020, 52 (2).

[153] Banerjee A. , Duflo E. Poor Economics: A Radical Rethinking of the Way to Fight Global Poverty [M]. Public Affairs Press, 2012.

[154] Beck, Levin. Fiance Inequality and Poverty: Cross-Country Evidence [J]. National Bureau of Economic Research, 2004.

[155] Beeior C. T. , Ajegi S. O. , Tyoakosu J. A. Informal Financial Institutions (IFIs) and Poverty Reduction in Konshisha Local Government Area of Benue State, Nigeria [J]. Asian Journal of Social Sciences and Management Studies, 2016 (1).

[156] Besley T. , Burgess R. Halving Global Poverty [J]. The Journal of Economic Perspectives, 2003 (17).

[157] Bittencourt M. Financial Development and Inequality: Brazil, 1985 – 1994 [J]. Economic Change and Restructuring, 2010, 43 (2).

[158] Boateng A. , Abdulrahman M. D. Micro Small-sized Enterprises and Bank Credit Evidence from West Africa [J]. Journal of Emerging Market Finance, 2013, 12 (2).

[159] Bowles I. , Downes D. , Clark D. , et al. Economic Incentives and Legal Tools for Private Sector Conservation [J]. Duke Envtl. l. & Poly F, 1997 (2).

[160] Calum G. Turvey, Guangwen He, Jiujie M. A. , Rong Kong, Patrick Meagher. Farm Credit and Credit Demand Elasticities in Shaanxi and Gansu [J]. China Economic Review, 2012, 23 (4).

［161］ Charles B. Dodson, Bruce L. Ahrendsen, Bruce L. Dixon, etc. Modeling Duration of FSA Operating and Farm Ownership Loan Guarantees ［J］. Agricultural Finance Review, 2016, 76 (4).

［162］ Chaudhuri K. , Cherical M. M. Credit Rationing in Rural Credit Markets of India ［J］. Applied Economics, 2012, 44 (7).

［163］ Cheng Y. China's Reform of Rural Credit Cooperatives: Progress and Limitations ［J］. Chinese Economy, 2006, 39 (4).

［164］ Christina Herrick. The Young Farmer Success Act Depends on You ［J］. Western Fruit Grower, 2016, 136 (2).

［165］ Coulibaly A. , Yogo U. The Path to Shared Prosperity: Leveraging Financial Services Outreach to Create Decent Jobs in Developing Countries ［J］. Economic Modelling, 2020, 87.

［166］ Chung W. H. , Pederson G. , Nel R. Microeconomic Impacts of a State-Funded Farmer Loan Program ［J］. Agricultural Finance Review, 2012, 72 (1).

［167］ Crepon B. , Devoto F. , Duflo E. , et al. Estimating the Impact of Microcredit on Those Who Take It Up: Evidence from a Randomized Experiment in Morocco ［J］. American Economic Journal Applied Economics, 2014, 7 (1).

［168］ David Wheelock, Paul Wilson. The Evolution of Cost-productivity and Efficiency among US Credit Unions ［J］. Journal of Banking & Finance, 2013 (3).

［169］ Dehejia R. , Montgomery H. , Morduch J. Do Interest Rates Matter? Credit Demand in the Dhaka Slums ［J］. Journal of Development Economics, 2012, 97 (2).

［170］ Dollar, D. , Kraay, A. Growth is Good for the Poor ［J］. Journal of Monetary Economics, 2002.

［171］ Deininger K. , Squire L. New Ways of Looking at Old Issues: Inequality and Growth ［J］. Journal of Development Economics, 1998, 57 (2).

［172］ Dufhues T. Accessing Rural Finance: The Rural Financial Market in

Northern Vietnam［J］. Studies on the Agricultural & Food Sector in Transition Economies, 2007, 36 (1).

［173］Duguma G. J. , Han J. Effect of Deposit Mobilization on the Financial Sustainability of Rural Saving and Credit Cooperatives: Evidence from Ethiopia ［J］. Sustainability, 2018, 10 (10).

［174］Dupas P. , Robinson J. Saving Constraints and Microenterprise Development: Evidence from a Field Experiment in Kenya ［J］. American Economic Journal Applied Economics, 2009, 5 (1).

［175］Edward S. Shaw. Financial Deepening in Economic Development ［M］. New York: Oxford University Press, 1973.

［176］Edwin Cannan. Wealth ［M］. London: Staples Press, 1914.

［177］Faruqee H. , Martin M. Population Aging in Japan: Demographic Shock and Fiscal Sustainability ［J］. Japan & the World Economy, 2003, 15 (2).

［178］Fowowe B. , Abidoye B. A Quantitative Assessment of the Effect of Financial Development on Poverty in African Countries ［R］. Ibadan University Working Paper, 2012.

［179］Fu Xiaolan. Computerization and Efficiency of Rural Credit Cooperatives: Evidence from India ［J］. Journal of International Development, 2013, 25 (3).

［180］Ghosh S. , Tassel E. Van. Microfinance and Competition for External Funding ［J］. Economics Letters, 2011, 112 (2).

［181］Giné X. Access to Capital in Rural Thailand: An Estimated Model of Formal vs. Informal Credit ［J］. Journal of Development Economics, 2005, 96 (1).

［182］Gonzalo Gamboa, Sara Mingorría, Arnim Scheidel. The Meaning of Poverty Matters: Trade-offs in Poverty Reduction Programmers ［J］. Ecological Economics, 2020, 169.

［183］Gonzalez et al. Panel Smooth Transition Regression Models ［Z］.

SSE/EFI Working Paper Series in Economics and Finance, 2005.

[184] Green C. J. , Kirkpatrick C. , Murinde V. , et al. Finance for Small Enterprise Growth and Poverty Reduction in Developing Countries [J]. Journal of International Development, 2006, 18 (7).

[185] Greenwood J. and Jocanovic B. Financial Development, Growth and Distribution of Income [J]. Journal of Political Economy, 1990, 98 (5).

[186] Haber S. , Maurer N. , Razo A. The Politics of Property Rights: Political Instability, Credible Commitments and Economic Growth in Mexico 1876 ~ 1929 [M]. Cambridge: Cambridge University Press, 2003

[187] Hansen B. E. Sample Splitting and Threshold Estimation [J]. Econometric, 2000 (68).

[188] He G. , Ong L. H. Chinese Rural Cooperative Finance in the Era of Post-Commercialized Rural Credit Cooperatives [J]. Chinese Economy, 2014, 47 (4).

[189] Hellman, Murdock and Stiglitz. Financial Restraint: Toward a New Paradigm [A]. The Role of Government in East Asian Economic Development: Comparative Institutional Analysis [C]. Oxford: Clarendon Press, 1997.

[190] Hirschman, Albert O. The Strategy of Economic Development [M]. New Haven: Yale University Press, 1958.

[191] Hussain A. , Thapa G. B . Smallholders' Access to Agricultural Credit in Pakistan [J]. Food Security, 2012, 4 (1).

[192] Inoue Takeshi, Hamori Shigeyuki. Financial Inclusion, Remittance Inflows, and Poverty Reduction In Developing Countries: Evidence From Empirical Analyses [M]. Singapore: World Scientific Publishing Company, 2019.

[193] Jalilian H. , Kirkpatrick C. . Financial Development and Poverty Reduction in Developing Countries [J]. International Journal of Finance & Economics, 2001, 7 (2).

[194] Jalilian H. , Kikpatrick C. Financial Development and Poverty Reduction in Developing Countries [J]. International Journal of Finance and Economics,

2002（2）.

［195］Jensen E. The Farm Credit System as a Government-sponsored Enterprise［J］. Review of Agricultural Economics, 2000（22）.

［196］Kathleen B. , Luc C. Accelerating Poverty Reduction in Africa［M］. US: The World Bank, 2019.

［197］Koomson I. , Villano A. , Hadley D. Effect of Financial Inclusion on Poverty and Vulnerability to Poverty: Evidence Using a Multidimensional Measure of Financial Inclusion［J］. Social Indicators Research: An International and Interdisciplinary Journal for Quality-of-Life Measurement, 2020（2）.

［198］Khanam D. , Parvin S. S. , Mohiuddin M. , et al. Financial Sustainability of Non-Governmental Microfinance Institutions（MFIs）: A Cost-Efficiency Analysis of BRAC, ASA, and Proshika from Bangladesh［J］. Review of Economics & Finance, 2018（12）.

［199］Leibenstein H. Economic Backwardness and Economic Growth［J］. Studies in the Theory of Economic Development, 1957, 4（4）.

［200］Lenka S. K. Measuring Financial Development in India: A PCA Approach［J］. Theoretical and Applied Economics, 2015.

［201］Levine. Financial Development and Economic Growth: Views and Agenda［J］. Journal of Economic Literature, 1997（6）.

［202］Marr A. The Limitations of Group-based Microfinance and Ways to Overcome Them［J］. Small Enterprise Development, 2006, 17（3）.

［203］Martinezsoto A. P. , Martinezrodriguez S. , Mendez I . Spain's Development of Rural Credit Cooperatives from 1900 to 1936: The Role of Financial Resources and Formal Education［J］. European Review of Economic History, 2012, 16（4）.

［204］Maurer, Noel, Haher and Stephen. Related Lending and Economic Performance: Evidence from Mexico［J］. Journal of Economic History, 2005, 67（3）.

［205］Merton, Bodie. A Conceptual Framework for Analyzing the Financial

Environment in The Global Financial System: A Functional Perspective [M]. Boston: Harvard Business School Press, 1995.

[206] Mcintosh C., Wydick B. Competition and Microfinance [J]. Journal of Development Economics, 2005, 78 (2).

[207] Mckinnon R., Grassman S. Financial Repression and the Liberalisation Problem within Less-Developed Countries [M]. Palgrave Macmillan UK: The World Economic Order, 1981.

[208] Morgan D. P. The Credit Effects of Monetary Policy: Evidence Using Loan Commitments [J]. Journal of Money Credit and Banking, 1998, 30 (1).

[209] Mpuga P. Constraints in Access to and Demand for Rural Credit: Evidence from Uganda [J]. African Development Review, 22 (1).

[210] Mushtaq R., Bruneau C. Microfinance, Financial Inclusion and ICT: Implications for Poverty and Inequality [J]. Technology in Society, 2019, 59.

[211] Myldal G. Economic Theory and Under-Developed Regions [M]. London: Gerald Duckworth & Co, 1957.

[212] Nurkes R. Problems of Capital Formation in Underdeveloped Countries (Seventh Edition) [M]. Oxford: Basil Black-well, 1960.

[213] Pal S. Household Sectoral Choice and Effective Demand for Rural Credit in India [J]. Applied Economics, 2002, 34 (14).

[214] Pawlak Z. Rough Sets [J]. International Journal of Computer and Information Sciences, 1982, 11.

[215] Pasuhuk P. Contribution of Financial Depth and Financial Access to Poverty Reduction in Indonesia [J]. Bulletin Ekonomi Moneter dan Perbankan, 2018, 21 (1).

[216] Ravallion M. Growth, Inequality and Poverty: Looking Beyond Averages [J]. World Development, 2011, 29 (11).

[217] Richardson Azunu, James Kwame Mensah. Local Economic Development and Poverty Reduction in Developing Societies: The Experience of the ILO Decent Work Project in Ghana [J]. Local Economy: The Journal of the Local Econo-

my Policy Unit, 2019, 34 (5).

[218] Ronald I. McKinnon. Money and Capital in Economic Development [M]. Washington, D. C. : The Brookings Institution, 1973.

[219] Rosenstein-Rodan Paul N. Problems of Industrialization of Eastern and South-Eastern Europe [J]. The Economic Journal, 1943 (53).

[220] Stiglitz J. , A. Weiss. Credit Rationing in Markets with Imperfect In formation [J]. American Economic Review, 1981, (71).

[221] Stiglitz J. Markets, Market Failures and Development [J]. American Economic Review, 1989 (79).

[222] Suman Gill. Sufficiency of Credit and Repayment Behavior of Farmers-A Case Study of Cooperative Bank, Hisar, Haryana [J]. Annals of Agri Bio Research, 2016, 21 (1).

[223] Swain, Bali R. The Demand and Supply of Credit for Households [J]. Applied Economics, 2007, 39 (21).

[224] Swamy V. Financial Development and Inclusive Growth: Impact of Government Intervention in Prioritized Credit [J]. Zagreb International Review of Economics and Business, 2010, 13 (2).

[225] Swamy V . Macroeconomic Transmission of Eurozone Shocks to India—A mean-adjusted Bayesian VAR Approach-ScienceDirect [J]. Economic Analysis and Policy, 2020, 68.

[226] Tran K. , Elahi E. , Zhang L. , et al. Gender Differences in Formal Credit Approaches: Rural Households in Vietnam [J]. Asian-Pacific Economic Literature, 2018, 32 (1).

后　记

　　2020 年中国的贫困治理取得以消除绝对贫困为目标的巨大成功，但这并不意味着贫困治理的终结。2020 年后中国进入以多维贫困为特点的新阶段，减贫战略将由集中性减贫转入常规性减贫，贫困治理依然是党和政府必须关注的现实问题。相比绝对贫困治理，多维贫困治理难度更大、治理周期更长、治理手段更复杂。在此背景下，研究金融发展的多维减贫效应，对于巩固拓展脱贫攻坚成果、扎实推进共同富裕、促进乡村振兴具有重要意义。本书的研究得到了国家社会科学基金青年项目"西部地区金融发展多维减贫效应的门槛特征、空间溢出与政策选择研究"（15CJY079）的资助，本书是在其结题报告（鉴定等级为良好）的基础上进一步修改完成的。

　　"饮其流者怀其源，学其成时念吾师"，衷心感谢恩师任保平教授、徐璋勇教授和茹少峰教授一直以来对我的指导和帮助，特别感谢西北大学吴振磊副校长和经济管理学院杜勇书记、马莉莉院长、师博副院长、赵传仁副院长、高煜主任等对我的支持和鼓励。感谢西北大学经济管理学院的各位老师，本书的完成是多年经济学理论素养和经济学研究方法的不断积累，离不开经管学院各位老师的教育，我取得的每一点进步和成绩，都与你们息息相关。同时，向百忙之中抽出宝贵时间参与国家社会科学基金项目成果鉴定的各位专家致以诚挚的谢意。

　　"纸上得来终觉浅，绝知此事要躬行"，感谢西北大学的刘钰、刘楠、吕浩、丁改云、成阿聪、靳淑敏、涂坤、宫溶月、高乐、曹嘉芮、张小伟、章俊元、韩晓敏、师春茂、谢思宇、王毅博、田亦濛、董宇伟、赵思会、李亦然、吉小艺、邢梦迪、蒲金垚、常宇飞、高香丽、薛渊元、薛江浩、陈柯言、王思瑶、江易宸、徐明雪、冯一、思庆杨、张月、李乐涵、程媛、王静、强一诺、张浩洋、吕一航、马俊舟、唐甜、王泽宇等同学参与了国家社会科学基金青年项目的实地调研和部分初稿的撰写和校对。感谢朱家栋老师、周靖雯老师、李刚老师、孙婧老师在暑期带队下乡调研。感谢西北大学社科处的李丰庆副处长、黄心一老师和赵丹丹老师在项目申请和完成过程中的指导。感谢吴丰华教授、魏婕副教授、葛鹏飞副教授、田洪志副教授、左斐副教授、张涛副教授、刘航副教授、赵彦嘉经济师等在项目结题报告撰写过程中给予的帮助。

"鸦有反哺之义，羊知跪乳之恩"，感谢勤劳善良的父母，他们一直默默无闻地无私支持着我的工作，我唯有认认真真、兢兢业业、尽心竭力地不断进取才能稍感心安，不敢有丝毫的怠慢。女儿是我写作过程中的开心果，每当我因挫败而气馁的时候，总能从女儿纯净的眼神中看到希望，她成为我继续坚持的动力来源和精神支柱。

衷心感谢经济科学出版社编辑张燕老师的辛勤付出，她认真严谨的态度和精益求精的细致工作，才使得本书以更好的面貌予以呈现。

由于水平所限，书中可能存在疏漏及错误，恳请各位专家和读者给予指正，欢迎各位专家和读者来信探讨。

师荣蓉
2022 年 3 月于西安